UNTERSUCHUNGEN

ÜBER

DIE FAMILIE DER CONJUGATEN

(ZYGNEMEEN UND DESMIDIEEN).

EIN BEITRAG ZUR PHYSIOLOGISCHEN UND BESCHREIBENDEN BOTANIK

VON

DR. ANTON DE BARY

AUSSERORDENTLICHEM PROFESSOR DER BOTANIK AN DER UNIVERSITÄT FREIBURG IM BREISGAU.

MIT ACHT LITHOGRAPHIRTEN TAFELN.

LEIPZIG 1858.

A. FÖRSTNERSCHE BUCHHANDLUNG.

(ARTHUR FELIX.)

INHALT.

NAMENREGISTER.

(Die Synonyme und die Namen der als zweifelhaft angeführten Species sind mit Cursiv-Schrift gedruckt.)

I.

Morphologie und Entwicklungsgeschichte der einzelnen Gattungen.

1. Spirogyra.

Die grosse Verbreitung der zahlreichen Spirogyra-Formen hat dieselben in älterer und neuester Zeit Gegenstand so zahlreicher und sorgfältiger Untersuchungen werden lassen, dass den vorhandenen Darstellungen*) ihres Baues und Wachsthums hier wenig hinzuzufügen ist.

Alle Species besitzen bekanntlich cylindrische, zu einfachen Reihen (Fäden) verbundene Zellen, deren aneinandergefügte Endflächen entweder vollkommen eben, oder mit ringförmigen Einfaltungen versehen sind, welche Schleiden (Wiegm. Archiv 1839 Bd. I, p. 154, Gesammelte Aufsätze p. 79) Cohn (Nov. Act. N. C. vol. XXII p. II), Schacht, (Pflanzenzelle p. 154, Taf. III) Kützing (Tabul. phycol. vol. 5) und Andere beschrieben und abgebildet haben.

Die Membran der einzelnen Zellen ist eine farblose glatte Cellulosehaut, bei den stärkeren Formen oft deutlich geschichtet, die gewöhnliche Cellulosereaction gegen Jod und Schwefelsäure meistens, selten gegen Chlorzinkjodlösung zeigend, in manchen Fällen jedoch durch keinerlei Reagentien blau zu färben.

Wie bei so vielen Wasserfäden ist die ganze Zellreihe von einer Hüllhaut umgeben, welche bei den zärteren Formen dünn, oft nur über den Querwänden erkennbar ist, bei manchen, zumal stärkeren Arten dagegen oft als eine mächtige (bei Sp. orthospira Näg. über $^1/_{350}$''' dicke) Aussenschicht von gallertiger Consistenz den Faden überzieht. In ihrer Substanz sind alsdann meistens jene feinen, der Zellwand aufsitzenden radialen Streifchen in Menge sichtbar, welche schon vielfach beschrieben wurden (S. z. B. Nägeli l. c. tab. III Fig. 1) und welche durch Jod und Schwefelsäure gelbbraun werden, während die übrige Hüllhaut ungefärbt bleibt.

Die Cellulosehaut wird von dem, in neuester Zeit oft und gründlich beschriebenen Primordialschlauch ausgekleidet. Derselbe ist in vielen Fällen als eine homogene, glashelle weiche Haut deutlich erkennbar; die kleinen Körnchen, die im Umfang der Zelle so oft und zahlreich vorkommen (nicht selten aber auch fehlen), sind stets dem homogenen Schlauche innen angelagert. Der Innenfläche des Primordialschlauchs liegen ferner die für die Gattung charakteristischen Chlorophyllbinden an, entweder eben, denselben mit ihrer ganzen Fläche, oder aussen rinnenförmig-concav, nur mit den Rändern den Schlauch berührend.

Bei aller Mannichfaltigkeit ihrer Zahl, Form und Richtung sind sie fast in allen Fällen spiralig rechts gewunden. Nur bei wenigen Formen verlaufen sie der Längsaxe der Zelle parallel (Sp. orthospira)

*) Statt einer vollständigen Citation der umfangreichen Litteratur verweise ich auf die neuern Beschreibungen v. A. Braun, Verjüngung.
Pringsheim, in Flora 1852 Nr. 30 u. Unters. über d. Pflanzenzelle p. 30 u. a.
Nägeli, in Pflanzenphys. Untersuchungen v Nägeli u. Cramer Heft I. p. 11, 43—45. Taf. II u. III.

Doch kommt es auch bei solchen Formen häufig vor, dass sie schräg, und zwar in der Richtung einer steilen Rechtswindung ansteigen.

In lebhaft vegetirenden Exemplaren sind die Chlorophyllbinden am Rande mit zarten, fein zackigem Umriss versehen, ihre Substanz völlig homogen, mit Ausnahme eines häufig ihre Mitte durchziehenden, von einer Verdickung ihrer Masse herrührenden dunklern Längsstreifens, und einer Anzahl ihnen eingelagerter runder Amylonkerne.

Die mit diesen Namen, oder als Chlorophyllbläschen, Amylonbläschen, Amylonkugeln bezeichneten, bekanntlich nicht nur den Spirogyren und allen ihren Verwandten, sondern auch einer grossen Zahl von Algen aus anderen Gruppen zukommenden Körper zeigen in allen Fällen einen eigenthümlichen, schon von A. Braun (Verj. p. 210) und Anderen beschriebenen Bau, der hier, wegen ihrer allgemeinen Verbreitung unter den Conjugaten, nochmals kurz angegeben werden mag.

Sie sind kuglige oder linsenförmige Körper, welche, wo sie eben neu entstanden sind, gleich der Masse, die sie einschliesst, aus homogener, durch Chlorophyll gefärbter Proteinsubstanz bestehen. Ihr scharfer dunkler Umriss, der sie von der umgebenden gleichartigen Masse abgrenzt, deutet eine grössere Consistenz ihrer oberflächlichsten Schicht an. Jod färbt sie in dem beschriebenen Zustand braungelb.

Während sie an Grösse zunehmen, lagert sich sehr bald Amylon in ihrem Innern ab, und zwar in Form einer hohlkugeligen Schicht, welche aussen von einer dünnen Chlorophylllage umgeben wird und einen aus Proteinsubstanz bestehenden (durch Zucker und SO_3 rosenroth gefärbten) Kern einschliesst. Jod färbt das Amylon des Körpers violett oder blau, die beiden andern Schichten braun; im Zusammenhang, theilweise einander deckend, zeigen die einzelnen Theile natürlich die charakteristischen Jodfärbungen unrein. Die hohlkugelige Amylonschicht ist entweder völlig homogen, aussen und innen glatt oder aus zahlreichen kleinen, länglichen Körnchen gebildet. Häufig sind letztere so fest aneinander gedrängt und zusammengehalten, dass sie erst beim Zerdrücken des vorher homogen scheinenden Körpers deutlich werden. In sehr inhaltsreichen Zellen endlich ist die Amylonschicht oft aus wenigen grossen Körnern gebildet, die dem Ganzen eine unregelmässig gelappte Oberfläche verleihen.

Unter den vorhandenen Namen wähle ich für die in Rede stehenden Körper den der Amylonkerne, weil die Amylonbildung für sie charakteristisch, die Bezeichnungen als Bläschen, Körner oder Kugeln weder völlig passend, noch allgemein anerkannt sind; weil endlich der Ausdruck Kerne auf Analogien mit den Zellkernen, die in manchen Fällen vorhanden sind, hindeutet.

Bei alten, längere Zeit im Zimmer cultivirten, oder der Fructification nahe stehenden Zellen bilden sich häufig innerhalb der Chlorophyllbänder kleine, homogene, stark lichtbrechende Körnchen — theils aus Stärke, theils aus Fett bestehend. Wo sie in grosser Menge auftreten, werden die Umrisse der Chlorophyllbinden undeutlich, ihre homogene Substanz unregelmässig durchbrochen, das ganze Band erscheint zuletzt häufig als ein unförmliches, dicht mit dunkeln Körnern besetztes Gebilde.

Die Structur des linsenförmigen, von einer dünnen, in zahlreiche zum Primordialschlauch verlaufende Schleimfäden ausstrahlenden Protoplasmaschicht umgebenen Zellkerns ist bekannt. In kräftigen Zellen grösserer Arten nimmt er genau die Mitte ein, bei kleineren Species und in alten Zellen ist er oft der Wand mehr oder minder genähert, die ihn aufhängenden Schleimfäden undeutlich.

Selten finden sich mehrere Kerne in einer Zelle. Nägeli fand bei Spir. orthospira (l. c. p. 43) mehrmals zwei Kerne excentrisch, in gleichen Abständen von den Endflächen. In den Zellen von jungen im Zimmer erzogenen Fäden der Sp. longata Kütz. beobachtete ich öfters zwei Kerne in der eben angegebenen Stellung, zweimal sogar deren drei. Das eine Mal standen alle drei genau in der Mittellinie der Zelle, einer im Centrum, die andern in gleichen Abständen rechts und links; in dem andern Fall lagen sie unsymmetrisch, nahe der Seitenwand. Diese Ausnahmsfälle kamen vereinzelt vor zwischen Hunderten von gewöhnlich gebauten Zellen.

Die Theilung der Spirogyrenzellen ist durch A. Braun (Verjüng. p. 257 ff.) Pringsheim und Nägeli (a. a. O.) ausführlich beschrieben. Wie sich die Zellen mit mehrern Kernen bei der Theilung verhalten, konnte durch directe Beobachtung nicht ermittelt werden. Das (unten zu beschreibende) constante Vorkommen mehrerer Kerne, in Verbindung mit eigenthümlichen Theilungen bei Craterospermum und die mehrfach beobachtete Stellung einer langen zweikernigen Spirogyrenzelle zwischen zwei gleich grossen, auffallend kurzen einkernigen, machen es wahrscheinlich, dass hier ähnliche Theilungsvorgänge abnormer Weise stattfinden.

Die paarweise Verbindung der Spirogyrazellen, welche als Conjugation oder Copulation bezeichnet wird, ist seit O. F. Müller, ihre Bedeutung für die Bildung von Fortpflanzungszellen seit dem Erscheinen von Vauchers classischer Histoire des Conferves (1803) bekannt, und in fast allen physiologischen und phycologischen Werken beschrieben.

Von den Früheren abweichende Angaben publicirte 1853 Areschoug*). Dieselben wurden von Pringsheim**) und von mir***) kurz besprochen und berichtigt, durch Beobachtungen, die hier etwas ausführlicher dargestellt werden sollen.

Die paarweise Verbindung der Zellen, welche copuliren, durch kurze, gegeneinander wachsende und mit einander verwachsende Ausstülpungen ist allgemein bekannt. In den meisten Fällen findet zwischen den Zellen von zwei nebeneinanderliegenden Fäden eine leiterförmige Vereinigung statt.

Die copulirenden Zellen behalten den Bau nicht copulirter im Wesentlichen bei. Die Copulationsfortsätze sind von einer Ausstülpung der Seitenwand, ausgekleidet durch eine entsprechende des Primordialschlauches, umgeben. Die in Berührung getretenen, fest verwachsenen Fortsätze eines Zellpaars sind zunächst durch ihre Membran als durch eine derbe, flache, kreisförmige Scheidewand getrennt. Später ist diese verschwunden, die Haut der einen Zelle völlig leer, innerhalb der andern liegt eine Spore, frei in wässriger Flüssigkeit suspendirt.

Es ist schon in der oben citirten Abhandlung angegeben worden, dass diese Spore — sie möge als Zygospore in Folgendem bezeichnet werden — nicht durch Zusammenballung der festen Inhaltsbestandtheile, sondern durch Vereinigung der bestimmt geformten Primordialschläuche beider Zellen zu Stande kommt. Um diesen Vereinigungsprocess direct zu beobachten, eignen sich am besten die Formen von mittlerer Grösse (z. B. Sp. longata Kg., quinina Ag.). Sehr dicke, wie Sp. crassa, nitida u. s. f. scheinen die, wenn auch nur kurze Cultur auf dem Objectträger nicht zu ertragen.

Der erste Beginn der Vereinigung wird dadurch angezeigt, dass der Primordialschlauch einer der verbundenen Zellen sich glatt und scharf umschrieben von der umgebenden Membran ablöst und zu einem kleinern Umfang zusammenzieht. Loslösung und Zusammenziehung beginnen im Umkreis der Endflächen der Zelle, und schreiten meist rasch von hier aus über die ganze Oberfläche, den Copulationsfortsatz nicht ausgenommen, fort. Bald liegt der Schlauch frei innerhalb der Zellhaut, ringsum von Flüssigkeit umgeben, meistens der Einmündung des Fortsatzes gerade gegenüber. (I, 1, a^2, 3, c†). Die Windungen der von dem Schlauche umschlossenen Chlorophyllbinden werden durch die Contraction näher zusammengerückt, die Färbung des Ganzen dadurch dunkler.

Der gleiche Process erfolgt etwas später in der andern Zelle des Paares (I, 1, a^1). Plötzlich ist die bisher deutlich vorhandene, und zwar in das Lumen der zuerst veränderten Zelle stark vorgewölbte Scheidewand in der Mitte durchbrochen, und der eine Schlauch treibt rasch durch den geöffneten Mittelraum eine Ausstülpung gegen den andern, um ihn sofort zu berühren, und an der Berührungsstelle mit ihm zu einem zusammenzufliessen. (I, 2, a, 3, b). Der noch innerhalb seiner eignen Membran befindliche Theil des übertretenden Schlauches zieht sich allmählich nach dem aufnehmenden hin zusammen, und gleitet durch den Canal in das Lumen der aufnehmenden Zellhaut hinüber, in seiner eignen nur wässrige Flüssigkeit zurücklassend. Der so entstandene Doppelschlauch nimmt sofort Form und Grösse der reifen Zygospore an.

Unmittelbar nach der ersten Verschmelzung der beiden Schläuche legt sich bei Sp. longata das einfache Chlorophyllband des übertretenden mit dem einen Ende an das des aufnehmenden, und vereinigt sich mit ihm zu einem einzigen. Bei den Arten mit mehreren Binden wird die Anordnung der letztern mit dem Uebertritt undeutlich. Stets jedoch traten die Chlorophyllmassen rasch über und hatten vor der

*) In: Öfversigt af K. Vetenskaps Acad. Förhandl. Stockholm 1853, S. 251—58, nach den Referaten in Flora 1855. p. 675 u. Bot. Zeitg. 1855, p. 564.

**) Zur Kritik etc. der Unters. über d. Algengeschlecht. Berl. 1856/57.

***) Berichte d. Naturf. Gesellsch. zu Freiburg i. B. Nr. 20. 1857.

†) Die Römischen Zahlen zeigen die Nummer der Tafel, die arabischen die Figur an.

völligen Beendigung des Zusammenfliessens den Querkanal schon passirt, so dass der zuletzt übertretende Theil des Primordialschlauchs nur noch Zellsaft und Plasma enthielt.

In einigen auf dem Objectträger von Anfang an beobachteten Fällen von Sp. longata wurde der Vereinigungsprocess in 2 Stunden nahezu vollendet. Die vollständige, normale Zygosporenbildung kam bei solchen nie zu Stande, vielmehr ging der Schlauch nach Ablauf der genannten Frist zu Grunde. Sehr häufig fanden sich dagegen unter copulirenden Exemplaren, besonders von Sp. longata und Heeriana Näg., welche frisch auf den Objectträger gebracht wurden, eben vereinigte Schläuche, deren eine Hälfte im Uebertreten begriffen war. Hier wurde der ganze Vorgang in wenigen Minuten bis zur Bildung der regelmässig geformten Zygospore vollendet. Er geht sonach im natürlichen Entwicklungsverlauf ausserordentlich rasch von Statten.

Die Contraction der copulirenden Primordialschläuche erfolgt in ganz derselben Form, wie bei allmählicher Einwirkung einer verdünnten Zucker- oder Salzlösung auf nicht copulirte Zellen*). Der Zwischenraum zwischen contrahirtem Schlauch und Zellmembran ist von einer wässrigen, von dem umgebenden Wasser jedenfalls nur wenig verschiedenen Flüssigkeit erfüllt. Es geht dies aus der Vergleichung copulirender Zellen (I, 1 u. 2) mit verletzten, abgestorbenen, und solchen hervor, deren Primordialschlauch durch Zuckerlösung zusammengezogen wurde. Wo eine Zelle mit nicht contrahirten Schlauche an eine copulirende anstösst, wölbt sich die Scheidewand in letztere hinein, wie wenn diese verletzt, oder gar nicht vorhanden wäre. Wo zwei Zellen mit contrahirtem Primordialschlauch aneinander grenzen, ist die trennende Querwand in gleicher Weise verändert, wie in Zuckerlösung: entweder wellig verbogen, oder ihre beiden Platten in der Mitte auseinandergewichen, einen linsenförmigen, mit Flüssigkeit erfüllten Raum zwischen sich lassend.

Diese Erscheinungen zeigen, wie Nägeli dargethan hat, dass sich zwischen dem contrahirten Primordialschlauch und der Zellhaut eine Flüssigkeit befindet, welche auf die Zellhaut einen geringern Druck ausübt, als die vor der Contraction vorhandene Zellflüssigkeit, und dass der Druck, den die Zellmembran von innen erleidet, den durch die aussen befindliche Flüssigkeit (im vorliegenden Fall das Wasser)' ausgeübten weniger als vorher oder gar nicht mehr übertrifft. In der Form, welche die Zellmembran mit dem Beginn der Primordialschlauchcontraction annimmt, ist späterhin keine Veränderung mehr wahrzunehmen, während, bei der Dehnbarkeit der Membran, eine solche eintreten müsste, wenn zwischen den Flüssigkeiten innerhalb und ausserhalb der Zellmembran eine erhebliche diosmotische Anziehung, eine erhebliche Verschiedenheit in der Zusammensetzung stattfände.

Es scheint hiernach die Flüssigkeit innerhalb der Zellmembran dem umgebenden Wasser nahezu gleich zu sein, der Primordialschlauch sich also, unter selbständiger Ausscheidung von Wasser oder einer überaus diluirten wässrigen Lösung zusammenzuziehen.

Wie schon erwähnt, erfolgt die Contraction der zwei copulirenden Primordialschläuche nicht ganz gleichzeitig; oft sogar die des einen beträchtlich früher als die des andern. Jener zieht sich dabei meist auf einen kleinern Durchmesser zusammen, als der letztere. Nach den Beobachtungen an Spirogyra longata ist bald der übertretende, bald der aufnehmende Schlauch der zuerst contrahirte, die erwähnten Verschiedenheiten sind somit als zufällige aufzufassen.

Die Stellung, welche die contrahirten Schläuche vor der Vereinigung einnehmen, ist in den meisten Fällen die gleiche, wie bei Sp. longata: beide liegen dicht vor dem Eingang in den Querkanal.

Eine kleine, aber constante Verschiedenheit zwischen den beiden Primordialschläuchen eines Paares in Gestalt und Stellung fand ich bei Spirogyra Heeriana. (I, 3, c.) Der zum Uebertritt bestimmte war stets birnförmig, mit dem schmalen Ende in den Querkanal hineinragend; der aufnehmende genau kuglig, in der dem Canal entgegengesetzten Partie der Zelle gelegen, oft sogar hier die Membran berührend. Niemals aber fand ich die zukünftige Berührungs- und Vereinigungsstelle an dem aufnehmenden Schlauche durch irgend eine Eigenthümlichkeit ausgezeichnet.

Es ist leicht mit nahezu vollständiger Sicherheit im Voraus zu bestimmen, welcher von zwei

*) Vrgl. hierüber die Darstellungen v. Cohn, Nov. Actia N. C. vol. 24 pars I, p. 229; u. Nägeli a. a. O.

Schläuchen der aufnehmende, welcher der übertretende ist, sobald nur in einem einzigen benachbarten Paare die Copulation bereits vollendet ist. Denn fast immer verhalten sich alle Zellen eines Fadens in dieser Hinsicht gleich, auch wenn sie mit Zellen verschiedener Fäden, wie dies bekanntlich nicht selten ist, copuliren. Ausnahmen von dieser Regel kommen allerdings vor. Bei vielen Species Kützings zeichnen sich bekanntlich die aufnehmenden Zellen durch bauchige Form aus, während diejenigen, deren Primordialschlauch übertritt cylindrisch bleiben. Wo dagegen beiderlei Zellen cylindrisch sind, fand ich ihr verschiedenes Verhalten bei der Copulation durch keine constanten Grössenunterschiede angezeigt.

Die eben gebildete Zygospore übertrifft den aufnehmenden Primordialschlauch an Grösse nur wenig. Es muss daher bei der Vereinigung nochmals eine Ausscheidung von Wasser stattgefunden haben. Der Anhäufung von Chlorophyll und körnigen Stoffen in einen viel kleinern Raum als vorher, entspricht das dunkle Aussehen der jungen Zygospore.

Diese entbehrt zunächst noch vollständig einer Zellmembran. Wie bei allen „nackten" Primordialzellen, ist ihr Umriss eine höchst zarte, einfache, aber doch scharf gezogene Linie. Innerhalb dieser bildet eine Ansammlung von körnigem Protoplasma einen schmalen farblosen Hof um den Chlorophyll und körnige Bildungen führenden mittlern Theil. Ein schärferes Hervortreten der Umrisslinie deutet bald die Entstehung der Cellulosemembran an, welche bald zu einer deutlich doppelt contourirten farblosen Haut heranwächst.

Die reife Spirogyraspore lässt, wie es schon Meyen (Physiol. III, p. 424) andeutet, Pringsheim (Flora 1852) später ausführlicher dargestellt hat, drei Hauptschichten der Zellmembran unterscheiden, die succesive von aussen nach innen entstehen. Zunächst eine äusserste farblose Haut, aus Cellulose bestehend, bei den kleineren Arten einfach, bei den grösseren, z. B. Sp. orthospira, deutlich in eine sehr zarte äussere und eine derbere innere Schicht sich sondernd. Jene ist ohne Zweifel die erstgebildete, die primäre Haut. Sie tritt in ungemein mächtiger Ausbildung auf bei Sp. Heeriana, wo sie rasch (jedenfalls innerhalb 12 Stunden) zu einer die Membran der Mutterzelle an Dicke bedeutend übertreffenden, gallertig-weichen (wie durch Druck nachweisbar), aber deutliche Cellulosereaction zeigenden Hülle anwächst. Später bildet sich an ihrer Innenfläche eine festere, schmälere Celluloseschicht — die zweite der Aussenhaut. Die weiche breite Schicht ist an reifen Sporen häufig verschwunden. Die zweite Abtheilung der Membran bildet die Mittelhaut, ausgezeichnet durch ihre mehr oder minder lebhafte gelbbraune Färbung. Pringsheim hat sie (a. a. O.) genau beschrieben. Ihre Dicke und die Intensität der Färbung ist bei den verschiedenen Formen der Gattung sehr ungleich; am dicksten und dunkelsten, fast kastanienbraun, fand ich sie bei Sp. orthospira, wo sie deutlich 2 Schichten zeigt. Ganz hellgelblich ist sie z. B. bei Sp. Heeriana. Beim Zerdrücken der reifen Zygosporen tritt sie stets deutlich hervor, auch da, wo ihre blasse Färbung sie in unversehrtem Zustand schwierig erkennen lässt. Bei der weitaus grössern Mehrzahl der Formen ist sie durchaus glatt und eben; die anatomischen Verhältnisse der getüpfelten oder nach innen mit warzenförmigen Vorsprüngen versehenen Sporenhaut von Sp. alpina, welche Nägeli (Phys. Unters. Heft I, taf. III, 14) abbildet, konnte ich nicht untersuchen. Als dritte, innerste Haut endlich umgibt, der Mittelhaut anliegend, eine dünne, elastische Cellulosemembran den Inhalt der Spore. Was die Bestandtheile des Inhalts und ihre Anordnung betrifft, so habe ich der von Pringsheim gegebenen Beschreibung nur Weniges zuzufügen. In vielen Fällen (Sp. orthospira, longata) ist die Stärke aus der reifen Zygospore vollständig verschwunden; zahlreiche farblose Fetttropfen sind dafür vorhanden. Andere, dem Anschein nach reife Zygosporen (Sp. Heeriana) behielten stets eine grosse Menge Amylonkörnchen. Innerhalb des wandständigen Chlorophyllbelegs fand ich ausnahmslos die rothen oder rothbräunlichen Pigmentkörper, deren Pringsheim zuerst Erwähnung thut, meist zu mehrern, in Form von homogenen unregelmässigen Massen oder Körnerhäufchen. Das Pigment zeigte in manchen, doch nicht allen Fällen die von Bolbochaete, Uredineen u. s. w.*) bekannte Eigenthümlichkeit, in Schwefelsäure eine intensiv blaue Färbung anzunehmen. Einen Zellkern konnte ich nicht in den Zygosporen wahrnehmen; auch sein Schicksal bei der Copulation blieb ungewiss.

Die Formen, welche Kützing als besondere Gattung Rhynchonema, Hassall als Species not

*) S. Berichte der naturf. Gesellschaft zu Freiburg i. B. Nr. 13, p. 222.

conjugatio bezeichnet, stimmen in den wesentlichen Punkten mit den leiterförmig copulirenden vollkommen überein. Sie finden sich sogar, wie schon A. Braun (Verjüng. p. 309) und Nägeli (N. Algensyst. p. 151) angeben, mit diesen häufig in dem nämlichen Faden zusammen. Ihre Eigenthümlichkeit besteht darin, dass zwei aneinanderstossende Zellen eines Fadens copuliren, indem jede dicht neben der trennenden Querwand eine kleine Ausstülpung treibt, welche mit der der andern alsbald in innige Berührung tritt. Die Vereinigung der beiden Ausstülpungen zu einem, hier seitlichen, Communicationscanal, und die Verbindung der Primordialschläuche erfolgt dann ganz in derselben Weise, wie bei der leiterförmigen Copulation. Sehr häufig ist auch hier die eine, und zwar stets die aufnehmende Zelle des Paares bauchig aufgetrieben.

Selten copuliren drei Zellen, statt zweier miteinander. Schon Meyen hat Anfänge dieser Erscheinung bei Zygnema beobachtet (Physiol. III, p. 414), Schleiden (Grundz. 3. Aufl. II, p. 30) bei Spirogyra. Zweimal fand ich bei Sp. nitida Kg. eine vollständig ausgebildete Zygospore aus einer solchen Vereinigung hervorgegangen. Die sehr grosse aufnehmende Zelle hatte zwei Copulationsfortsätze getrieben, deren jeder mit einer Zelle eines andern Fadens verbunden war. Beide hatten ihre Primordialschläuche mit dem aufnehmenden zu einer grossen elliptischen Zygospore vereinigt.

Bei der Vereinigung von zwei Zellen geben oft allerlei Störungen im Zusammenfliessen und in der Contraction der Primordialschläuche zu Missbildungen Anlass. Bei der Beobachtung auf dem Objectträger hat man oft Gelegenheit, ihr Zustandekommen direct zu sehen. Zieht sich nach der Verschmelzung beider der übertretende Schlauch nicht ganz vollständig in das Lumen der aufnehmenden Zelle hinein, so erfolgt die Bildung von missgestalteten, zum Theil den Querkanal ausfüllenden Körpern, die jedoch oft die völlig normale Hautstructur der Zygosporen besitzen. Gerade solche Bildungen entstehen unter dem Mikroskop sehr häufig. Nur bilden sie hier keine Membran, sondern der contrahirte Primordialschlauch dehnt sich nach einiger Zeit wieder aus, treibt zuweilen unregelmässige Aussackungen, zieht sich nach einiger Zeit oft nochmals etwas zusammen — um jedoch schliesslich zu zerfliessen. (Vgl. I, 1 u. 2, b.)

Zuweilen contrahirt sich der Primodialschlauch in einer der copulirenden Zellen lange vor dem Eintritt der gleichen Erscheinung in der andern und der Durchbrechung der Scheidewand. Oft bildet sich dann um einen solchen Schlauch eine Zellhaut, die ihm das Ansehen einer jungen Zygospore gibt. Die Bildung dieser Membran macht die Vereinigung mit dem Schlauche der andern Zelle unmöglich. Entweder geht dieser die gleichen Veränderungen wie der erste innerhalb seiner eignen Zellhaut ein; der Querkanal bleibt dabei häufig geschlossen; alsdann liegt in jeder der copulirenden Zellen ein sporenähnlicher Körper. Oder es gleitet der zweite Primordialschlauch noch in die aufnehmende Zelle hinein, um dort entweder zu zerfliessen, oder sich gleichfalls mit einer Membran zu umgeben, so dass nun scheinbar zwei Sporen in einer Zelle liegen. Eine vollständig entwickelte Zygosporenhaut habe ich bei solchen nie gesehen; ob sie zuweilen sich findet, und ob diese Körper keimfähig seien, lasse ich dahingestellt.

Sehr häufig kommt zu Ende des normalen Vereinigungsprocesses der beiden Primordialschläuche der Fall vor, dass ein kleines Stück des übertretenden Schlauches sich losschnürt, und nicht in die Vereinigung mit eingeht, deren Product sich sonst normal ausbildet. Besonders häufig sah ich dies bei Sp. Heeriana eintreten. Nachdem aller körnige Inhalt beider Schläuche sich vereinigt hatte, blieb noch ein kleines blasenförmiges Stück des übertretenden jenseits der Querwand in dem Copulationskanal zurück, welche bei dieser Species meist nur eine verhältnissmässig kleine Oeffnung in der Mitte besitzt. Wie zu Anfang der Vereinigung hängt jenes Stück mit dem übergetretenen Theil durch eine schmale, beiderseits in die blasenförmigen Schläuche allmählich verbreiterte Mittelpartie zusammen. Dieser Mitteltheil schnürt sich nun mehr und mehr ein, bis zur Dünne eines feinen, dehnbaren Fadens, der sich zuletzt in zwei Theile auseinanderzieht, von denen der eine in den Primordialschlauch der jungen Zygospore, der andere in die Oberfläche der kleinen Blase überfliesst. (I, 3, a.) Letztere hat eine kuglige oder ovale Gestalt, ist gleich nach ihrer Bildung scharf umschrieben: der während der Trennung fadenziehende Primordialschlauch hat sich sofort wieder zur glatten Aussenschicht gestaltet. Er enthält nur wenige farblose Körnchen. Bald dehnt er sich durch Wasseraufnahme in das Lumen der entleerten Zelle aus, wird unregelmässig, und zerfliesst. Aehnliche Erscheinungen findet man sehr häufig auch bei anderen

Species. Das von dem Doppelschlauch losgelöste Bläschen enthält auch öfters noch Chlorophyll und körnige Inhaltsbestandtheile. Es kann sich dann mit einer Haut umgeben, und als kleiner, sporenähnlicher Körper in der grösstentheils entleerten Zelle liegen bleiben.

Der gehinderten Vereinigung der Primordialschläuche in Zellpaaren, bei welchen die Copulation normal ihren Anfang nimmt, verdankt jedenfalls ein Theil jener Fälle seinen Ursprung, welche als Sporenbildung ohne Copulation beschrieben werden. Andere, ältere Angaben dieser Art haben wohl auch zum Theil ihren Grund in der seitlichen Vereinigung zweier Nachbarzellen, die man übersehen hatte. Doch kommt auch hie und da die Entstehung sporenähnlicher Körper in Zellen und Fäden vor, welche nicht die geringste Verbindung mit andern zeigen. Hassall (Brit. freshw. Alg. p. 156) charakterisirt ein Zygnema mirabile (Sp. mir. Kg. Sp. alg.) durch Mangel der Conjugation, und Bildung eine Spore („Sporangium") in jeder Zelle des Fadens. An einer Form, welche mit der von Hassall (tab. 35) abgebildeten übereinstimmt, hatte ich einmal Gelegenheit, die Angaben des genannten Autors vollständig und in zahllosen Exemplaren bestätigt zu sehen.

Dieselben hatten sich Ende Juni in einem Glase entwickelt, welches zum Behufe der Cultur anderer Algen seit Frühling im Zimmer stand. Sie zeigten ein durchaus normales, gesundes Aussehen. Zur genannten Zeit und in der ersten Woche des Juli fanden sich, theils in den Zellen von der gewöhnlichen Cylinderform, theils in solchen, welche in der Mitte bauchig aufgetrieben waren, je ein eiförmiger, länglicher oder kugliger sporenähnlicher Körper, im ausgebildeten Zustande von einem dichten, körnigen, dunkelgrünen Inhalt erfüllt, und von einer einfachen, doppelt contourirten, farblosen Membran umgeben (1, 5). Es zeigte diese Membran, ebensowenig wie die der unveränderten Zellen irgend eine Spur von Blaufärbung durch die bekannten Reagentien. Die genannten Körper waren, im ausgebildeten Zustand genau in der Mitte der Zelle in farbloser Flüssigkeit suspendirt. Ihre Entwicklung war leicht zu verfolgen (vgl. 1, 4). Die überall gleichmässig gewundene einfache Chlorophyllbinde, häufig sehr reich an Stärkekörnern, zog sich zunächst zusammen, sodass ihre Windungen, von den Enden der Zelle nach der Mitte fortschreitend, einander bis zur Berührung genähert wurden. Bald folgte Zusammenziehung des Primordialschlauchs, genau in der gleichen Weise, wie bei copulirenden und in Zuckerlösung liegenden Zellen, nur weit langsamer fortschreitend, bis zur Bildung der genannten, dunkelgrünen Körper. Häufig fanden sich diese noch ganz hautlos. In andern Fällen fand der Beginn der Membranbildung deutlich schon während der langsamen Contraction des Primordialschlauches, und eine Zusammenziehung der Zellhaut gemeinschaftlich mit diesem statt.

Nach und nach dehnte sich die angeführte Erscheinung auf fast alle Zellen der Spirogyra aus. Es fand sich oft in 60, 70 und mehr derselben in ununterbrochener Reihe je ein Sporenkörper. Irgend welche Anzeichen regelmässiger Copulation fanden sich nirgends, wenn man nicht kleine unsymmetrische Ausbuchtungen der Zellwand dafür nehmen will. Auch findet eine Theilung und Wiedervereinigung des Primordialschlauchs, durch welche A. Braun (Verjüng. p. 321) die Sporenbildung von Hassall's Zygnema mirabile zu erklären geneigt ist, oder auch nur eine Theilung des Zellkerns vor der Bildung der sporenähnlichen Körper nicht statt. Der Zellkern erscheint, bis er durch das aneinanderrückende Chlorophyll undeutlich wird, vollkommen einfach, dem wandständigen Protoplasma oder einer Windung des Chlorophyllbandes angelagert.

Bis Mitte Juli war der Process überall beendigt, die Fäden sanken zu Boden. In den „Sporen" entfärbte sich der Inhalt allmählich. Ihre stets einfach bleibende Haut umschloss bald bei den einen grosse Anhäufungen von kleinen Stärkekörnchen, bei andern vier bis acht kleinere, farblose Bläschen oder Zellchen von kugliger Form in wässriger Flüssigkeit liegend. Es waren deren zweierlei vorhanden: die einen mit sehr zarter, durch eine einfache Linie angezeigter Membran, einige Stärkekörner enthaltend, die anderen derbhäutig, mit homogenem trübem Inhalt und einem dunklen Kern in dessen Mitte. Letztere wurden durch Jod gelb gefärbt. Beiderlei Gebilde waren durchaus bewegungslos: sie kamen entweder für sich allein oder zusammen in einer Mutterhaut vor.

In einigen Wochen waren alle Körper in der angegebenen Weise verändert. Alle gingen zuletzt sammt den umgebenden Membranen zu Grunde; ohne dass eine solche Zersetzung bei den übrigen in dem Glase befindlichen Algen eingetreten wäre.

Auf die Deutung dieser Körper werde ich später zurückkommen.

Ueber die Keimung der Spirogyra-Zygosporen haben wir, ausser den ältern trefflichen Arbeiten von Vaucher, bekanntlich sehr genaue Untersuchungen von Pringsheim (vrgl. Flora, 1852, Nr. 30). Ich habe denselben nichts von Belang zuzufügen. Die Innenzelle, von ihrer farblosen Cellulosehaut umgeben, dehnt sich zu einer länglichen Form aus; das eine Ende durchbricht zuerst die gefärbte Mittelhaut, dann die farblose Aussenmembran und tritt aus dem klaffenden Riss derselben hervor. Der wandständige Chlorophyllinhalt sondert sich, je nach der Species, in mehr oder minder spiralig gewundene Bänder. Entweder das in der Sporenhaut steckende, oder das entgegengesetzte Ende der jungen Zelle wächst zu einem engen oft sehr langen Schlauch (Wurzelfortsatz) aus, in den der Chlorophyllinhalt sich nicht erstreckt. Die noch einzellige junge Pflanze hat somit eine keulenförmige Gestalt. Eine, nahe dem breitern Ende entstehende Querwand theilt sie bald in 2 sehr ungleiche Zellen: eine lange Wurzelzelle, die sich noch fernerhin ausdehnt, aber ungetheilt bleibt, und eine kürzere, breitere Zelle, durch deren in allen Generationen gleichmässig wiederholte Zweitheilung das unbegrenzte Längenwachsthum des Fadens eingeleitet wird. Wurzel- und erste Fadenzelle besitzen von Anfang an einen Zellkern. In noch einzelligen Keimpflänzchen konnte ich denselben zuweilen, doch nicht in allen Fällen auffinden. Das freie Ende der Wurzelzelle sah ich, so wenig wie Pringsheim, jemals mit einer schildförmigen Verbreiterung oder lappigen Verzweigung einer Unterlage anhaften. Dagegen kommt dies nicht selten an Ausstülpungen vor, welche Zellen älterer Fäden treiben.

2. Zygnema.

Vauchers Conjuguées à étoile, welche hier sämmtlich unter dem Namen Zygnema vereinigt werden, unterscheiden sich von Spirogyra vorzüglich durch die Organisation des Zelleninhalts.

In der Mitte lebhaft vegetirender Zellen (I, 10, s, 14, 15, a) liegt ein ohngefähr kugliger Cytoblast, zart contourirt, mit centralem Nucleolus, eingebettet in einer dünnen Schicht körnigen Plasmas, die ihn sogar häufig gänzlich verdeckt. Rechts und links von dem Zellkern, in der Längsaxe der Zelle, liegt je ein grosser Amylonkern, umgeben von einer durch Chlorophyll gefärbten Plasmamasse. Die beiden Plasmamassen werden durch die den Cytoblasten umgebende Schicht brückenartig verbunden. In ihrem Umfang theilen sie sich sternförmig in zahlreiche, zu dem Plasmabeleg auf der Innenfläche des Primordialschlauches verlaufende Strahlen. Diese divergiren meistens nach der Seitenwand der Zelle hin; wenige sind direct nach den Endflächen gerichtet, wenige convergiren mit ähnlichen der andern Plasmamasse nach der den Zellkern umgebenden Mittelzone der Seitenwand. Die grünen Strahlen reichen entweder nur bis an den wandständigen Plasmabeleg, zu farblosen Fäden ausgezogen in denselben überfliessend; oder sie verlaufen auf demselben eine Strecke weit fort, oft durch zahlreiche Anastomosen verbunden, einen grünen Wandbeleg in der Zelle bildend. In solchen chlorophyllreichen Zellen ist nicht selten auch die den Cytoblasten umgebende Schicht grün gefärbt.

Der ganze, aus den eben beschriebenen Theilen zusammengesetzte Inhaltskörper ist meist reichlich mit farblosen, durch Jod gelb werdenden Körnchen durchsät und bedeckt, deren Ortsveränderung oft Strömungen in dem Wandplasma und den grünen Strahlen anzeigt. Sind die Körnchen nur spärlich vorhanden, so erkennt man deutlich, dass sie der Aussenfläche der homogenen grünen Massen aufsitzen.

Die sehr variable Grösse der letztern und ihrer Strahlen gibt den Zellen von Zygnema ein sehr verschiedenes Ansehen, und zwar kommen nicht nur bei verschiedenen Species, sondern oft sogar in einem und demselben Faden die verschiedensten Verhältnisse vor.

Der übrige Innenraum der Zelle wird von wässriger Flüssigkeit ausgefüllt.

Schon die Fäden mit der beschriebenen Inhaltsstructur erhalten durch die zwischen dem Chlorophyll befindlichen farblosen Körnchen ein eigenthümliches, opak-gelbgrünes Ansehen.

In weit höherm Grade zeigen solches die mit körnigem Inhalt gänzlich angefüllten Zellen, welche Vaucher bei seiner Conjugata lutescens und pectinata angibt, Hassall seiner Tyndaridea anomala zuschreibt, und welche unter gewissen Bedingungen allen mir vorgekommenen Arten eigen sind.

Der ganze Inhalt solcher Zellen (Ruhezellen) erscheint bei oberflächlicher Betrachtung aus einer dichten, dunkeln, fein- oder grobkörnigen Masse gebildet (I, 20).

Genauere Untersuchung (vrgl. I, 15b, 16) lässt die beiden Amylonkerne meist an ihrer gewöhnlichen Stelle finden. Sie sind dabei oft so gross, dass ihr Durchmesser die halbe Breite der Zelle übertrifft. In der Regel weichen sie jedoch von den in den Doppelsternzellen enthaltenen nicht ab. Selten finden sich an ihrer Stelle unregelmässige Chlorophyllmassen, in denen Jod keine Blaufärbung hervorruft. Zwischen den beiden Amylonkernen ist zuweilen eine hellere Zone, niemals aber der Zellkern mit voller Deutlichkeit zu erkennen.

Der übrige Raum der Zelle ist mit körnigem Inhalt von verschiedener Beschaffenheit gleichmässig erfüllt. Entweder besteht er lediglich aus dichtem, dunkelgrünem, mit zahlreichen kleinen Körnchen durchsätem Plasma, oder es ist eine Menge grösserer farbloser Fetttropfen und Stärkekörner diesem eingelagert. In den wenigst häufigen Fällen ist nur um die beiden Amylonkerne Chlorophyll vorhanden, im Umfang der Zelle farbloses oder blass violett gefärbtes Plasma mit Fett und Stärke vorhanden.

Die beiden letztgenannten Stoffe kommen entweder gemeinschaftlich, oder Fett allein in einer Zelle vor; Stärke fand ich nie allein, doch oft in dem Grade vorherrschend, dass die ganze Zelle durch Jod eine blauschwarze Farbe annahm.

Eine besondere Form und Anordnung der Stärkekörner fand sich bei Z. pectinatum. Die Körner hatten eine keilförmige Gestalt und waren nach der Richtung von Kugelradien um die beiden Amylonkerne so geordnet, dass das spitze Ende eines jeden dem Amylonkern, das breite der Zellwand zugekehrt war.

Mit der beträchtlichen Vermehrung der festen Inhaltsbestandtheile ist in solchen Zellen zugleich eine Verdickung der Membran verbunden. Seitenwand und Querwände erscheinen derber, als in den Doppelsternzellen, hell durchscheinend, glänzend; am stärksten aber pflegt die Verdickung im Umkreis der Endflächen zu sein, wo diese in die Seitenwand übergehen (I, 15b, 16). Ein dicker Membranring umgibt hier den dichten Inhalt, geht übrigens sanft in die dünnere Quer- und Seitenwand über. Er besteht deutlich aus 2 Theilen, deren jeder einer von beiden aneinandergrenzenden Zellen angehört, und selbst wiederum geschichtet ist. Diese Verdickung der Membran lässt den von Inhalt erfüllten Primordialschlauch (sammt der innersten Membranlamelle) bei der Seitenansicht in Form eines Parallelogramms mit abgerundeten Ecken erscheinen. Der ganze Faden behält dagegen meist eine genau cylindrische Gestalt.

Die Hüllhaut, welche alle Zygnemen umgibt, ist um die Ruhezellen nicht immer, aber sehr häufig ausserordentlich stark verdickt, so dass ihre Mächtigkeit oft einem Drittel, zuweilen der ganzen Breite der Zellen gleichkommt. Ihre Umrisse sind entweder sehr dunkel, schwarz, an die Contouren von grössern Stärkekörnern erinnernd, oder zart, zuweilen verschwommen. Durch Drücken und Zerren überzeugt man sich leicht von ihrer gallertartigen Weichheit. Oft zeigt sie eine deutliche Schichtung. Selten umzieht diese Gallertscheide den Faden als gleichmässig cylindrische Röhre. Ihr äusserer Umriss erscheint meist wellenförmig, indem sie um die Querwände des Fadens eingeschnürt, zwischen denselben mächtiger ist (I, 20). Je nachdem diese Einschnürungen stärker oder schwächer, um alle oder nur um einzelne Querwände hervortreten, ist die Scheide vollständig rosenkranzförmig oder leicht unregelmässig-undulirt.

Wo das Ende einer Zelle frei liegt, ist es in solchen Fällen meist von der dicken Scheide umgeben. Man findet oft wenigzellige Fadenstücke, zuweilen sogar einzelne Zellen, welche von ihr ringsum eingeschlossen sind. Dass die Scheide von der Zelle ausgebildet und ernährt wird, erleidet keinen Zweifel. Aus den angeführten Verhältnissen geht hervor, dass ihre Zonen, welche die Seitenwände umgeben, mehr und oft beträchtlich mehr verdickt werden, als die den Querwänden entsprechenden; dass aber, wo die Endfläche einer Zelle (Querwand) nicht an eine lebende Nachbarzelle stösst, die Bildung und Ernährung der Scheide hier in gleicher Weise wie um die Seitenwand stattfindet.

Was der Grund der mächtigen Scheidenentwicklung sei, ist nicht anzugeben. Von Fäden, welche zusammen unter gleichen äusseren Bedingungen cultivirt wurden, und gleichartige Ruhezellen besassen, zeigten sie die einen aufs entwickeltste, während andere nur eine ganz dünne Cuticula besassen. Oft verhielten sich sogar Stücke des gleichen Fadens, mit gleichförmig gebildeten Zellen, sehr verschieden.

Wie schon bemerkt wurde, kommen die beschriebenen Zustände bei allen von mir genauer und andauernd beobachteten Zygnema-Species und Formen vor. Eine Structureigenthümlichkeit ruhender Zellen fand ich bis jetzt nur bei einer Species, dem Z. pectinatum. Zwischen den anderen Zellen fanden sich hier solche von dunkelbrauner, reifen Sporen ähnlicher Farbe, einzeln (I, 16b) oder zu mehreren hintereinander. Anfang Juni untersucht, zeigten sie in ihrem Inhalt die oben beschriebenen keilförmigen Stärkekörner, Chlorophyll u. s. w., die braune Farbe rührte, wie bei den Sporen, von einer innern, dunkelbraun gefärbten, völlig glatten Membranschicht her. Ende August war sämmtliches Stärkemehl verschwunden, und durch grosse Fetttropfen ersetzt.*) Die Membran zeigte jetzt innerhalb der farblosen derben Cellulosehaut zunächst eine braune, ganz glatte Schicht, dann ein zweite innere kaum gefärbte, welche auf ihrer Aussenseite durch zahlreiche kleine Prominenzen granulirt erschien; in andern Fällen eine einfache, braune, granulirte Haut (VIII, 13a). Beide wurden durch J. und SO_3 braungelb. Innerhalb der granulirten Haut weisen die genannten Reagentien noch ein sehr zartes innerstes Cellulosehäutchen um den Inhalt nach. Die äusseren Membranschichten dieser Zellen lösen sich später oft auf, so dass sie nur von einer dünnen Cellulosehaut und der braunen Schicht umgeben vereinzelt ins Wasser zu liegen kommen. Von den Zygosporen der gleichen Species, denen sie auf den ersten Blick ähneln, unterscheidet sie leicht ihre Cylinderform und Structur.

Die ruhenden derbwandigen Zellen kommen theils mit den gewöhnlichen Doppelsternzellen gemischt vor (I, 15), theils allein die Fäden zusammensetzend (I, 20). Wie schon Vaucher angibt, findet man sie vorzugsweise in austrocknenden Gräben und Lachen, an Strassenrändern u. s. f., wo die betreffenden Fäden oft grosse gelbgrüne Ueberzüge bilden. Von Zygnema leiospermum, welches ich im April 1857 in kleinen Wassertümpeln reichlich mit fructificirenden Doppelsternzellen beobachtete, ging im Laufe des Mai, während die Wassermenge sich fort und fort verminderte, ein grosser Theil der steril gebliebenen Fäden in die ruhende Form über. Sie trockneten vollkommen ein. Mit Wasser befeuchtet, hatten sie nach einigen Stunden wiederum das Aussehen, wie vor dem Eintrocknen. Aehnlich verhielten sich Fäden von theilweise copulirten Zygnema stellinum Kg., Vaucheri Kg., pectinatum Ag. nachdem sie im Zimmer in Cultur genommen,**) und in gefüllten Wasserschüsseln stehen geblieben waren. Z. pectinatum zeigte stets eine grosse Anzahl von Ruhezellen, theils mit brauner, theils mit farbloser Membran. Braunhäutige bildeten sich jedoch in der Cultur nicht. — Alle Uebergänge von den gewöhnlichen Doppelsternzellen zu den vollen, allmähliche Vergrösserung der Plasmamassen, Auftreten von Stärkekörnern im Innern, von grösseren und kleineren Fetttropfen in vermehrter Anzahl sind bei solchen Culturexemplaren leicht zu verfolgen (I, 16). Umgekehrt ist es gelungen, an Fäden, welche lediglich aus ruhenden Zellen bestanden, allmählich, bei Cultur in vielem Wasser, die zahlreichen Fettkörner verschwinden, die Zellen sich meist mehr in die Länge dehnen, die farblose Zellflüssigkeit sich vermehren, die dicke Gallertscheide, wo sie vorhanden war, verschwinden, und zuletzt fast ausschliesslich die gewöhnlichen Doppelsternzellen auftreten zu sehen. Aus den braunhäutigen, im Zimmer überwinterten Zellen von Z. pectinatum entwickelten sich gleichfalls in den ersten Frühlingstagen (Ende Februar) junge Zygnemafäden: die Innenzelle dehnt sich aus, sprengt die äusseren Häute und tritt als länglicher Schlauch aus denselben hervor. Sie nimmt die Structur einer lebhaft vegetirenden Zelle an und theilt sich wie diese (VIII, 13).

Die zuletzt angeführten Beobachtungen zugleich mit dem Umstande, dass nur ausgesprochene Doppelsternzellen copuliren, zeigen die Bedeutung der als ruhend bezeichneten Zellen. Sie sind die Form, in welcher sterile Fadenstücke, oder ganze Fäden und Rasen, zumal wenn sie der Austrocknung exponirt

---

*) Auch die mit farbloser Haut versehenen Zellen besassen nur noch die beiden Amylonkerne, sonst lediglich Fetttropfen zwischen dem grünen Plasma.

**) Die Cultur der Zygnemen ist meist sehr schwierig. In der Regel geht viel, oft alles Material zu Grunde. Wenn man die Rasen noch so behutsam sammelt und ins Zimmer stellt, so beginnt häufig schon nach 12 Stunden allgemeine Zersetzung: die Primordialschläuche schrumpfen, werden braun, die Fäden schlaff, missfarbig, das Wasser nimmt eine gelbbraune Farbe an. Zuweilen bleibt, unter anscheinend gleichen Verhältnissen, Alles lebenskräftig. Den Grund dieses Verhaltens kann ich nicht angeben. Die Versuche, von denen hier die Rede ist, sind solche, bei denen es gelang, die Fäden durch möglichst reichliche Versorgung mit frischem Wasser wenigstens grossentheils vor der Zersetzung zu bewahren.

sind, ausdauern, bis zum nächsten Eintritt nasser Witterung oder der Jahreszeit, in welche normaler Weise das lebhafte Wachsthum der Fäden durch Zelltheilung und ihre Fructification fällt.

Das Längenwachsthum der Fäden von Zygnema erfolgt bekanntlich, wie bei Spirogyra, durch wiederholte Zweitheilung aller ihrer Zellen (mit Ausnahme der Wurzelzelle des ersten Keimungsproductes).

Die Theilungsvorgänge selbst sind grossentheils anderweitig schon genau beschrieben worden. (Vgl. Pringsheim, Pflanzenzelle, taf. III, fig. 10—14). Die Bildung der Querwand erfolgt in derselben Art, wie es von Cladophora, Spirogyra bekannt, unten bei Craterospermum nochmals erwähnt ist. Beim Beginn der Scheidewandbildung ist die Plasmabrücke zwischen den beiden seitlichen sternförmigen Massen mit dem Zellkern noch unverändert. Allmählich wird sie schmäler, der Zellkern verschwindet; immer dünner werdend, zieht sie sich zuletzt in einen feinen Faden aus, welcher endlich in zwei Hälften auseinanderreisst, deren jede in den entsprechenden grünen Stern überfliesst.

Entweder nach der Vollendung der Scheidewand, oder, in andern Fällen, schon vor jeglicher Anlage derselben theilt sich der Amylonkern in einem jeden Stern in zwei, allmählich weicht der ganze Stern in zwei Hälften auseinander, welche in der Mitte wiederum durch eine Querbrücke, in welcher ein neuer Zellkern erscheint, in der oben beschriebenen Weise verbunden sind. Mag die Theilung des Amylonkerns vor oder nach der Scheidewandbildung vor sich gehen, so wird die Trennung der Plasmamassen und das Auftreten der neuen Zellkerne stets erst nach jener deutlich.

In den ruhenden Zellen findet keine, oder nur sehr selten Theilung statt. Es gelang mir wenigstens niemals, sie direct zu beobachten.

Es ist hinlänglich bekannt, dass die Zygnemen eine in vielen Stücken den früher mit ihnen generisch vereinigten Spirogyren ähnliche Copulation zeigen, deren Resultat die Bildung grosser brauner Zygosporen ist. Genauere Betrachtung zeigt in den Vorgängen bei der Copulation immerhin einige beachtenswerthe Eigenthümlichkeiten.

Die Form, in welcher sich die copulirenden Zellen vereinigen, ist vorzugsweise die leiterförmige. Eine seitliche Vereinigung zweier Nachbarzellen eines Fadens, Rhynchonema Kg. entsprechend, findet sich nur selten unter der gewöhnlichen Form bei Z. Vaucheri, stellinum; häufig bei Z. insigne. Die Zygosporen liegen bei den meisten Zygnemen unserer Gegenden, wie bei Spirogyra, frei innerhalb der Membran der einen copulirenden Zelle. Bei anderen (bei uns seltneren) Arten, welche Vauchers Z. pectinatum repräsentirt, liegt die reife Spore in dem blasenförmig erweiterten Mittelraum, welcher das copulirte Paar verbindet. Hassall hat mehrere derartige Formen ohne Zweifel mit Recht zu seinen Tyndarideen gezogen. Bei Kützing bilden sie Glieder der Gattung Zygogonium.

Bei Z. leiospermum habe ich die Copulation in ihrem ganzen Verlaufe verfolgt. Die bei den verwandten Arten, Z. stellinum, Vaucheri aufgefundenen Zustände berechtigen zu der Annahme, dass sie hier in ganz gleicher Weise statthat.

Constante, wesentliche Formunterschiede in den zwei copulirenden Zellen des Z. leiospermum sind nicht vorhanden. Beide sind etwas angeschwollen, ihre die Querbrücke bildenden Copulationsfortsätze berühren einander schliesslich mit breiter, ebener Fläche. Die Querwand, welche sie trennt, wird undeutlich, und verschwindet zuletzt vollständig, bis auf einen dünnen von der Seitenwand aus nach Innen ragenden Ring. Die Primordialschläuche haben sich währenddessen nicht zusammengezogen. Nach Verschwinden der Scheidewand stellt das Paar eine Doppelzelle dar, deren Doppelprimordialschlauch der Membran allenthalben innig anliegt (I, 7 b). Beobachtet man ein so vorbereitetes Paar, so sieht man nach kurzer Zeit den übertretenden Primordialschlauch sich von seiner Membran scharf umschrieben loslösen, und langsam nach dem Verbindungskanal hin zusammenziehen (I, 8, 9, b). Die fortschreitende Contraction treibt zuerst die eine Plasmamasse mit ihrem Amylonkern, dann den Cytoblasten, endlich den zweiten Stern durch den Canal in die aufnehmende Zelle hinein, um sie mit dem Inhalt der letztern zu vereinigen. Mit dem Inhalt zieht sich der ganze Primordialschlauch durch den Querkanal hindurch. Der aufnehmende Theil des Doppelschlauchs hat sich mittlerweile gleichfalls von der Membran abgezogen, und so das Ganze die kuglige oder ovale Gestalt der jungen Zygospore angenommen, welche, je nach der Grösse der Zellen, entweder ihre Membran noch an einigen Stellen berührt, oder ganz frei in dem Raum der aufnehmenden Zellhaut in Wasser suspendirt ist.

Die Zygospore umgibt sich alsbald mit einer zarten, farblosen, primären Zellhaut (I, 10, b, c). Dieselbe wird derber, und lässt später oft 2 oder 3 Schichten unterscheiden (I, 11). Die Reagentien erweisen diese farblose Aussenhaut stets als reine Cellulose. Mit fortschreitender Reife zeigt sich an ihrer Innenfläche eine bald dunkel braun gefärbte, Mittelhaut: durchaus glatt und gleichmässig dick bei Z. leiospermum, (I, 12, 13), bei den meisten anderen von mir untersuchten Formen dagegen mit Tüpfeln versehen, welche Cohn (Nov. Act. vol. 24, pars I) zuerst beschrieben und abgebildet hat (I, 19). Dieselben treten bei vorsichtigem Zerdrücken der Spore am besten hervor, als kleine Vertiefungen auf der Aussenfläche der Mittelhaut, in welche, bei Z. stellinum wenigstens, wo sie am deutlichsten sind, entsprechende stumpfe Prominenzen auf der Innenfläche der Aussenhaut hineinpassen. Durch den Druck werden diese herausgehoben. Von oben gesehen, erscheinen die Tüpfel als zarte helle Kreise. Dass sie keine Löcher, sondern nur dünne Stellen der Membran sind, davon überzeugt man sich leicht, wenn man durch Druck aufs Deckglas ein Stück der Mittelhaut flach und frei ausbreitet.

Eine zarte farblose Celluloseschicht umkleidet endlich als innerste Membran in der reifen Spore den Primordialschlauch. Sie ist ganz glatt, ausser bei Z. leiospermum, wo sie auf ihrer Aussenfläche durch sehr zarte Prominenzen fein granulirt erscheint (I, 12).

Der Inhalt junger Zygosporen ist dunkelgrün, dicht körnig. Die Zellkerne sind, der Beobachtung wenigstens, verschwunden. Aus der dunkeln Inhaltsmasse schimmern die vier Amylonkerne, in eine Ebene oder nach den Ecken eines Tetraëders gestellt, hindurch. Zuweilen sondert sich in halbreifen Sporen der grüne Inhalt wiederum in 4 Gruppen, deren jede einen Amylonkern einschliesst und welche durch helle Interstitien getrennt sind (I, 17, a). Von einer wirklichen Zelltheilung, deren Resultat 4 Tochterzellen wären, ist jedoch dabei keine Rede.

Während des Reifens, auch noch nach Ausbildung der dunkelbraunen Mittelhaut, zeigen die 4 Amylonkerne noch deutlich violette Färbung durch Jod. Ausser ihnen werden oft durch genanntes Reagens noch zahlreiche kleinere Stärkekörner angezeigt. Stärke sowohl als Chlorophyll verschwinden mit fortschreitender Reife mehr und mehr, bis endlich die Hauptmasse des Inhalts gebildet wird aus feinkörnigem Plasma und dicken Fetttropfen. Beide Bestandtheile sind in sehr ungleichem Verhältniss in den verschiedenen Fällen vorhanden, so dass die Sporen entweder ein feinkörniges oder sehr grobkörniges Ansehen haben. In jenen sieht man dann eine centrale oder zwei excentrische, kleine unregelmässige grüne Massen, in denen Jod keine blaue Farbe hervorruft; in den grobkörnigen erscheint etwas Chlorophyll zwischen den Fetttropfen, wenn man den Inhalt ausdrückt. Amylon fehlt auch hier zur Zeit der Reife vollständig.

Anomale, aus Störungen in dem Copulationsprocess hervorgegangene Bildungen finden sich bei Zygnema in gleicher Weise, wie bei den Spirogyren. Noch weit häufiger als dort, sind hier die unregelmässig geformten, zum Theil in dem Querkanal stecken gebliebenen Sporen. (Vgl. Cohn, l. c. taf. 17). Die langsamere Contraction des Primordialschlauches erklärt ihre Häufigkeit zur Genüge. Ihr Bau ist meistens der gleiche, wie bei regelmässig geformten. Eine Contraction beider Primordialschläuche eines copulirenden Paares vor Auflösung der Querwand, ähnlich dem normalen Vorgang bei Spirogyra, findet sich nicht selten (I, 7—9, a). Doch sah ich nie eine Vereinigung folgen; in allen beobachteten Fällen gingen sie zu Grunde, während die Querwand in dem Copulationskanal bestehen blieb. —

Die Membran der aufnehmenden Zelle bleibt bei den meisten Formen lange um die reifende und reife Zygospore bestehen, geht ganz allmählich durch Zersetzung zu Grunde. Etwas anders verhält sich Zygnema leiospermum. Hier lockert sich die Membran der kurzen, aufgeblasenen Zellen um die junge Spore, die sie in vielen Punkten berührt, schon frühe gewaltig auf, so dass sie bald nur durch eine zarte Linie angedeutet, durch Druck leicht zerstörbar ist. Zunächst und am stärksten tritt die Erweichung an der äussern, dem abgebenden Faden abgewendeten Seite ein; die Querwände nehmen daran nicht Theil; ebensowenig die Haut der abgebenden Zellen (I, 11). Eine ähnliche Erweichung erleidet häufig die äusserste, als primäre Haut bezeichnete Schicht der Aussenmembran an ihrer äussern Seite oder ringsum (I, 11, a, b). Ein leichter Druck genügt, um die junge, noch grüne Spore aus der aufnehmenden Zellhaut gleiten zu lassen, in welcher häufig dann auch die primäre Sporenmembran als leere, mit einer Oeffnung versehene Schale zurückbleibt. Das Gleiche findet in der Natur normaler Weise statt;

die junge Spore verlässt die aufgelockerte Zellhaut, legt ihre gleichfalls aufgelockerte, sich von ihr abhebende primäre Membran ab, und reift frei im Wasser schwimmend.

Wenn bei den anderen untersuchten Arten auch die primäre Sporenmembran nicht in der auffallenden Weise abgestreift wird, so ist sie doch fast ausnahmslos als besondere Schicht der Aussenhaut zu erkennen, entweder schon an der unversehrten Spore, oder nach Zerdrücken derselben.

Von den Arten, welche die Zygospore in dem Querkanal zeigen, habe ich nur Z. pectinatum beobachtet (I, 15, 17). Die Anfänge der Copulation sind hier die gleichen, wie bei den besprochenen Formen. Den Process der Vereinigung direct zu beobachten, erlaubte mir das Material nicht.

Der Mittelraum, in welchem die junge Spore liegt, besitzt eine farblose, in die Seitenwand der copulirenden Zellen übergehende Haut, die jedoch häufig augenscheinlich dünner ist, als jene. Die dicke gallertartige Hüllhaut, welche die Fäden dieser Species umschliesst, geht nicht um den Mittelraum herum, ist an dessen Mündungen gleichsam durchbohrt. Die Membranen der copulirten Zellen umschliessen lediglich Wasser. Die Zygosporen haben kuglige oder ovale Gestalt, und füllen den Mittelraum entweder ganz oder unvollständig aus. Ihre Structur (I, 18, 19) in den verschiedenen Alterszuständen entspricht vollständig denen der oben beschriebenen Species, mit Ausnahme der dem Z. leiospermum zukommenden Eigenthümlichkeiten.

Das Beobachtete lässt über die wesentlichen Erscheinungen bei der ersten Anlage der Zygospore keinen Zweifel übrig. Beide Primordialschläuche ziehen sich, nach Verschwinden der Scheidewand, gleichmässig in den entweder schon vorher erweiterten oder gleichzeitig aufschwellenden Mittelraum zur jungen Zygospore zusammen.

Von einer Copulation dreier Zellen sah ich bei den oben beschriebenen Formen mehrmals die ersten Anfänge. Das fertige Product in einem Falle sehr schön bei Z. pectinatum (I, 17, b).

Die Keimung der Zygnemasporen habe ich, ganz in der Weise, wie sie Cohn (l. c. p. 238, taf. 17) darstellt, bei Z. stellinum und Z. leiospermum beobachtet.

In dem Inhalt derselben werden zunächst zwei grüne, vom Centrum gleichweit abstehende Flecke deutlich; häufig, doch nicht immer konnte ich in ihrer Mitte einen Amylonkern erkennen oder durch Jod nachweisen. Nun dehnt sich die Innenzelle zu einem länglichen Schlauche aus und tritt zwischen den tief zweiklappig aufgerissenen äusseren Häuten hervor (I, 13). Bei meinen Exemplaren von Z. leiospermum sah ich stets, bei Z. stellinum meistens die Aussenhaut und Mittelhaut in gleicher Richtung aufgerissen. Der junge Schlauch gleitet meistens schon sehr früh aus den geöffneten Häuten heraus, um frei im Wasser zu schwimmen. Er nimmt den Bau einer gewöhnlichen Zygnemazelle an und theilt sich, wenn er die 2—4fache Länge seines Querdurchmessers erreicht hat, genau in der Mitte durch eine Querwand. Jede der beiden Tochterzellen hat wiederum die Structur der Mutterzelle, sie sind einander vollkommen gleich. In dem weitern Verhalten tritt dagegen von nun an eine Ungleichheit ein. Aus der einen geht durch wiederholte Theilungen der unbegrenzt wachsende Faden hervor, die andere theilt sich nicht mehr (I, 14). Sie bleibt entweder ganz unverändert, oder, seltener, wächst ihr freies Ende zu einem einfachen, schlauchförmigen, chlorophyllleeren Wurzelfortsatz aus. Bei Z. leiospermum habe ich mich überzeugt, dass auch solche Sporen in normaler Weise keimen, welche durch theilweises Steckenbleiben in dem Copulationskanal eine unregelmässige Form erhalten haben. Die Membran des jungen Keimes von Z. leiospermum zeigt stets eine durchaus glatte Aussenfläche; die kleinen Rauhigkeiten, welche dieselbe zur Zeit der Sporenreife besass, sind verschwunden.

3. Sirogonium.

Die sterilen Zellen von S. sticticum (II, 1, 2, 6) haben im Wesentlichen den Bau und die Form von Spirogyra. Ihre Membran ist dünn, aus Cellulose gebildet, von einer sehr zarten, nicht gallertartig-schleimigen Cuticula überzogen. Fünf, auch sechs am Rande gezackte, zuweilen verzweigte

Chlorophyllbinden liegen der Innenseite des Primordialschlauches an, der Mittellinie einer jeden derselben ist eine Reihe von Amylonkernen eingebettet. Die Richtung der Binden ist entweder genau der Längslinie des Fadens parallel, oder sie steigen in dem nämlichen Faden steil von rechts nach links, oder von links nach rechts an. Eine constante Windungsrichtung ist sonach nicht einmal angedeutet. Cytoblast, Primordialschlauch u. s. f. verhalten sich wie bei Spirogyra.

Copulirende Exemplare von Sirogonium bilden dichte, fest zusammenhängende Fadenmassen, welche durch Gasblasen zwischen den Fäden an der Oberfläche des Wassers schwimmend erhalten werden. Die Fäden sind vielfach durcheinandergewirrt, fast verfilzt, die einzelnen oft wurmartig gekrümmt und zusammengerollt. Durch diese Krümmungen werden theils verschiedene Theile ein- und desselben Fadens, theils getrennte Fäden einander genähert um zu copuliren.

Erstes Stadium, oder besser Vorläufer der Copulation ist die Vereinigung von zwei leicht knieförmig gegeneinander gebogenen Zellen durch kurze, stumpfe Ausbuchtungen, welche einander berühren, und bald fest miteinander verwachsen (II, 1). Solche Zellenpaare zeigen zunächst durchaus den gleichen Bau, insonderheit die gleichen homogenen zarten Chlorophyllbänder, wie die nicht verbundenen. Wie in diesen, findet auch in ihnen noch Theilung statt. Allein während die freien vegetativen Zellen durch eine in ihrer Mitte gebildete Scheidewand sich in zwei gleiche Tochterzellen theilen, erzeugen die verbundenen durch Theilung in ungleiche Abschnitte je eine oder zwei steril bleibende und eine Fructificationszelle. In ihren Theilungsproducten sind die beiden Zellen eines Paares auch untereinander verschieden. Die eine (II, 2, c—f) theilt sich durch eine Querwand in eine durchschnittlich doppelt so lange als breite, bald blasig anschwellende (f) und eine meist viel kürzere, cylindrisch bleibende (c) Tochterzelle. Ersterer gehört stets die Ausbuchtung an, durch welche sie mit der gegenüberliegenden Zelle in Verbindung bleibt; sie ist die späterhin bei der Copulation aufnehmende Fructificationszelle; letztere ist aus der Copulationsverbindung ausgeschieden, sie bleibt steril. Die zweite Zelle eines Paares (II, 2, d—m—e) theilt sich zunächst stets in eine kurze Tochterzelle, (m—d) welche mit der aufnehmenden Fructificationszelle in Verbindung bleibt, und eine längere (e) durch die Querwand von der Verbindung ausgeschlossene. Letztere ist steril; sie verhält sich wie eine vegetative Zelle. Erstere bleibt ungetheilt, wenn sie nicht oder kaum höher als breit ist; ist sie mehr verlängert, so theilt sie alsbald eine neue Querwand in eine in der Copulationsverbindung bleibende (m) und eine davon ausgeschlossene Tochterzelle (d.) Diese, von verschiedener Grösse, bleibt wiederum steril. Jene (m) wird zur abgebenden Fructificationszelle, d. h. derjenigen, deren Primordialschlauch späterhin in die aufnehmende übertritt. Von letzterer unterscheidet sie sich stets durch ihre weit geringere, dem Querdurchmesser höchstens gleichkommende Länge.

Die Fructificationszellen theilen sich nicht mehr. Die aufnehmende erhält durch Wachsthum ihrer Seitenwand eine bauchig-aufgetriebene oder tonnenförmige Gestalt, die kurze abgebende zeigt keine Form- und Grössenveränderung.

Dagegen ändert in beiden der Inhalt allmählich seine Beschaffenheit. Die Chlorophyllbänder werden breiter, häufig durch Anastomosen verbunden; ihre Amylonkerne grösser, in und an den Bändern treten immer zahlreichere, farblose, glänzende Fetttropfen auf, der Zellkern wird mehr und mehr verdeckt, und zuletzt der Beobachtung unzugänglich. So erhalten endlich beide Zellen ein dunkelgrünes, grobkörniges Ansehen, das sie von den vegetativen augenblicklich unterscheidet (II, 2—4).

Auch die Verbindung derselben ist inzwischen eine festere geworden. In dem Raume rings um die kreisförmige Berührungsfläche erscheint schon früh ein ihn ausfüllender Ring von farbloser, glänzender Substanz, der nach und nach mächtiger wird. Er umgibt an der genannten Stelle die unverändert bleibende Membran beider Zellen, und geht an seinem Rande in die sehr zarte Cuticula ihrer Seitenwände über (II, 2—6, h), Häufig schon auf den ersten Blick, stets durch Anwendung verdünnter Schwefelsäure erkennt man, dass er aus zwei, den beiden Zellen entsprechenden Hälften besteht, die im unversehrten Zustande mit einander sehr fest verbunden sind, durch die Säure oft vollständig getrennt werden. Wie die Cuticula der Seitenwand, in die er übergeht, bleibt der Umhüllungsring durch Jod und Schwefelsäure ungefärbt über der blau werdenden Zellmembran. Er ist sonach eine stark entwickelte Partie der Hüllhaut beider Zellen.

Hat sich in den Fructificationszellen der Wandbeleg bis fast zum Verschwinden der farblosen Interstitien vermehrt, so zieht sich nun zunächst in der kurzen, abgebenden der Primordialschlauch zu einem eiförmigen, mit dem breitern Ende der Berührungsfläche zugewendeten dunkelgrünen Körper zusammen (II, 4). Die Membran, welche ihn von der aufnehmenden Zelle trennt, wird in der Mitte der Berührungsfläche aufgelöst, er fliesst mit dem aufnehmenden Primordialschlauch zusammen (II, 5). Der neugebildete Doppelschlauch contrahirt sich sofort zur eiförmigen, frei in dem Lumen der aufnehmenden Zellhaut schwimmenden jungen Zygospore. Anfangs hautlos, umgibt sich diese bald mit einer zarten farblosen Aussenhaut; die weiteren Veränderungen bis zur Reife entsprechen vollständig den bei Spirogyra angegebenen (II, 6, 7). Auch die rothen glänzenden Pigmentkörnchen, welche durch Schwefelsäure blaue Farbe annehmen, fehlen bei der Reife nicht. Dem grösstentheils aus Protoplasma mit Chlorophyll und Fetttropfen bestehenden Inhalt verbleiben stets einige sehr kleine Stärkekörnchen. Die zarte einfache Aussenmembran und die Innenhaut bestehen aus reiner Cellulose; die Mittelhaut ist derb, lebhaft gelbbraun, ganz glatt.

Ueber die oben angegebenen Bewegungen und Contractionen der Primordialschläuche waren nur unvollständige directe Beobachtungen möglich. Die Nothwendigkeit, die Fäden zur Beobachtung einigermassen zu entwirren, brachte, trotz aller Vorsicht, stets einige Störung in ihre Functionen, so dass die vorgefundenen Zustände sich auf dem Objectträger niemals weiter entwickelten. Dagegen fanden sich so zahlreiche in den verschiedenen Stadien stehen gebliebene, dass über die Art der Verbindung und Zusammenziehung und ihr rasches Zustandekommen im normalen Verlauf kein Zweifel übrig bleibt.

Der bedeutende Grössen- und Functionsunterschied der beiden Fructificationszellen erleidet keine Ausnahme. Ihre Entstehung durch Theilung der knieförmig vereinigten Zellen in ungleiche Tochterzellen ist stets die gleiche, höchstens mit unwesentlichen Formverschiedenheiten, von denen eine der auffallenderen in Fig. 3, Taf. II dargestellt ist.

In ein und demselben Faden bilden sich, ohne Unterschied, sowohl aufnehmende, als abgebende Fructificationszellen. Eine Entstehung derselben in einem bestimmten (obern oder untern) Ende ihrer Mutterzelle ist nicht zu bemerken.

Die Copulation geschieht selten in mehreren dicht aneinandergrenzenden Zellenpaaren zweier Fadenstücke. Meist sind die verbundenen Paare durch eine Reihe steriler Zellen getrennt. Indem in diesen die Vegetation und Theilung fortdauert, wachsen die betreffenden Fadenstücke in die Länge, während ihre Enden durch die Copulationsverbindung festgehalten sind. Dieser Umstand ist ohne Zweifel der Grund für die vielfachen Krümmungen copulirter Fäden. Die Schwestern der Fructificationszellen, obgleich von dem Bau der vegetativen, scheinen sich meist nicht mehr zu theilen. Wenigstens ergänzen sehr häufig die unmittelbaren Nachbarinnen noch die reife Fructificationszelle zu der Form und Grösse ihrer Mutterzelle. In den verschiedenen Theilen eines Fadens tritt die Copulation zu sehr ungleicher Zeit ein. Man findet oft die jüngsten Entwicklungszustände dicht neben ganz reifen Zygosporen. Exemplare, welche ich am 3. Juni schon mit einzelnen reifen Zygosporen sammelte, zeigten, im Zimmer cultivirt, in den nächsten Wochen allerdings die Copulation weitaus am häufigsten: vereinzelt zwischen zahlreichen reifen Producten traten jedoch neue Copulationen bis Ende August auf.

Die Keimung von Sirogonium ist zuerst von Wichura (Bericht d. schles. Gesellsch. f. v. C. 1855, p. 91) beobachtet und mit Recht als der von Spirogyra völlig analog bezeichnet worden. Die schlauchförmig sich verlängernde Innenzelle durchbricht die sie umschliessenden Häute in einem tiefen Längsriss. Das eine Ende bleibt zwischen denselben stecken, in das vorgetretene tritt der wandständige Chlorophyllinhalt, mit der Längsdehnung in unregelmässige Fetzen zerfallend, die sich allmählich zu den grünen Bändern ausstrecken. Die zahlreichen dem Chlorophyll anhaftenden Fettkörnchen des Sporeninhalts verschwinden allmählich; die rothen Pigmenthäufchen bleiben noch lange nach Eintritt der Theilungen deutlich. Einen Zellkern habe ich in einzelligen Keimen nicht beobachtet. Nach der ersten Theilung ist er, wie bei Spirogyra, in jeder Zelle constant vorhanden.

Der einzellige Keim dehnt sich zu einem langen, gebogenen cylindrischen Schlauch aus. Dieser theilt sich wie bei Spirogyra in zwei ungleiche Tochterzellen (II, 8). Die längere (w) ist die ungetheilt bleibende, mit dem einen Ende, das plötzlich verschmälert, oder oft etwas angeschwollen ist, in der

Aussenhaut steckende Wurzelzelle. Die kürzere (c), das freie Ende des Keimes bildend, enthält das meiste Chlorophyll, und aus ihr entwickelt sich durch wiederholte Zweitheilung der Faden (II, 9). Bei den Exemplaren, welche Anfangs Juni schon einzelne reife Zygosporen besassen, traten die ersten Keimungen in den ersten Tagen des October ein.

4. Craterospermum.

Die reifen Sporen von Craterospermum laetevirens A. Br., welche wegen frühzeitiger Auflösung ihrer Mutterzellhäute meist frei im Wasser schwimmen, haben eine kurz cylindrische Gestalt. Die Mantelfläche (Seitenwand) des Cylinders ist häufig mitten etwas eingeschnürt, die kreisrunden Grundflächen leicht ausgehöhlt, so dass das Ganze einem Doppelbecher sich vergleichen lässt; daher der Name. Uebrigens ist nicht selten ganz regelmässige Cylinderform, oder gar convexe Grundflächen vorhanden.

Die Sporen haben eine doppelte Haut. Die äussere ist derb, an den 2 Kanten der Spore stark verdickt, nach der Mitte des Mantels und der Seitenflächen an Mächtigkeit abnehmend, so dass sie, ohngeachtet der Cylinderform der Spore, einen ohngefähr kugligen Innenraum umgibt (III, 3). Die Farbe dieser ganz glatten Haut und somit der ganzen Spore ist lebhaft grünlich-gelb. Sie wird ausgekleidet von einer zarten farblosen Cellulosemembran, welche den Primordialschlauch und Inhalt umgibt. Letzterer besteht aus einer wandständigen körnigen Plasmaschichte, welcher meist sehr zahlreiche, der ganzen Spore ein grobkörniges Ansehen verleihende Fetttropfen anliegen. Die Mitte der Zelle ist von farbloser Flüssigkeit angefüllt. Die Sporen überwintern auf dem Boden der Gewässer oder im Trocknen*), um in den ersten Frühlingstagen zu keimen.

Der Beginn der Keimung wird angezeigt durch eine allseitige Ausdehnung der Innenhaut. Die gelbe Aussenmembran folgt und widersteht derselben längere Zeit. Sie bekundet sich dadurch als selber ziemlich dehnbar, dass die früher so beträchtlichen Kantenverdickungen mit der Volumszunahme der Spore oft fast vollständig verschwinden, die Mächtigkeit der gelben Haut überall die gleiche wird. Die Spore nimmt so fast Kugelform an (III, 4). Zugleich beginnt die Chlorophyllbildung im Inhalt. In dem Protoplasma tritt an einzelnen Stellen, bald in grösserer Ausbreitung und Intensität, grüne Färbung ein, die grüne Masse zieht sich allmählich nach der Mitte der Zelle hin zu einem unregelmässig geformten Körper zusammen. Wo zahlreiche Fettkörner vorhanden sind, sammeln sich diese an der Aussenfläche des grünen Inhaltskörpers, denselben oft fast gänzlich verdeckend. An dem Primordialschlauch bleiben nur kleine Körnchen haften. Nun dehnt sich die Innenzelle nach einer Seite hin, sprengt die gelbe Membran der Spore scharf in der einen Cylinderkante auf, hebt das eine kreisförmige Basalstück derselben als einen nur an einer Stelle noch mit der Seitenwand zusammenhängenden Deckel in die Höhe, und treibt aus der so entstandenen Oeffnung eine cylindrische, mit der Seitenwand der Spore einen stumpfen Winkel bildende schlauchförmige Ausstülpung hervor (III, 5, 6). Im Uebrigen behält sie ihre kuglig-blasige Gestalt bei; der ganze junge Keim somit die Form einer Retorte, deren Blase in der gelben Membran stecken bleibt, während ihr cylindrischer, an der Spitze zugerundeter Hals aus derselben hervorsteht.

Die chlorophyllhaltige Inhaltsmasse folgt vom ersten Anfang an dem Wachsthum des Schlauches, indem sie sich zu einem länglichen Körper auszieht, dessen vorderes Ende stets nahe der Spitze des Schlauches bleibt, während das hintere mehr und mehr, zuletzt vollständig aus der Blase heraustritt.

Sie nimmt so allmählich die Form einer in der Axe des Schlauches stehenden Chlorophyllplatte an (III, 7), die jedoch häufig durch zahlreiche ihr aussen angelagerte kleine Körnchen und Fetttropfen ein sehr unregelmässiges Ansehen erhält. In anderen Fällen ist sie völlig homogen, den Platten späterer Zustände gleich. In ihr sieht man alsdann schon einzelne Amylonkerne auftreten.

*) Sporen, welche Dr. Itzigsohn im August 1855 gesammelt und mir im November auf Papier aufgetrocknet freundlichst zugesendet hat, wurden bald nach Empfang in Wasser gelegt, trockneten nochmals ein, und keimten, zum zweitenmale in Wasser gebracht, in Freiburg schon Ende Januar 1856. Andere, welche im September 1854 gesammelt, in Wasser conservirt, und zweimal total eingefroren waren, zeigten in Tübingen die ersten Keimungen Anfangs März 1855.

Eine Zeit lang folgt die Chlorophyllplatte dem Längenwachsthum des noch ungetheilten Keimschlauches. Hat dieser eine Länge von durchschnittlich 1/5''' erreicht, so zerfällt jene der Quere nach in vier Partien, welche durch farblose, Zellsaft führende Interstitien getrennt werden (III, 8, 9). Die Theilung der Platte schreitet von der (blasenförmigen) Basis des Schlauches nach der Spitze vor.

Sie ist das erste Anzeichen einer bevorstehenden Theilung des Keimschlauches durch Querwände. Um die Mitte einer jeden der vier Platten entsteht die ringförmige Anlage einer Querwand, die, unter gleichzeitiger Einfaltung des Primordialschlauchs und Einschnürung der Platte in der Mitte, centripetal in das Lumen des Schlauches hineinwächst (III, 10), und sich zuletzt zur vollständigen Membranlamelle schliesst, nachdem die Platte sich vorher in zwei Hälften getheilt hat. Das Zerfallen der vier Platten und die Bildung der vier Querwände beginnt und vollendet sich durchaus gleichzeitig, der Keimschlauch theilt sich somit durch Querwandbildung mit einem Male in fünf Tochterzellen. Aus der Anordnung der Platten vor der Theilung und der angegebenen Stellung der Querwände geht hervor, dass von jenen fünf Zellen des jungen Fadens die oberste und unterste mit je einer, die drei anderen mit je zwei Chlorophyllplatten versehen sind (III, 10). Bei den folgenden Theilungen entstehen nun in einer jeden Zelle gleichzeitig so viele Querwände, als Chlorophyllplatten in derselben vorhanden sind, und zwar je um die Mitte einer Platte eine Querwand. Jede der drei mittleren zweiplattigen Zellen theilt sich somit gleichzeitig in drei Tochterzellen, deren mittlere wiederum zwei, deren seitliche je eine Chlorophyllplatte erhalten (III, 12, 13 a—b). Die oberste und unterste der 5 erstgebildeten theilen sich durch eine Querwand in je zwei, mit je einer Platte (III, 13, b—c). Die retortenförmige Basalzelle des Fadens theilt sich nach der zweiten Theilung nicht mehr. Oft unterbleibt sogar diese. Die Basalzelle vegetirt noch einige Zeit unverändert, zuletzt geht sie zu Grunde.

In allen anderen Zellen des Fadens wiederholen sich die Theilungen fort und fort in gleicher Weise. Eine einfache Chlorophyllplatte zerfällt, ausser bei der Querwandbildung, niemals in zwei. Es bleiben daher, soviel neue Zellengenerationen auch entstehen mögen, stets drei zweiplattige, Dreitheilung zeigende Zellen, während durch ihre und der einplattigen Theilung die Zahl der letzteren fort und fort vermehrt wird (III, 11).

Durch diese wiederholten Theilungen nach gleicher Richtung wächst der Faden rasch in die Länge. Die Fettkörner, welche die Chlorophyllplatten umlagern, werden dabei kleiner und weniger, die Platten selbst erscheinen homogen, zart grün, mit feinem Umriss; in ihrem Verhalten zu den eben angeführten Theilungsprocessen treten noch andere, bisher unerwähnte Eigenthümlichkeiten deutlicher hervor.

Auf der Fläche einer jeden Platte befindet sich ein zarter, etwa halbkugliger Zellkern. Wo zwei Platten in einer Zelle liegen, finden sich somit in derselben zwei, in den einplattigen Zellen ein Kern (III, 12, 13). In den einplattigen Zellen liegt derselbe genau in der Mitte der Platte, und, da die Enden dieser von den beiden Enden der Zelle gleichweit entfernt sind, genau in der Mitte der Zelle.

Die Zellen mit zwei Platten zeigen in ihrer Mitte einen farblosen, von Flüssigkeit erfüllten Raum. In gleicher Entfernung von der Queraxe der Zelle befinden sich die der Mitte zugekehrten inneren Enden beider Platten; ihre äusseren Enden sind von den entsprechenden Endflächen der Zellwand ebenfalls gleichweit entfernt. Der Zellkern einer jeden Platte liegt dagegen nicht genau in ihrer Mitte, sondern ihrem innern Ende näher, als dem äussern (III, 12). Die Kerne selbst sind sehr zarte, homogen-trübe, farblose Körper. Ein Nucleolus ist oft deutlich, und tritt durch Jodlösung, die den ganzen Kern gelb färbt, scharf hervor. Von dem Kern sowohl, als auch von anderen Stellen der Platte verlaufen einzelne höchst zarte Schleimfäden in senkrechter und schräger Richtung zum Primordialschlauch.

Sowohl bei den zwei- als den einplattigen Zellen bildet stets ein Zellkern genau das Centrum des Kreises, den die eben angelegte Querwand auf der Seitenwand der Zelle darstellt (III, 12, s). In der ersten Zeit ihres Wachsthums ist der Kern noch deutlich vorhanden. Allmählich wird er blasser, verschwommener, bis er zuletzt vollständig verschwindet. Für jeden verschwundenen treten aber alsbald zwei neue auf, etwas kleiner, schärfer umschrieben, die Mitte der beiden Hälften einnehmend, in welche sich die Platte zu theilen beginnt (III, 13, n). Das Auftreten der neuen Kerne erfolgt lange vor der Schliessung der Querwände.

Mit dem Verschwinden ihres primären Kerns beginnt eine jede Chlorophyllplatte sich an der Stelle, wo er gesessen, allmählich tiefer und tiefer einzuschnüren, bis zur schliesslichen Trennung in zwei Hälften (III, 13). Diese Einschnürung geht rascher von Statten als die Querwandentwicklung und ist kurz vor dieser beendet. Sie wird keineswegs durch die Verengerung der Oeffnung in der ringförmigen Wand mechanisch zu Stande gebracht, wie es auf den ersten Blick scheinen könnte. Der innere Rand des Ringes, respective die Primordialschlauchfalte, welche diesen bekleidet, berührt die eingeschnürte Stelle der Platte nicht; es ist sogar zwischen der Zellwandung und den Rändern einer schon tiefen Einschnürung der Platte noch ein weiter, durch Zellflüssigkeit erfüllter Raum vorhanden, wie dies Reagentien, und, oft schon ohne solche, derbe Schleimfäden anzeigen die von der Platte zum Primordialschlauch, oder brückenartig von einer Plattenhälfte zur andern verlaufen. Die Einschnürung und Theilung ist sonach ein in der Platte durchaus selbstständig und gleichzeitig mit dem Verschwinden und der Neubildung von Zellkernen stattfindender Process.

Die Entwicklung der Querwand stimmt mit der von anderen Algen her bekannten Weise überein. Sie tritt auf als sehr zarte, der Seitenwand an der bestimmten Stelle senkrecht aufgesetzte ringförmige Leiste; der Ring nimmt centripetal an Breite zu, und schliesst sich zuletzt zur continuirlichen Wand. Erst später erscheint diese in zwei den entsprechenden Tochterzellen angehörige Platten getrennt. Die Membranlamelle ist hier wie bei anderen Algen vom ersten Anbeginn der Theilung an vorhanden. Gleichmässig mit ihrem Wachsthum schreitet die Einfaltung des Primordialschlauchs zur vollständigen Abschnürung fort Der Primordialschlauch selbst ist in allen Zuständen als durchaus continuirliche, homogene, stickstoffhaltige Haut der Innenfläche der Zellmembran angelagert; die Körnchen im Umkreis der Zelle sitzen an seiner Innenfläche.

Aus einer einplattigen Zelle entstehen durch die besprochenen Theilungen zwei gleichgrosse, mit gleichgrossen Chlorophyllplatten versehene Tochterzellen. Von den drei Theilungsproducten einer zweiplattigen Zelle ist, wie aus der Anordnung von Platten und Kernen und ihrer bestimmten Beziehung zu dem Orte, wo die Querwände entstehen, hervorgeht, die mittlere nicht ganz doppelt so lang als die beiden seitlichen; die Chlorophyllplatte einer jeden seitlichen dagegen etwas länger, als eine der beiden Platten, die ihrer mittlern Schwesterzelle verbleiben. Jede Zelle dehnt sich nach der vollständigen Abgrenzung sammt den Chlorophyllplatten zu dem doppelten bis dreifachen ihrer ursprünglichen Länge aus, um sich dann wieder zu theilen.

Das Verhalten der Kerne, welches bei den durch die erste Theilung des Keimschlauchs entstandenen Zellen ungemein deutlich vor Augen tritt, liess sich in ganz jungen Schläuchen, wegen der dichten Anhäufungen von Fetttropfen um die grüne Platte minder genau wahrnehmen. Wahrscheinlich ist, dass sich auf der noch ungetheilten Platte des jungen, ungetheilten Schlauches stets ein Zellkern bildet. Einmal fand ich einen solchen mit grösster Deutlichkeit, in einem sehr inhaltsarmen Schlauche. Gewiss ist, dass, sobald die erste Platte sich getheilt hat, auf jedem Theilungsproduct ein Cytoblast erscheint; er lässt sich durch Jod oft nachweisen. Der ersten Fünftheilung entsprechen also vier in der ungetheilten Zelle vorhandene Kerne, die dann bei der Theilung zu Gunsten doppelt sovieler secundärer verschwinden.

Abweichungen von dem beschriebenen Verhalten kommen höchst selten vor, und sind so unwesentlicher Natur, dass ich sie hier nicht besonders aufzähle. Die lebhaft fortschreitenden Theilungen vermehren die Anzahl der einplattigen, einkernigen Zellen eines Fadens rasch um ein Beträchtliches. Hier und da spalten sich die Querwände, die Fäden zerfallen in Stücke, welche, da nur drei zweiplattige Zellen in allem vorhanden sind, meistens nur einplattige enthalten. In den cultivirten Keimpflanzen gingen die zweiplattigen zuletzt alle zu Grunde. Bei älteren Fäden, welche aus dem Freien mitgebracht waren, fand ich ein einziges Mal eine zweiplattige Zelle. Dieselben scheinen sonach die Fähigkeit zu besitzen, lange Zeit fortzubestehen, werden aber für die spätere Vegetation des Fadens bedeutungslos.

Die Fäden der im Freien erwachsenen Exemplare sind fast doppelt so dick, als die im Zimmer erzogenen Keimpflanzen. In ihrer Structur verhalten sich beide gleich. Sie besitzen eine ziemlich dünne sehr durchsichtige Celluloschaut, welche in der Mitte der Querwände häufig einen einseitigen nabelförmigen Eindruck zeigt — bei oberflächlicher Betrachtung, besonders wenn die Querwand nicht genau in der Seitenansicht liegt, einem Tüpfel nicht unähnlich. Die axile Chlorophyllplatte ist in den im Freien gewachsenen Zellen sehr lebhaft und schön grün gefärbt. Es sind ihr meist 10 bis 12 Amylonkerne in einer

Längsreihe eingelagert, in kürzeren Zellen halb so viele; zuweilen steigt jedoch die Zahl derselben bis auf 26. Zu beiden Seiten des Cytoblasten sind die Ränder der Platte oft ziemlich tief eingekerbt. Aufgelagert sind ihr, besonders am Rande, zahlreiche durch Jod gelb werdende Körner, die auch die Innenfläche des Primordialschlauchs meist in grosser Anzahl besetzen.

Bei copulirenden Exemplaren sind die Fäden meistens in wenigzellige Stücke zerfallen, die Chlorophyllplatten oft unregelmässig, ihre Seitenränder gegeneinander gebogen, undulirt, die ganze Platte oft aus der axilen in eine parietale Stellung übergegangen.

Zwei Zellen welche copuliren wollen, biegen sich knieförmig gegeneinander: die Kniee berühren sich, die Lumina beider Zellen werden durch Auflösung der Cellulosehaut zu einem Doppelraum vereinigt. Der Quercanal zwischen den ursprünglichen Zellenlumina erweitert sich, bis er dem Querdurchmesser der Zellen ohngefähr gleichkommt; er behält die Gestalt einer cylindrischen Röhre, die ohngefähr so hoch als breit ist, und deren Wand in einem sanften Bogen in die Seitenwand der Zellen übergeht. So ist eine ✕förmige Doppelzelle gebildet, von gleicher Structur wie die einfachen Zellen. Ihrer Membran liegt überall der Primordialschlauch mit seinen Körnchen innig an, die Chlorophyllplatten befinden sich an der alten Stelle, der Mittelraum wird innerhalb des mit Körnern besetzten Primordialschlauchs nur durch farblose Flüssigkeit erfüllt (III, 1, a). In diesem Zustand scheint die Doppelzelle eine ziemlich lange, doch nicht genau bestimmbare Zeit über zu verbleiben. Endlich biegt sich jede der beiden Chlorophyllplatten vor dem Verbindungscanal zu einer Schlinge zusammen. Diese wandert in den Canal hinein, die beiden Enden werden nachgezogen, die von beiden Seiten eingetretenen Platten berühren einander bald und fliessen zu einem dunkelgrünen Körper zusammen, welcher den Mittelraum wie ein Pfropf vollständig ausfüllt. Der Primordialschlauch der Doppelzelle nimmt an alledem keinen Antheil, er kleidet die Membran nach wie vor aus. Die Körnchen auf seiner Innenfläche gruppiren sich häufig zu eigenthümlichen kleinen Kreisen (III, 2). Der grüne Pfropf zeigt Anfangs an seinen beiden den Eintrittsstellen zugewendeten Flächen noch unregelmässigen Umriss. Später ist er hier durch ganz scharfe Linien begrenzt zu der oben beschriebenen ohngefähren Cylinderform einer reifen Spore: An beiden Oeffnungen des Mittelraums hat sich dicht bei dem Pfropf je eine zarte Scheidewand gebildet, welche genau das Ansehen und die Dicke der seitlichen Zellwände besitzt, und an der Berührungskante nach beiden Seiten in diese übergeht wie die Querwände der vegetativen Zellen. Durch diese beiden gleichzeitig entstandenen Scheidewände ist die ✕förmige Doppelzelle in drei Tochterzellen getheilt (III, 2). Die mittlere kurz cylindrische hat alles Chlorophyll und den meisten körnigen Inhalt aufgenommen; sie wird zur Spore. Innerhalb ihrer durch die Dreitheilung ringsum geschlossenen farblosen Cellulosemembran — der Aussenhaut — bildet sich eine zweite Membranschicht, welche, anfangs farblos und überall gleichdick, bald die eigenthümliche Kantenverdickung und gelbgrüne Farbe zeigend, zu der oben beschriebenen derben Sporenmembran, der Mittelhaut wird. In ihrem ohngefähr kugligen Innenraum entsteht dann als dritte Schicht die oben beschriebene zarte innerste Haut. Der Inhalt nimmt allmählich die bei der reifen Spore beschriebene Beschaffenheit an. Zuletzt wird die zarte Aussenhaut zerstört, die Spore, von nur zwei Häuten bekleidet, fällt in das umgebende Wasser. Den beiden seitlichen Zellen ist nur farblose Zellflüssigkeit und der mit Körnern besetzte Primordialschlauch geblieben. Letzterer löst sich allmählich von der Zellhaut los, schrumpft zu einem unregelmässig zerknitterten in der Mitte der Zellhaut liegenden Sack zusammen und geht zuletzt gleichzeitig mit dieser und der Aussenmembran der Spore zu Grunde.

5. Mesocarpus, Staurospermum, Mougeotia genuflexa.

Die Zellen der in der Ueberschrift genannten, mit Craterospermum als Mesocarpeen zusammenzufassenden Gewächse sind, zur Zeit der lebhaften Vegetation, verlängert cylindrisch, zu einfachen Fäden verbunden. Ihr Primordialschlauch, an der Innenfläche mit einer zarten Schicht körnigen Plasmas belegt, daher körnig erscheinend, umschliesst farblose Zellflüssigkeit, in welcher in der Längsaxe der Zelle eine Chlorophyllplatte liegt. Diese ist entweder vollständig flach, überall gleichdick, wie eine ebene Längsscheidewand in die Mitte der Zelle eingesetzt; sieht man sie von der Fläche, so erscheint die Zelle, welche sie enthält, gleichmässig grün gefärbt; dreht man die Zelle um 90° oder stellt man sie auf eine Endfläche, so dass die Platte vom Rande aus gesehen wird, so erscheint die Zelle durch einen dunkelgrünen Längsstreif in zwei Hälften getheilt. Die Ränder der Platte berühren entweder den Primordialschlauch, oder sie stehen von diesem ab, und sind alsdann oft fein gezähnt und durch Schleimfäden mit dem Wandplasma verbunden. Zuweilen ist diese Form und Stellung der Platte in ausserordentlicher Regelmässigkeit vorhanden. Oefter jedoch ist sie der Länge nach mehr oder minder zusammengebogen, zuweilen mitten um ihre Längsaxe seilartig gedreht, ihre Ränder undulirt u. s. f., so dass ihr Ansehen ein minder regelmässiges, die Form jedoch noch leicht, besonders bei einiger Umdrehung des Fadens, erkennbar ist (II, 16). Ihre Dicke ist im Verhältniss zur Breite meist sehr gering. In seltenen Fällen nimmt dieselbe dergestalt zu, dass sie wie ein wurstförmiger grüner Körper in der Mitte der Zelle liegt. Combinirt sich diese Massenzunahme mit stark wellenförmiger Biegung ihrer Fläche und Ränder, so findet man auf den ersten Blick statt der Platte eine unregelmässige, hier dunklere, dort hellere, hie und da den Primordialschlauch berührende und wieder von ihm getrennte, den grössten Theil des Zellenlumens ausfüllende Chlorophyllmasse, deren Entstehung aus einer massigen und unregelmässig sich biegenden Platte sich jedoch durch Vergleichung mit benachbarten Zellen, und durch sorgfältige Betrachtung in verschiedenen Lagen stets erkennen lässt. Bisweilen ist der einfachen Platte noch gleichsam eine zweite der Länge nach aufgesetzt, so dass in der Querschnittsansicht drei Platten erscheinen, deren äussere Ränder die Zellwand berühren, während die inneren in der Axe der Zelle vereinigt sind. Es ist diese Structur bei den Mesocarpeen selten; wo sie sich findet, stimmt sie mit der weiter unten bei Mesotaenium u. a. zu beschreibenden völlig überein.

Ganz abnorme Bildungen, Spaltung der Platte in mehrere Längsbänder u. s. f. kommen zuweilen vereinzelt zwischen den normalen Formen vor. Die Substanz der Chlorophyllplatten ist meist ziemlich homogen oder wenig körnig. Einige Amylonkerne sind ihr stets eingelagert, entweder in einfacher Längsreihe, oder ordnungslos über die Fläche zerstreut. Mitten auf ihrer einen Fläche liegt der zarte halbkuglige Zellkern. Die Platte ist hier oft beiderseits tief eingekerbt, oder selbst in zwei Hälften getrennt, zwischen denen der Kern so gelagert ist, dass er jederseits eine der Hälften berührt, oder ihrem Rande theilweise aufliegt. Zellen mit solcher Inhaltsstructur dürfen mit den zweiplattigen im Keimling von Craterospermum, denen sie ähnlich sehen, nicht verwechselt werden, da dort eine jede, von der andern weit entfernte Platte ihren eigenen Kern besitzt. Zum Unterschied von den obigen zweiplattigen mögen die eben erwähnten als Zellen mit unterbrochener Platte bezeichnet werden.

Die Zellen vermehren sich durch wiederholte Zweitheilung, in der Weise wie solches oben für die einplattigen Zellen von Craterospermum angegeben wurde.

Wie dort pflegen sich die durch Theilung neu gebildeten Zellen, ihre cylindrische Form beibehaltend, durch gleichmässiges Wachsthum ihrer Seitenwand in die Länge zu dehnen. Eine Vergrösserung der Endflächen findet meistens nur in beschränktem Grade statt; Einfaltungen, wie sie bei Spirogyra vorkommen habe ich nie beobachtet. Häufig findet man dagegen bei den Mesocarpeen jene oben schon besprochene linsenförmige Gestalt der Querwände, bedingt durch Einbiegung ihrer auseinandergewichenen beiden Lamellen in das Lumen der zugehörigen Zellen hinein.

Man findet dieses Verhalten in leeren (II, 15) und abgestorbenen Zellen sowohl, als auch solchen, welche den Anschein völliger Lebenskräftigkeit darbieten.

Setzt man zu dem Wasser, in welchem derartige Fäden liegen, verdünnte Lösungen von Zucker, Jod, Chlorzink mit Jod, so tritt, oft schon vor der Zusammenziehung des Primordialschlauchs, eine Wölbung der nach Innen gekrümmten Endflächen nach aussen ein, und, indem beide Platten einer Querwand solche zeigen, zerfällt der Faden in seine einzelnen Zellen. Nicht selten erhält man durch genannte Reagentien die gleiche Erscheinung auch in Fadenstücken mit ebenen Querwänden.

Ausser den durch Nägeli näher erörterten physicalischen Eigenschaften der Zellwand, welche wir als Ursache dieser Erscheinungen zu betrachten haben, zeigt das selbst in diluirter Zuckerlösung ausserordentlich leicht und rasch eintretende Zerfallen der Fäden durch die Vorwölbungen der Endflächen eine sehr geringe Festigkeit der Hüllhaut oder Cuticula an, welche die Zellen zusammenhält.

Diese geringe Widerstandsfähigkeit macht auch bei lebhaft vegetirenden Zellen eine Wölbung der Endflächen zweier benachbarter Zellen nach Aussen, und mit ihr ein spontanes Zerfallen des Fadens in ein-

oder wenigzellige Stücke möglich, sobald eine gesteigerte Substanzaufnahme die flache Kreisform der Querwände verändert. Es kommt dieses ausserordentlich häufig in der Natur vor. Die freien Endflächen sind zunächst halbkuglig vorgewölbt. Bei nicht fructificirenden Zellen sacken sie sich aber oft zu langen nach dem abgerundeten freien Ende allmählich verjüngten Schläuchen aus, welche die Länge der ursprünglichen Zelle erreichen und übertreffen, welche ferner allmählich wieder regelmässige Cylinderform annehmen, und wiederholte Zweitheilung einleiten können, gleich gewöhnlichen Cylinderzellen.

Die freien Zellenden, insonderheit die eben beschriebenen, durch Aussackung der ursprünglichen Querwände entstandenen, zeigen eine grosse Neigung, sich und somit das anstossende Fadenstück an andere im Wasser befindliche Körper festzusetzen. Entweder treiben sie bei der Berührung mit letzteren einige enge, gelappte, das Substrat handähnlich umfassende Aussackungen, wie die bekannten Basalzellen von Oedogonium, Bolbochaete, wie es auch zuweilen bei Spirogyra vorkommt (vgl. Cohn, in Nov. act. vol. 22, pars II): oder aber sie setzen sich dem Substrat mit einfach abgerundeten Enden an, und scheiden um diese eine dicke farblose Cuticularmasse aus, die in Form einer kurzen conischen Röhre die Basis des Fadens umgibt, und dem Substrat mit ebener Basis anhaftet (II, 16, h).

Die einzelnen Gattungen der Mesocarpeen sind durch die Form der Fructification verschieden, während sie in den Hauptpunkten derselben übereinstimmen.

Bei Mesocarpus werden in der Regel getrennte, nebeneinanderliegende Fadenstücke durch ziemlich lange Quercanäle leiterförmig verbunden. Die Zellen der copulirenden Paare treiben, meist aus der convexen Seite einer leichten Einknickung, stumpfe Ausstülpungen gegeneinander (II, 10, a). Diese vereinigen sich durch Resorption der Membran nach der Berührung zu einem Quercanal, der die beiden cylindrischen Zellen zu einer Hförmigen Doppelzelle verbindet. Wie bei Craterospermum ist und bleibt die Wand derselben überall von dem Primordialschlauch gleichmässig ausgekleidet. Der anfangs cylindrische Quercanal erweitert sich allmählich zu einem Mittelraum von der Form einer kugligen oder ovalen Blase (II, 10b, 11). Gleichzeitig treten von beiden Seiten die Chlorophyllplatten mit den anhaftenden Körnern und Fetttröpfchen in diese hinein, je nach der Lage des Mittelraums mit dem einen Ende oder mit der schlingenförmig zusammengebogenen Mitte zuerst. Beide Platten vereinigen sich und ballen sich zusammen zu einem dunkelgrünen Körper von unregelmässigem Umriss, welcher die körnigen Gebilde durchschimmern lässt. Nach Vollendung der Chlorophyllwanderung, seltener schon während derselben, beginnt die Theilung der H förmigen Zelle in drei, von denen die mittlere (das Mittelstück) zur Spore wird. Die Theilung geschieht durch Bildung einer Querwand an jeder der beiden Mündungsstellen des blasigen Mittelraums. Beide Querwände entstehen gleichzeitig, und zwar in der nämlichen Weise, wie bei der vegetativen Zelltheilung: eine ringförmige Hautlamelle verbreitert sich von der Innenfläche der Seitenwand aus allmählich nach der Mitte der Zelle, um sich endlich zur continuirlichen Wand zu schliessen (II, 12). Der Primordialschlauch schnürt sich dabei an den Theilungsstellen ein und zuletzt ab. Die fertige Querwand ist der Seitenwand der Zelle gleich mächtig, und geht in diese continuirlich über (II, 13). Die beiden seitlichen Zellen behalten nach vollendeter Theilung ihren Primordialschlauch wie bei Craterospermum; sie gehen, wie dort, schliesslich zu Grunde. Das Mittelstück, durch die Dreitheilung zur jungen, mit farbloser (Cellulose-) Aussenmembran versehenen Spore abgegrenzt, bildet succesiv eine derbe, braun oder gelb werdende Mittelhaut, und eine zarte Innenmembran um den Inhalt, aus welchem die Amylonkörner verschwinden, um durch Fetttropfen ersetzt zu werden (II, 14—16). Die Mittelhaut ist, je nach der Species, glatt oder getüpfelt. Durch frühzeitige Auflösung der farblosen Aussenhaut wird sie später zur äussern Umkleidung der reifen, frei in dem umgebenden Medium suspendirten Spore. In seltenen Fällen findet sich auch hier Copulation dreier Zellen (II, 15b).

Die ersten Zustände der Copulation von Staurospermum sind von Mesocarpus wenig verschieden. Nur die Einknickung der copulirenden Zellen pflegt stärker, die Form der Doppelzelle nach der Vereinigung der von Craterospermum ähnlich zu sein. Der Mittelraum derselben dehnt sich gleichmässig aus zu einer Röhre mit breit-elliptischem Querschnitt — so dass er von der breiten Seite gesehen die Form eines Parallelogramms, nach der Längsrichtung der copulirenden Zellen um 90° gedreht elliptischen, oft fast kreisförmigen Umriss zeigt. Seine Wand geht in die Seitenwände der copulirenden Zellen so allmählich über, dass die ganze Doppelzelle die Form eines liegenden Kreuzes (✕) mit breitem Mittelstück und 4 schmalen, oft sehr ungleich langen Armen besitzt (II, 17). Wie bei Mesocarpus und Craterospermum wandern auch hier die Chlorophyllplatten des Zellpaares langsam in den Mittelraum hinein. Ganz besonders deutlich sah ich in Exemplaren des St. viride (II, 17) eine jede Platte nach ihrem Eintritt aus der frühern gestreckten in eine Kreisform übergehen, und sich zugleich in der Fläche und am Rande krümmen und verbiegen. Die einzelnen kreisförmigen Platten blieben noch lange getrennt, zuletzt trat eine Vereinigung zu einer unregelmässigen Chlorophyllmasse ein, wie solche stets von Anfang an vorhanden ist oder zu sein scheint, sobald die Platten eine grössere Körnermenge mitführen. Nach dem Uebertritt des Chlorophylls beginnt auch hier eine Theilung der Doppelzelle, eine Abgrenzung des Mittelraums durch Querwände. Es entstehen deren aber nicht zwei, sondern vier, je eine an der Uebergangszelle des Mittelstückes der kreuzförmigen Doppelzelle in einen ihrer 4 Arme. Die ganze Zelle zerfällt somit in 5 Tochterzellen. Die mittlere behält in der Ansicht von der breiten Seite, je nachdem die Querwände höher oder tiefer stehen, die Form eines liegenden Kreuzes mit kurzen, aber gleichen Armen, oder eines abgestumpft viereckigen Körpers. Ihre vier Schwestern behalten Cylinderform (II, 17, 18). Die Entstehung der Querwände ist hier ganz die gleiche wie bei Mesocarpus: centripetale Vergrösserung ringförmiger Leisten, Schliessung zur undurchbrochenen Hautplatte unter gleichzeitiger Ein- und Abschnürung des Primordialschlauchs, welcher auch hier die Wand der Doppelzelle stets auskleidet (II, 17). Ganz besonders schön fand ich seine Einschnürung bei St. viride. Sehr diluirte Chlorzinkjodlösung zu den Präparaten gesetzt, löste den Primordialschlauch als zart und scharf umschriebene Blase allmählich von der Membran ab. Wo die ringförmige Anlage einer Querwand vorhanden war, zeigte auch der zusammengezogene Schlauch an der entsprechenden Stelle eine Einschnürung. Bei längerer Einwirkung des Reagens wurde diese tiefer und tiefer, und schritt bis zur völligen Abschnürung fort. Die Bildung der beschriebenen Querwände tritt häufig nicht ganz gleichzeitig ein, doch holen die später angelegten die erstgebildeten bald ein. Die ganze Chlorophyllwanderung und Theilung der Doppelzelle erfordert übrigens hier, wie bei Mesocarpus und Craterospermum, verhältnissmässig lange Zeit, in der freien Natur ohne Zweifel wenigstens 24 Stunden. Zahlreiche auf dem Objectträger aufbewahrte Präparate machten in dieser Frist nur geringe Entwicklungsfortschritte, blieben dann ganz stehen, und gingen zu Grunde.

Die Veränderungen der Theilungsproducte der Doppelzelle entsprechen den bei den verwandten Gattungen beschriebenen. Die mittlere Zelle wird zu der Spore. Innerhalb ihrer äussern Membran bildet sich eine zweite derbe (II, 18), die bei den zwei frisch untersuchten Arten farblos bleibt und die Cellulosereaction meist beibehält. Die Bildung der Innenhaut und die Veränderungen des Inhalts erfolgen, wie getrocknete reife Exemplare zeigen, in derselben Weise wie bei Mesocarpus. Die vier chlorophyllleeren Schwesterzellen der Spore gehen zu Grunde. Ihr collabirender Primordialschlauch nimmt bei St. quadratum eine schmutzig violette Färbung an.

Eine erwähnenswerthe abnorme Erscheinung habe ich bei St. quadratum und viride ziemlich häufig beobachtet. Einzelne Zellen copulirender Fäden zeigten nämlich die knieförmige Einknickung und Aussackung wie normal copulirende, und standen sogar oft mit ähnlichen in Berührung, ohne jedoch durch Resorption der Wand mit ihnen zu verschmelzen. Dagegen war ihr Chlorophyllinhalt in den mittlern, ausgesackten Theil der Zelle zusammengezogen, und beiderseits durch eine derbe Querwand von den cylindrischen chlorophyllleeren Endstücken abgetrennt. Andere Zellen zeigten dieselbe Erscheinung, ohne mit einer zweiten in Berührung zu sein. Mit diesen offenbar in der Entwicklung gestörten, copulationsreifen Zuständen, welche sich zwischen normal copulirten vorfinden, stimmt Hassall's Abbildung seines Mesocarpus notabilis (l. c. tab. 46) so genau überein, als dies bei seiner Darstellungsweise überhaupt möglich ist. Derselbe ist daher ohne Zweifel nichts anderes, als eine abnorme Bildung eines grössern Staurospermum.

Die Keimung der Sporen wurde bei Mesocarpus parvulus (vgl. VIII, 1—8) beobachtet. Ihre ersten Anfänge stimmen mit denen von Craterospermum überein. Nachdem Chlorophyll und Stärke gebildet sind, tritt eine Ausstülpung der blasig-kugligen Innenzelle aus der in unregelmässigen Rissen gesprengten Mittelhaut hervor (VIII, 1). Diese vorgetretene Spitze wächst rasch zu einem cylindrischen Schlauch aus. Der blasige Theil der Keimzelle bleibt zunächst in der braunen Haut stecken. In den meisten Fällen aber treibt er alsbald an seinem, dem ersten Schlauch diametral entgegengesetzten

Ende (Basis) einen zweiten, dessen Längenwachsthum ihn aus der braunen Membran hervorschiebt (Fig. 2—4. 8). Beide Schläuche dehnen sich rasch in die Länge; in beide tritt Chlorophyll, das die Form axiler mit der ganzen Zelle in die Länge wachsender Platten annimmt, und Fetttropfen ein. Die junge Pflanze wächst somit nach 2 entgegengesetzten Richtungen, und zwar entweder zunächst gleichmässig (Fig. 3, 4), oder so, dass der basilare Schlauch stets weit hinter dem anderen zurückbleibt (7, 8). In anderen seltneren Fällen bleibt das blasig angeschwollene Ende der Keimzelle ohne einen basilaren Schlauch zu treiben unverändert in der braunen Haut stecken (5, 6), die junge Pflanze wächst also nur nach einer Richtung. Einmal fand ich statt eines, drei kurze, nach verschiedenen Richtungen sehende basilare Schläuche (Fig. 7).

Haben die jungen Keimzellen eine Länge erreicht, die ihren Querdurchmesser um das 20—50fache übertrifft, so findet man sie durch Querwände getheilt. Solche die nach 2 Richtungen gewachsen waren, fand ich zunächst aus 3, 4 oder 5 Zellen bestehend, und zwar entstehen die drei- und fünfzelligen Keime, soweit ich ermitteln konnte, auch hier durch gleichzeitige Bildung von 2 oder 4 Querwänden in ihrer Mutterzelle. (Vgl. d. Erklärung von Fig. 2—4; direct konnte ich die Scheidewandbildung nicht verfolgen.)

Keime, die nur nach einer Richtung gewachsen waren, fanden sich in 2 und 3 Zellen getheilt.

In den erwähnten 5zelligen Keimpflänzchen war stets der basilare Schlauch in 2 Zellen getheilt (4, a, b), der übrige Faden in 3, deren einer die blasige Anschwellung angehörte. Weitere Entwicklung des basilaren Theiles sah ich nie. (Vgl. d. Erklärung von Fig. 4.) Sein Wachsthum scheint also, selbst wenn er durch die Theilung mehrzellig wird, ein begrenztes zu sein.

Die übrigen Zellen (einschliesslich der blasig aufgetriebenen bei 5zelligen Fäden) zeigen, nach beträchtlichem Längenwachsthum, meist Dreitheilung. Dass auch Zweitheilung vorkommt, geht schon aus dem Dasein zweizelliger Keimfäden hervor. Einen Zusammenhang zwischen Theilung und Zahl der Chlorophyllplatten konnte ich nicht finden. Die meisten Zellen haben eine Platte, und theilen sich doch in 3; zweiplattige sind seltner. Zellkerne liessen sich in den jungen Fäden auch durch Reagentien nicht nachweisen. In älteren Zuständen waren sie deutlich, und zwar auf jeder Platte einer. Genauer konnte ihr Verhalten jedoch, wegen der Kleinheit der Species, nicht verfolgt werden.

Die Keimung von Staurospermum, welche noch nicht beobachtet werden konnte, erfolgt ohne Zweifel auf ähnliche Weise.

Sonach erweisen sich die Sporen der Mesocarpeen auch bei der Keimung als einfache Zellen, und die in der algologischen Litteratur seit einer kurzen Mittheilung von Thwaites, (vgl. Bot. Zeitg. 1846, 26, p. 498) vielfach ausgesprochene Ansicht als irrig, nach welcher jene nicht Sporen sondern Sporangien seien, aus deren Inhalt erst durch Theilung in 4 Tochterzellen die Sporen entstständen. Allerdings bleibt das Chlorophyll der Sporen bei den in Rede stehenden Pflanzen, wie bei den oben beschriebenen Zygnemen oft lange in 4 Theile gesondert, um bei der Reife allmählich zu verschwinden. Von einer Theilung des ganzen Inhalts in 4 Tochterzellen ist aber keine Rede. Ein Zerfallen derselben in vier kugige Massen habe ich allerdings einmal an zahlreichen jungen Sporen eines Mesocarpus beobachtet. Die begleitenden Umstände setzten jedoch ausser Zweifel, dass es sich hier lediglich um eine Zersetzungserscheinung handelte.

Mit den soeben beschriebenen Gattungen stimmen Mougeotia genuflexa Ag. und ähnliche Formen in dem Bau und Wachsthum ihrer vegetativen Zellen vollständig überein. Sie sind dadurch ausgezeichnet, dass ihre Zellen knieförmig eingebogen, und nach Art von Sirogonium, Craterospermum paarweise verbunden sind, jedoch ohne an der Verbindungsstelle eine Communication und eine Sporenbildung zu zeigen.

So übereinstimmend die genannten Formen in die Verwandtschaft von Mesocarpus etc. gestellt werden, so verschiedenartig sind die Ansichten über ihre Fructification, ein Umstand, welcher sich aus der Seltenheit positiver Beobachtungen über dieselbe erklärt.

Sucht man Exemplare der knieförmig verbundenen Formen im Zimmer zu cultiviren, so gehen dieselben meistens bald zu Grunde. In den Fällen, wo die Cultur sich fortführen liess, zeigten mir die verbundenen Fäden, auch nach Monaten, keine Spur von Sporenbildung. Entweder vegetirten sie mit geringer Energie weiter, oder sie zeigten lebhafte Zellvermehrung, bedeutende Massenzunahme des Chlorophyllinhalts, Verdickung der Membran. Die Verbindung der knieförmig gebogenen Zellen bleibt unverändert, oder ihre einander berührenden Fortsätze werden länger und breiter und treiben unregelmässige Aussackungen, ähnlich den Haftorganen von Oedogonium, von gelegentlich festsitzenden Fäden der Spirogyren etc. Die der beiden sich berührenden Zellen greifen dabei in- und um einander, wie verschränkte Finger zweier Hände. Knieförmig gebogene Zellen, welche nicht mit anderen in Berührung stehen, treiben aus der convexen Seite oft lange schlauchförmige Aussackungen, in welche Chlorophyll eintritt, welche sich dann oft durch Querwände zu Astzellen abgliedern, und durch wiederholte Zweitheilung eine ächte Verzweigung des Fadens erzeugen können (III, 15). Letztere Erscheinung findet sich hie und da auch bei anderen Meesocarpeen und bei Zygnema.

Gleichfalls negative Resultate hinsichtlich der Fructification ergab mir mehrwöchentliche Beobachtung im Freien vegetirender Exemplare.

Die meisten anderen Beobachter seit Vaucher scheinen nicht glücklicher gewesen zu sein. Die negativen Resultate ihrer Nachforschung nach einer den Zygnemaceen analogen Sporenbildung, und Vaucher's Angabe, dass aus den alten Zellen junge Fäden hervortreten, haben Hassall (l. c. p. 172) und A. Braun (Verjüngung p. 308) zu der Ansicht geführt, dass sich Mougeotia durch bewegliche Gonidien fortpflanze. Hassall's Behauptung ist von geringerm Gewicht, da er sie nicht auf Beobachtung stützt, und zur Annahme von Zoosporenbildung allzusehr geneigt ist, wie dies seine Ansicht über unsere Sporen und Zygosporen der Conjugaten (l. c. p. 24) zeigt.

Die Angabe Vauchers dagegen, dass aus alten leer werdenden Zellen zuweilen junge Pflänzchen hervorwachsen, auf welche Braun die Hypothese gründet, die copulirten Zellen erzeugten eine gleich nach ihrer Bildung ausschwärmende Zoospore, beruht wenigstens theilweise auf Beobachtungen, welche mit den meinigen übereinstimmen, ohne übrigens im Geringsten zu der angeführten Ansicht zu berechtigen.

Im Zimmer cultivirt, zeigt Moug. genuflexa häufig Veränderungen, welche der Bildung jener ruhenden Zustände in jeder Hinsicht entsprechen, von denen oben, bei Zygnema die Rede war. Nach der Theilung verlängern sich die Zellen wenig, ihre Membran dagegen wird derb, mehrschichtig, der körnige Chlorophyllinhalt vermehrt sich in dem Grade, dass die Platte erst dicker und unregelmässiger, das Zelllumen zuletzt ganz oder grösstentheils von einer gleichförmigen, grünen körnigen Inhaltsmasse angefüllt erscheint (III, 15). Solche Fäden findet man auch hin und wieder im Freien, ohne Zweifel verschiedenen Species angehörig. Sie haben auf den ersten Blick sogar oft die grösste Aehnlichkeit mit den entsprechenden Zuständen von Zygnema, doch besitzen sie, statt der symmetrisch angeordneten beiden Amylonkerne jener, deren mehrere, ordnungslos in die Chlorophyllmasse eingelagert, und es fehlt ihnen stets die gallertige dicke Hüllhaut, welche jenen so häufig zukommt. So verharren die Zellen eine Zeit lang. Nach einigen Monaten sah ich sie, bei Culturexemplaren, sich wiederum strecken und die ursprüngliche Beschaffenheit annehmen. An der Streckung nimmt jedoch nur der Primordialschlauch und die innerste Schicht der Zellhaut Theil; die äusseren Membranschichten werden zerrissen, und zwar ziemlich regelmässig der Quere nach. Ihre Theile bleiben zunächst um die Seitenwände der sich verlängernden Zellen als röhrenförmige Scheiden, auf den Enden als Kappen sitzen (III, 16, 17).

Die Zellen nehmen nun mehr und mehr das Ansehen der lebhaft vegetirenden Mougeotia an, indem die Menge des farblosen Inhalts zunimmt, und das Chlorophyll allmählich wiederum die Form einer einfachen axilen Platte erhält. Ihre Form bleibt anfangs cylindrisch; später schiebt das eine Ende durch ungleichseitiges Wachsthum die bedeckende Kappe zur Seite. Es wölbt sich dann bedeutend vor, und sackt sich, ähnlich wie es oben für losgetrennte Zellen der Mesocarpeen überhaupt beschrieben wurde, zu einem mehr oder minder weiten Schlauche aus (III, 16). Dabei wandert oft die ganze Zelle, von der innern Membranschicht bekleidet, aus der äussern als Scheide sie umgebenden hervor, Scheide und Kappe somit als leere Schalen zurücklassend (III, 17).

Die sich streckenden Zellen leiten alsbald durch wiederholte Zweitheilung die Entstehung ebensovieler Zellreihen ein. Indem ihre Endzellen oft zu langen engen Schläuchen auswachsen, erscheinen diese jungen Fäden an einem oder beiden Enden verdünnt, zugespitzt; sie erhalten die Form, welche Vaucher's Keimpflänzchen auf Fig. 9 seiner Tafel 8 zeigen, die Form jener Zellen und kurzen Zellreihen, welche Cohn (Nov. Acta vol. 24, pars I taf. 17, fig. 15—17) abbildet und wohl nicht mit Recht für

Keimpflänzchen hält, die unmittelbar aus Sporen von Mougeotia oder Mesocarpus entstanden seien. Erscheinungen wie die soeben beschriebenen liegen offenbar den Angaben Vauchers zum Grunde. Dass übrigens die Fäden, welche er für Keimpflänzchen der Mougeotia hielt, zum Theil auch anderen, an den alten Mougeotia-Fäden keimenden Algen angehörten, darf man wohl, in Hinblick auf seine Abbildungen, und die unvollkommenen optischen Hülfsmittel seiner Zeit vermuthen, ohne dem ausgezeichneten Manne zu nahe zu treten. Besonders die „seitlich austretenden" Keimpflänzchen, wie sie l. c. Fig. 7 abgebildet sind, scheinen einer anderen Conferve, etwa Oedogonium anzugehören, und sich aussen angesetzt zu haben, wie die vermeintlichen Prolificationen, auf welche V. bei den Oedogonien so grosses Gewicht legt.

Für ein Vorkommen beweglicher Gonidien, sei es in den „copulirten", sei es in unverbundenen Zellen, spricht, wenn wir Vauchers Angaben in der eben besprochenen Art auffassen, keine einzige Beobachtung. Die Fructification von Mougeotia scheint mir dagegeen gefunden zu sein, nur an einem etwas andern Orte, als wo sie die Meisten gesucht haben. Die Algenform, welche A. Braun (Alg. unicell. p. 60) als Pleurocarpus mirabilis beschrieben hat, stimmt, wie aus der kurzen Beschreibung hervorgeht, in dem Bau der vegetativen Zellen mit den stärkeren Mougeotiaformen (M. genuflexa, compressa, Fasciola, Kütz. spec. algar.) im Wesentlichen überein. Wie mir die Untersuchung getrockneter Exemplare*) zeigte, finden sich bei derselben ungefähr eben so häufig, als die von Braun beschriebenen Sporen, knieförmig gebogene und nach Art von Mougeotia verbundene Zellenpaare (III, 14, v). Die letzteren zeigen die nämliche Structur, wie unverbundene vegetative Zellen; ihre Membran ist an der Berührungsstelle oft beträchtlich verdickt, was bei Mougeotia überhaupt häufig vorkommt.

Die Sporen des Pleurocarpus sind meist in einem Copulationsraum enthalten, welcher, wie bei Rhynchonema Kg. aus der Verbindung zweier kurzer Ausstülpungen entsteht, die von zwei aneinandergrenzenden cylindrischen Zellen desselben Fadens, dicht neben der trennenden Querwand, gegeneinander wachsen. Die Sporen erscheinen daher dem Faden seitlich ansitzend (III, 14, sp). Ihre Structur entspricht genau der von Mesocarpus, und dass das nämliche mit ihrer Entwickelung der Fall sei, liessen die getrockneten Exemplare noch aufs Deutlichste erkennen.

Selten kommen auch, nach Braun's Angabe, die Sporen genau nach Art von Mesocarpus in den Querkanälen leiterförmig verbundener Fäden vor. Von einem Uebergang der knieförmig gebogenen Zellpaare zu der letztern Sporenbildung findet sich nichts. Bei der bedeutenden Membranverdickung an der Berührungsfläche müssten Eigenthümlichkeiten in dieser Entwicklung stattfinden, welche bei der Beobachtung sogleich auffielen.

Aus diesen Thatsachen ergibt sich, dass die knieförmige Vereinigung bei Mougeotia mit der Fructification nichts zu thun hat, sondern lediglich eine manchen Arten zukommende Verbindung steriler, vegetativer Zellen ist, der Vereinigung mancher einzelliger Algen, z. B. Hydodictyon, zu den bekannten Coenobia, den Verflechtungen der Aegagropilafäden, der Verflechtung und selbst Verwachsung gesellig vegetirender Pilzfäden vergleichbar. Es ergibt sich dagegen, dass Pleurocarpus fructificirende Mougeotia, und die Fructification dieser gleich der von Mesocarpus ist, so dass eine Trennung beider Gattungen kaum beizubehalten sein dürfte, wenn auch Pleurocarpus eine durch die meist seitlichen Sporen gut unterschiedene Species darstellt.

Dieselbe scheint, nebst Verwandten, selten zu fructificiren; doch zeigen schon die Abbildungen, die Itzigsohn**) von Mougeotiasporen gibt, deutlich, dass A. Braun's Beobachtung keine ganz vereinzelte ist. Die Mesocarpeen fructificiren übrigens überhaupt selten, und es dürften sterile, knieförmig verbundene Mougeotiafäden kaum häufiger gefunden werden, als sterile Exemplare unverbundener Formen.

*) Ich verdanke dieselben der freundlichen Mittheilung des Entdeckers.

**) S. Bot. Zeitg. 1853 p. 685, fig. 2; Itzigsohn, de fabrica sporae M. genufl. (Neud. 1856) taf. II, fig. 15, 16. Die in diesen Figuren dargestellten Sporen haben mit den übrigen vom Vf. abgebildeten Zuständen offenbar nicht den geringsten Zusammenhang.

6. Gonatozygon. Genicularia.

Die Arten dieser Gattungen stellen entweder, den früher besprochenen ähnlich, confervenartige, rigide Fäden dar, oder ihre Zellen vegetiren frei, vereinzelt. Letztere haben im allgemeinen eine langgestreckt cylindrische Form; ihre Länge beträgt oft das 20fache des Querdurchmessers.

Bei Gen. spirotaenia (IV, 1—3) sind die Zellen an den Enden häufig etwas verbreitert. Die Seitenwand geht durch abgerundete Kanten in die Endflächen über, welche letzteren, wo sie frei liegen nach aussen convex, wo sie mit denen anderer Zellen in Berührung stehen, grösstentheils eben sind. Die Kante, welche sie seitlich begrenzt, ist jedoch stets abgerundet, so dass die Berührungsflächen je zweier Zellen von geringerm Durchmesser, als die Zellen selber sind, und der Faden an jedem Gelenke somit eine leichte, von keiner Hüllhaut umzogene Einschnürung zeigt.

Die Aussenfläche der ziemlich zarten Zellmembran ist an der ganzen Seitenwand durch eine Menge kleiner, unregelmässig zerstreuter, spitzer Prominenzen feinpunctirt-rauh. Den Enden der Zelle fehlen die Rauhigkeiten, und zwar ist die glatte Partie von der punctirten durch eine scharf gezogene feine Linie getrennt, welche die Grenze einer sehr zarten, die ganze Seitenwand umziehenden, vor den Enden plötzlich aufhörenden äussersten Membranschicht anzeigt, der die Rauhigkeiten angehören. Dieselbe hebt sich übrigens, ausser an den genannten Stellen, von den übrigen Membranpartien nicht ab, und zeigt wie diese sammt ihren Prominenzen in Jod und Schwefelsäure deutliche Cellulosereaction.

Der Innenfläche des Primordialschlauches, welcher in seinen Eigenschaften mit dem der Spirogyren übereinstimmt, sind bei lebhaft vegetirenden Exemplaren meistens drei spiralig aufsteigende Chlorophyllbinden angelagert (IV, 1, 3). Ihre äussere, den Primordialschlauch berührende Fläche ist entweder eben, oder rinnenförmig vertieft; ihre Structur ist die gleiche, wie bei Spirogyra. Unsere Alge hat daher auch auf den ersten Blick mit Spirogyra auffallende Aehnlichkeit; genauere Betrachtung zeigt jedoch, abgesehen von der Membran, den wesentlichen Unterschied, dass ihre Spiralbänder constant links gewunden sind, während sämmtliche Spirogyren bekanntlich Rechtswindung zeigen. Die Bänder reichen meistens nicht bis in die äussersten Enden der Zelle. Ihr Verlauf zeigt in der Mitte der letztern stets einige Unregelmässigkeit: Eins oder zwei derselben sind von dem Primordialschlauch ab, nach der Axe der Zelle hin eingebogen, ein farbloser, halbeiförmiger oder halbkugliger Raum befindet sich zwischen ihrer Aussenfläche und dem Primordialschlauch. In der Mitte dieses Raumes, also aussen von dem sonst wandständigen Chlorophyll, liegt der zarte, kuglige, oft mit deutlichem Nucleolus versehene Zellkern (n in fig.). Seine Stellung bedingt die Einbiegung der Chlorophyllbinden. —

Kleinere Unregelmässigkeiten in dem Verlauf der letzteren, Bifurcationen, ungleiche Länge derselben kommen nicht selten vor; zuweilen finden sich ihrer 2 statt 3. Endlich sind oft spiralige Windungen gar nicht mehr erkennbar, die Bänder durch zahlreiche breite Anastomosen zu einem mit sehr zahlreichen Amylonkernen versehenen unregelmässig durchbrochenen Wandbeleg verbunden, der an einer Stelle von dem Zellkern nach Innen gebogen wird. Diese letztere massigere Inhaltsentwicklung findet sich häufig bei sterilen, immer bei copulationsreifen Zellen (IV, 2, 4).

Der Theilung der Zellen geht eine leichte Auftreibung ihrer Mitte rings um den Kern vorher. Letzterer verschwindet; es findet sich an seiner Stelle eine trübe, farblose, von Vacuolen hie und da durchsetzte Plasmamasse rings um den ganzen Zellenumfang zwischen Primordialschlauch und Chlorophyllbeleg angesammelt. Auf der Innenfläche der Membran erscheint nun, ganz in der Weise von Spirogyra, Craterospermum u. s. f. ein zarter Zellstoffring, der sich, ziemlich rasch centripetal wachsend, zur Querwand schliesst. Das Verhalten des Primordialschlauchs weicht von dem bei den genannten Algen vorfindlichen nicht ab. Zwischen jenem und dem mehr und mehr eingeschnürten, zuletzt in zwei Partieen getheilten Chlorophyllbeleg bleibt bis zum Ende des Processes die angeführte massige Plasmaanhäufung (IV, 2).

Die neugebildete Querwand ist anfangs eine einfache Lamelle, völlig eben, in scharfem Winkel in die Seitenwand übergehend. Später ist sie deutlich aus zwei Platten zusammengesetzt, welche, anfangs noch eben, an ihrem Rande alsbald sich zu wölben und auseinanderzuweichen anfangen, um die oben erwähnte stumpfe Kante an den Zellenden herzustellen. Mit dem Beginn der Wölbung wird die äusserste Membranschicht der getheilten Mutterzelle rings um die junge Querwand durch einen scharfen Riss in zwei Hälften getrennt, deren jede eine der Tochterzellen umgibt. Die vorschreitende Wölbung der Querwand entfernt diese beiden Hälften mehr von einander, eine jede erscheint gegen die Querwand hin durch eine scharfe Linie abgegrenzt, welche die oben erwähnte Grenzlinie zwischen der punktirten Seitenwand und den glatten Zellenden darstellt.

Die beiden Tochterzellen nehmen bald den frühern Bau der Mutterzelle an, indem die Plasmahäufung an der Theilungsstelle verschwindet, und in der Mitte einer jeden wiederum ein wandständiger, anfangs sehr zarter Zellkern erscheint.

Das Zerreissen der äussern Membranschicht und der Mangel einer derbern Hüllhaut bedingt eine sehr wenig feste Verbindung der Zellen untereinander. Statt der Hüllhaut umgibt die Fäden oft eine sehr dünne, nur durch daran haftende Schmutztheilchen sich verrathende Gallerthülle. Ein Zerfallen des Fadens in die einzelnen Zellen tritt daher leicht ein, sobald letztere ihre Endflächen beträchtlich nach aussen wölben.

Die zur Copulation reifen Zellen lösen sich stets aus dem Fadenverbande. Sie sind neben ihrer Mitte knieförmig eingeknickt. An der convexen Seite des Kniees wölbt sich die Seitenwand zu einer kurzen, stumpfen Papille nach aussen. Die Membran der letztern besitzt die gleiche Dicke wie jene, jedoch fehlen ihr die Rauhigkeiten auf der Aussenfläche (IV, 4).

Sie ist vom Primordialschlauch gleich den übrigen Theilen der Zelle ausgekleidet, ihr übriger Inhalt besteht aus Protoplasma und wässriger Flüssigkeit. Zwischen der Innenfläche ihrer Membran und dem Primordialschlauch sammelt sich nun allmählich eine glänzende farblose Substanz an, welche, an Menge mehr und mehr zunehmend, zuletzt in Form eines linsenförmigen Körpers die Spitze der Papille ausfüllt (IV, 4). An der Innenfläche dieses linsenförmigen Körpers lässt sich der Primordialschlauch stets deutlich erkennen; wasserentziehende Reagentien, besonders verdünnte Chlorzinkjodlösung, lösen ihn als zusammenhängende Schicht gleichmässig von dieser wie von den übrigen Stellen der Seitenwand ab. Jener Körper bleibt durch genanntes Reagens ungefärbt; schon dieser Umstand unterscheidet ihn von dem Zellkern, dem er einigermassen gleicht, welcher übrigens auch ohne Reagentien häufig neben der Papille und linsenförmigen Masse in den Zellen gefunden wird. Durch concentrirte Chlorzinkjodlösung wird die letztere aufgelockert oder gelöst; eine Färbung in ihr eben so wenig als in der Zellmembran hervorgebracht.

So beschaffen sind die Zellen einander paarweise in gekreuzter Lage genähert, die Papillen einander zugekehrt, ohne sich jedoch zu berühren; sie sind vielmehr oft durch einen ziemlich breiten Zwischenraum von einander getrennt. Eine sehr dünne, nach Aussen keinerlei scharfe Umgrenzung zeigende Gallertmasse umgibt sie, und erhält sie in der angegebenen Lage.

Beobachtet man ein so vorbereitetes Paar anhaltend, so gelingt es nicht selten, die Copulation vor sich gehen zu sehen.

An der einen Zelle schwillt plötzlich die Papille zu einer kugligen Blase an. Der Anschwellung entsprechend, wird zunächst die Membran bis zum Undeutlichwerden ausgedehnt, zugleich aber auch die zwischen ihr und dem Primordialschlauch abgelagerte linsenförmige Masse. Dieselbe wird, mit zunehmender Dehnung bald der Seitenwand an Dicke gleich, ihre Ränder fliessen in der innern Contour dieser über (IV, 7). Sie erweist sich somit als eine Ablagerung von dehnbarem, weichem Membranstoff zwischen der Cellulosehaut und dem Primordialschlauch. Ausserordentlich rasch bläht sich die Blase bis nahezu zu dem doppelten Durchmesser der sie erzeugenden Zelle auf. Ihr Inhalt ist anfangs noch wie der der unveränderten Papille farblos, bald tritt die Chlorophyllmasse in sie ein; zugleich löst sich der Primordialschlauch in beiden Zellenden glatt von der Wand ab, und zieht sich, an der Seitenwand hingleitend, nach der Blase hin zusammen. Je mehr seine Contraction fortschreitet, desto mehr Chlorophyllinhalt tritt in die fortwährend schwellende Blase über (IV, 5b, 6). In wenigen Secunden ist die ganze Zellhaut entleert, der Pimordialschlauch liegt in der Blase als ein stark abgeplattet-sphärischer Körper, dem seiner Austrittsöffnung gegenüberliegenden Theil ihrer Membran angeschmiegt, das zunächst an die Zelle grenzende Drittel derselben leer lassend (IV, 8). Von der Ansatzstelle an, welche stets die ursprüngliche Breite der Papille beibehält, wird, während des Anschwellens die Membran der Blase immer dünner

Nach dem Austritt des Primordialschlauches ist sie nur noch durch eine ganz zarte, in den innern Contour der Zellwand verlaufende Linie angedeutet, welche selbst immer undeutlicher wird, zuletzt gänzlich verschwindet (Fig. 5a).

Der Primordialschlauch nimmt rasch wieder Kugelform an, und rückt sofort nach der Papille der gegenüberliegenden Zelle langsam vor, wenn die Gruppirung des copulirenden Paares ihn nicht schon während seines Austretens daran stossen liess.

Alsbald tritt in der zweiten Zelle des Paares der eben beschriebene Process in gleicher Weise ein. Nachdem auch hier die Membran der Blase verschwunden, berühren sich die beiden kugligen Primordialzellen in dem Zwischenraum zwischen den leeren Zellmembranen (5, a′, b′), um im nächsten Moment an der Berührungsstelle zusammenzufliessen (5, a+b). Der Doppelschlauch contrahirt sich augenblicklich zur Form einer Kugel, deren Durchmesser nur wenig grösser ist, als der eines einzelnen Schlauches vor der Vereinigung. Die junge Zygospore ist somit gebildet. Sie liegt als dunkelgrüner, nur an der äussersten Oberfläche von einer farblosen Plasmaschicht umgebener Körper zwischen den beiden leeren, knieförmig gebogenen, an der Stelle der Papille jetzt eine Oeffnung zeigenden Zellhäuten. Sie entbehrt zunächst durchaus einer Cellulose-Membran (IV, 9). Dagegen ist sie zwischen den Mutterzellhäuten von einem weiten, nur durch die im Umkreis anhaftenden Schmutztheilchen, kleinen Algenzellen, u. s. f. sich verrathenden Hofe umgeben, der aus sehr dünner Gallerte besteht, und offenbar aus der undeutlich gewordenen, zerflossenen Membran der Blasen entstanden ist, welche die austretenden Primordialschläuche einschlossen.

Um die junge Zygospore erscheint bald eine zarte, farblose Cellulosemembran (Fig. 10), die primäre oder Aussenhaut; an der Innenfläche dieser später eine durchaus glatte, gelbgefärbte, keine Cellulosereaction zeigende Mittelhaut; diese wird wiederum von einer zarten, farblosen, durch die bekannten Reagentien blau werdenden Membran, als innersten und letztgebildeten Schicht ausgekleidet (Fig. 11, 12). Die gelbe Mittelhaut besteht zuweilen aus zwei Lagen.

Der Inhalt, anfangs aus dem Plasma, Chlorophyll und Amylon der Mutterzellen bestehend, dunkelgrün und grobkörnig, beginnt mit der Bildung der gelben Membran vom Rande aus sich zu entfärben; die Amylonkerne schwinden mehr und mehr, zuletzt enthält die Zygospore nur ein wandständiges, gleichförmig körniges, farbloses, durch Jod gelblich werdendes Plasma (Fig. 12). Die Mitte der Zelle füllt eine je nach der Menge des Plasma verschieden grosse Quantität wässriger Flüssigkeit aus, in der zuweilen einige grössere Körper von gleicher Reaction wie die wandständige Plasmamasse schwimmen. An der Innenfläche der letztern findet sich ein oder einige braunrothe Pigmentflecke, denen der Spirogyrasporen ähnlich; doch sah ich sie nicht durch SO_3 blau werden.

Der Copulationsprocess scheint in den meisten Fällen in allen Zellen eines Fadens zu gleicher Zeit einzutreten. Wenigstens findet man in der Regel copulirende Paare gleicher Entwicklung in grösserer Anzahl gruppenweise zwischen andern Algen, so dass die Vermuthung nahe liegt, eine jede Gruppe sei aus dem Zerfallen e i n e s Fadens entstanden.

Abnormitäten in dem Copulationsprocess beobachtet man auf dem Objectträger nur zu häufig. Es verdient von denselben nur die eine hervorgehoben zu werden, dass in manchen Fällen der Austritt der Primordialschläuche in den Zellen eines Paares sehr ungleichzeitig stattfindet. Der erstausgetretene macht dann seine regelmässige Bewegung, geht aber sehr bald zu Grunde (zerfliesst) wenn ihm der andere nicht sofort entgegenkommt.

Die beiden Species von Gonatozygon zeigen dieselben Copulationsvorgänge. Bei G. Ralfsii habe ich mich durch directe Beobachtung davon überzeugt, bei G. Brébissonii stimmt wenigstens Lage und Bau der fertigen Zygospore und der entleerten Mutterzellhäute mit den anderen Arten überein (IV, 25, 27).

Die vegetativen Zellen von G. Ralfsii haben gleiche Form, gleiche Structur und Wachsthum wie bei Genicularia. Der Bau des Inhaltes dagegen ist ein wesentlich verschiedener, indem, statt der wandständigen Spiralbänder, eine axile mit einer Längsreihe eingelagerter Amylonkerne versehene Chlorophyllplatte vorhanden ist. Die Species hat daher das Ansehen einer Mesocarpee (IV, 23). Wie bei einer solchen ist in der Mitte der Zelle ein Cytoblast der Chlorophyllplatte aufgelagert; oder, in anderen

Fällen, die Platte in der Mitte unterbrochen, der Zellkern zwischen beide Hälften gestellt. Sehr häufig kommen Unregelmässigkeiten in der Form der Platte, Biegungen, wellenförmige Kräuselung des Randes, Längsfalten und Längsduplicaturen vor.

Häufiger, als bei den Mesocarpeen ist der Fläche der Chlorophyllplatte eine zweite der Länge nach senkrecht aufgesetzt, mit ihrem äussern Rande der Wandung zugekehrt, mit dem innern in die einfache Platte übergehend. Betrachtet man die Zelle von der Seite, so sieht man über die hellgrüne Chlorophyllplatte der Länge nach noch einen dunkelgrünen Streif verlaufen (IV, 24), über dessen Bedeutung eine Drehung der Zelle leicht Aufschluss gibt. Von den Zellenden aus betrachtet erscheint ein dreistrahliger grüner Stern in der Mitte der Zelle (24a), den Querschnitt des Chlorophyllkörpers darstellend. Es ist dieser Bau durchaus analog dem von Closterium und vielen anderen Desmidieengattungen.

Einen dreistrahligen axilen Chlorophyllkörper, mitten von dem Zellkern unterbrochen, besitzen auch die Zellen des G. Brebissonii, welches mit der vorigen Art auch in den anderen wesentlichen Puncten des Baues übereinstimmt und von derselben vorzugsweise durch die Form der Zellen verschieden ist (IV, 26).

Zygosporen von Gen. spirotaenia, welche von Mitte März bis Mitte Mai entstanden und gereift waren, keimten in den darauf folgenden Monaten November, December und Januar. Im Laufe des Sommers hatte der Inhalt bei allen die oben beschriebene Structur und Farblosigkeit angenommen. Im Spätherbst war das rothbraune Pigment überall verschwunden. Dafür waren in der wandständigen, die Zellflüssigkeit umgebenden Plasmaschicht eine oder zwei scharf umschriebene Vacuolen aufgetreten. Bei anderen fehlten diese; der körnige Inhalt zeigte eine leicht grünliche Färbung. Weiter entwickelte Zygosporen waren intensiv grün gefärbt, und zwar war in den meisten die Körnermasse verschwunden, an ihrer Stelle zahlreiche, unregelmässig viereckige oder polygonale Chlorophyllplättchen dem Primordialschlauch angelagert (IV, 13, 14). Letzterer erschien farblos, wenig mit Körnern besetzt; die Mitte der Zelle von farbloser, gleichfalls nur wenige Körnchen enthaltender Flüssigkeit erfüllt. Die wandständigen Chlorophyllplättchen sind homogen, von zartem, gezacktem Umriss; ein, selten zwei Amylonkerne sind der Mitte derselben eingelagert. In vielen so beschaffenen Zellen war an einer Stelle des Umfanges der Chlorophyllbeleg nach Innen gebogen, ein weiter halbkugliger Raum zwischen ihm und der wandständigen dünnen Plasmaschicht (IV, 13b). Es entspricht dieser Raum dem in erwachsenen Zellen den Cytoblasten bergenden, letzterer war jedoch noch nicht nachzuweisen. Uebt man auf so organisirte Zellen einen Druck aus, so öffnet sich die äussere Membran mit einem weiten Querriss; der Inhalt, von einer farblosen, dehnbaren Haut umzogen, gleitet hervor. Die leere Membran besteht aus den oben als Aussen- und Mittelhaut bezeichneten Schichten, letztere ist von einer zarten, durch Jod und Schwefelsäure blaugefärbten Haut ausgekleidet, welche die ausgetretene, gleichfalls eine Cellulosemembran besitzende Innenzelle umgeben hatte. Statt der einfachen, zur Zeit der Reife beobachteten Innenhaut sind deren also jetzt zwei vorhanden.

Mit den beschriebenen Zuständen fanden sich sehr häufig entleerte, durch einen tiefen Querriss klaffende Zygosporenhäute; in ihrer unmittelbaren Nähe offenbar aus ihnen hervorgetretene kurze, längliche Zellen von geringerer Breite als der Durchmesser der Sporen, in der Structur des Inhalts den letztbeschriebenen entweder vollkommen gleich, oder durch zahlreiche Körnchen dunkler gefärbt, und die wandständigen Chlorophyllplättchen minder deutlich erkennen lassend (IV, 15). Mittelformen zwischen den dicht körnigen und den körnerarmen waren übrigens nicht selten.

Die Keimzellen sind zunächst länglich oder oval, gleichförmig nach beiden Enden hin wenig verschmälert, ohngefähr doppelt so lang als breit (IV, 15, 16). Weiter entwickelte hatten an Grösse zugenommen, ihre Form war mehr cylindrisch geworden. Die grössten, welche ich fand, zeigten die Form erwachsener Zellen. Ihre Länge übertraf den Querdurchmesser um das 6—8fache; ihr Umfang war an den abgerundeten Enden grösser, als in der Mitte. Von der erstgenannten Form bis zu der entwickeltsten fand sich eine vollständige Uebergangsreihe (vrgl. Fig. 15—19).

Diese Zellen sind sämmtlich von einer deutlich doppelt contourirten Membran umgeben, gleich der durch Druck aus den äusseren Sporenhäuten hervorgetretenen Innenzelle. Ihre Aussenfläche ist anfangs glatt; an den grössten beobachteten Exemplaren fand ich sie mit feinen Erhabenheiten besetzt.

Der Bau des Inhalts bleibt im wesentlichen der gleiche. An den Enden der Zelle ist innerhalb des Primordialschlauches meist eine mächtigere, den Chlorophyll-Wandbeleg nach Innen drängende Ablagerung von Plasma vorhanden. Die kleinen Plättchen, aus welchen jener in der grün werdenden Spore besteht, sind in den am meisten herangewachsenen Exemplaren oft zu Längsbändern oder zu einem netzartig durchbrochenen Wandbeleg zusammengeflossen. Diese Zellen erhalten dadurch ganz das Ansehen völlig erwachsener. Auch zeigen sie den wandständigen Cytoblasten in der gleichen Weise wie jene (18, 19, n), während es mir bei jüngeren Zuständen nicht gelang, denselben nachzuweisen.

Die beschriebene Entwicklungsweise setzt ausser Zweifel, dass bei der Keimung die Innenzelle der Zygospore die umkleidenden Häute durchbricht, und, aus denselben hervorgetreten, zu einer Zelle heranwächst von der Form und Structur derjenigen, welche die Zygospore erzeugt haben. Der Austritt der Innenzelle erfolgt wie es scheint rasch und plötzlich; ihn direct zu beobachten, ist mir nie gelungen.

Zuweilen findet man, zwischen anderen Keimzuständen, einzelne schon ziemlich verlängerte junge Zellen von Genicularia in eine farblose, kuglige oder ovale Blase eingeschlossen, und, der Membran dieser anliegend, wurstartig zusammengekrümmt. Eine solche Zelle (20, a, b) begann nach 24stündiger Cultur auf dem Objectträger sich gerade zu strecken, und die umgebende Blase zu länglicher Form auszudehnen (21). Nach weiteren 7 Stunden war sie fast gerade gestreckt, ihre eine Hälfte aus einer Oeffnung der wiederum zur Kugelform zusammengeschrumpften Blase hervorgetreten (22).

Jene Blasen besitzen die Grösse der Zygosporen; die in ihnen enthaltenen Zellen die Dimensionen frei liegender Keime. Sie kommen offenbar dadurch zu Stande, dass sich die ausgetretene Innenzelle nicht, wie in den anderen Fällen, unter Betheiligung ihrer ganzen Membran streckt, sondern dass um den Primordialschlauch eine neue Haut entsteht, welche an der weitern Längsstreckung Theil nimmt, während die ursprüngliche Haut der ausgetretenen Zelle unverändert bleibt und später mechanisch zerrissen wird.

Die mit der Streckung hier nothwendig verbundene Abnahme der Dicke findet sich bei allen Keimzellen. Setzt man den Durchmesser der Zygospore = 20, so ist der Querdurchmesser von Zellen, die 2—3mal so lang als breit sind = 17, 15, 13; von solchen die 6—8mal so lang sind = 10, 8, 7, 5. Die absolute Grösse des Zygosporendurchmessers beträgt $^1/_{47}'''$—$^1/_{39}'''$ par. Die Maasse einer Anzahl von Keimzellen sind in der Tafelerklärung angegeben.

Theilung der Keimzellen habe ich nicht beobachtet. Sie starben zuletzt alle ab.

7. Palmogloea, Mesotaenium, Cylindrocystis.

Die Gewächse, welche in der Kützing'schen Gattung Palmogloea vereinigt sind, gehören ihrer Structur nach zwei verschiedenen Typen an. Der eine wird durch den Nägeli'schen Namen Mesotaenium passend bezeichnet; der andere mag hier Cylindrocystis genannt werden, da ihm einige der bereits so bezeichneten Formen angehören.

Die beiden Typen stimmen miteinander überein in der cylindrisch-abgerundeten Form der gleich nach der Theilung von einander getrennten Zellen, und in der Aussonderung von meist massiger Gallerte durch dieselben, wodurch sie häufig familienweise zusammengehalten werden. Diejenigen Formen, welche im Wasser leben, zeigen eine weichere, dünnere Gallerte; die Zellen sind locker vereinigt, oder vollkommen frei. Bei denen, welche feuchte Erde oder Felswände bewohnen, ist die Gallerte derber, und hält die Zellen fest zusammen. Sie ist entweder homogen, oder in soviele Abtheilungen, gleichsam Fächer getheilt, als Zellen, oder Zellenpaare u. s. w. vorhanden sind; beiderlei Verhalten findet man häufig bei ein und derselben Species.

a. **Mesotaenium.** M. Braunii (VII, A) bildet in den Schwarzwaldthälern dunkelgrüne Gallertmassen an Felswänden, zwischen Moosen. Die cylindrischen, an beiden Enden plötzlich abgerundeten Zellen zeigen eine farblose, ziemlich zarte Haut, ausgekleidet von einem mehr oder minder mächtigen Plasmabeleg und zartem Primordialschlauch.

In der Axe lebhaft vegetirender Zellen liegt im einfachsten Falle eine ebene, ziemlich dicke Chlorophyllplatte, deren Ränder entweder die Membran überall berühren, oder durch einen schmalen, von Plasma erfüllten Raum von derselben getrennt sind (Fig. 2, 5, 6). Die Zelle erscheint gleichmässig grün, wenn die Platte dem Beobachter die Fläche zukehrt; nur in der Mitte von einem grünen Längsstreif durchzogen, wenn die Zelle um 90° gedreht, die Platte von ihrem Rande aus gesehen wird. Berührt der Rand der Chlorophyllplatte die Wand nicht, so ist derselbe meist fein und scharf gezähnt. In der meistens leicht angeschwollenen Mitte der Platte liegt ein zart umschriebener, durch Jod braunviolett gefärbter Amylonkern. Das grob- oder feinkörnige Plasma erfüllt entweder den Innenraum der Zelle mit Ausnahme des axilen Theiles gleichförmig, oder aber es lässt um die Platte einen von wässriger Flüssigkeit erfüllten Raum frei, nach diesem hin oft sehr scharf abgegrenzt. Bei Betrachtung der Fläche erscheint in letzterm Fall die Mitte der Platte heller, als ihr in das Plasma eingesenkter Rand, die Zelle scheint eine homogene, wandständige Chlorophyllmasse zu besitzen, oder ganz von Chlorophyll erfüllt zu sein. Drehung derselben macht den wahren Sachverhalt stets deutlich.

In der Mitte der Zelle dicht neben der Platte sieht man häufig einen zarten farblosen Kreis durch das Plasma schimmern. Jod färbt ihn zuweilen deutlich dunkler gelb, als die umgebende Masse; es scheint sonach ein sehr zarter Zellkern zu sein.

Aehnlich dem früher beschriebenen Vorkommen bei den Mesocarpeen, Gonatozygon, doch weit häufiger, ist statt der einfachen Platte ein drei- selten sogar vierstrahliger Chlorophyllkörper vorhanden (Fig. 3, 4), bestehend aus 3 oder 4 Längsplatten, welche ihren äussern Rand der Zellwand zukehren, mit ihren inneren Rändern in der Axe der Zelle zusammenfliessen. Ihre Anordnung wird stets bei Einstellung des Querprofils der Zellen deutlich (Fig. 4). Bei den Längsansichten erscheint diejenige, welche dem Beobachter gerade den Rand zukehrt, als dunkler Streif auf den hellgrünen von der Fläche gesehenen.

Bei den allermeisten Exemplaren ist die beschriebene Structur des Inhalts leicht zu erkennen. Zuweilen kommt es jedoch vor, dass das Plasma um die Platte herum durch formloses, gleichsam überschüssiges Chlorophyll gleichfalls grün gefärbt wird. Ist diese Farbe lebhaft und zugleich dem Plasma eine grössere Menge von Körnern beigemengt, so wird die Anordnung des Inhalts undeutlich. Dies tritt besonders bei copulirenden Zellen ein, bei welchen die Chlorophyllplatten auch häufig eine unregelmässige Form annehmen.

In Zellen, deren Länge den Querdurchmesser etwas mehr als um das Doppelte übertrifft, tritt Theilung ein. Eine sehr zarte Querwand halbirt die Zelle (Fig. 7, 8). In jeder Hälfte erscheint dicht bei der Querwand ein Amylonkern innerhalb der gleichfalls getheilten Chlorophyllplatte (Fig. 7). Schon in einem sehr wenig weiter vorgeschrittenen Zustand nehmen die Amylonkerne wiederum die Mitte der zugehörigen Chlorophyllplatten ein. Eine Theilung des Chlorophylls und des Amylonkerns v o r der Querwandbildung habe ich nie beobachtet. Das Verhalten des Zellkerns um diese Zeit lässt sich nicht verfolgen; später ist häufig in jeder Tochterzelle ein solcher deutlich vorhanden.

Die Querwand ist anfangs durchaus eben; eine Zusammensetzung aus zwei Lamellen nicht wahrzunehmen. Später ist solche deutlich; die einer jeden Tochterzelle zugehörige wölbt sich vor, entfernt so beide von einander. Entweder schreitet diese Wölbung gleichmässig vom ganzen Rande beider Endflächen nach ihrem Centrum hin fort; alsdann rücken die beiden Tochterzellen in gerader Linie auseinander; oder sie geht von der einen Seite der Endfläche nach der diametral entgegengesetzten, so dass die beiden Zellen mit ihren einander abgekehrten Enden einen Bogen von 90° gegeneinander beschreiben, und zuletzt parallel nebeneinander liegen. Indem sie allmählich zur Grösse ihrer Mutterzelle heranwachsen, rücken sie durch Gallertausscheidung mehr oder minder aus der ursprünglichen Lage. Die Gallerte, welche ältere Zellen umgibt, ist aussen häufig scharf abgegrenzt durch eine als dunkle Linie erscheinende, oder selbst deutlich doppelt contourirte dichtere Schicht. Zuweilen sind deren mehrere, durch Gallerte getrennt, um eine Zelle vorhanden, oder zwei, vier u. s. f. von scharf umgrenzten Gallerthöfen umgebene Zellen in grössere generationsweise ineinander geschachtelte Blasen eingeschlossen (Fig. 1). Um jüngere, durch Theilung neu entstandene Schwesterzellen findet eine solche Abgrenzung der zugehörigen Gallertportionen nicht statt. Die anfangs e i n e homogene Masse bildende Gallerte wird also erst später in ungleiche Schichten gesondert.

Uebrigens kommen auch um erwachsene Zellen distincte Gallerthöfe ohngefähr eben so häufig vor, wie gänzlich homogene Gallerte. Letztere fand ich stets farblos; erstere zeigen häufig ein mehr oder minder intensives, oft sehr dunkles, grau violettes (tintenfarbiges) Colorit, das entweder über die ganze Gallerte gleichmässig verbreitet, oder meistens an der Aussenfläche eines jeden Gallerthofes dunkler ist, als in der Mitte. Diese Färbung tritt besonders an der Oberfläche der Gallertlager auf, welche die Alge bildet. — Was die Fructification betrifft, so sah ich mehrfach Copulationszustände, welche mit den von Braun (Verjüng. tab. 1) dargestellten völlig übereinstimmen. Die ersten Anfänge derselben habe ich bei dieser Species nicht beobachtet.

Mesotaen. violascens (VII, B) stimmt in seiner Copulation gleichfalls mit Braun's Beschreibung überein (s. VII B, 7—10). Es bewohnt diese Species ähnliche Orte wie die vorige, sie wächst zuweilen mit ihr zusammen.

Ihre Rasen zeichnen sich aus durch violettbraune Farbe; ihre Zellen, welche denen von M. Braunii in Vielem gleichen, durch mehr allmählich verschmälerte Enden, durch meist violette Farbe, und andere Structurverhältnisse.

Die Membran der Zellen ist völlig farblos, wie bei der vorigen Species. Sie umschliesst eine wandständige, an der innern Grenze ziemlich scharf umschriebene Plasmamasse, welche einen die Mitte der Zelle einnehmenden, von durchsichtiger Flüssigkeit erfüllten Raum umgibt. An der einen Seite dieses Mittelraums liegt eine Chlorophyllplatte, nahe an der innern Grenze des Plasma; an der gegenüber liegenden Seite zeigt das Wandplasma genau in der Mitte einen kleinen Ausschnitt, in welchem ein zarter Zellkern liegt (Fig. 1, 2). Je nach der Weite des Mittelraumes berührt dieser die Chlorophyllplatte, oder liegt von ihr entfernt, ihrem Mittelpuncte gegenüber. Der Mittelraum nimmt stets die wirkliche Mitte der Zelle ziemlich genau ein. Die Platte, welche seine eine Seite fast berührt, ist daher der einen Seite der Zelle stets etwas näher, als der andern. Dieselbe berührt niemals die Zellwand. Sie ist von einem sehr zarten, etwas unregelmässigen Contour umzogen, mitten oft so bedeutend angeschwollen, dass der Name Platte kaum mehr passt. In kürzeren Zellen ist sie fast kreisförmig, in ihrer Mitte ein kleiner, scharf gezogener, Kreis, ein Chlorophyllkorn, sichtbar das ich hier durch Jod nicht immer violett werden sah. Platte und Chlorophyllkorn sind in grösseren Zellen länglich, letzteres oft deutlich durch eine derbe Querlinie in Zwei getheilt (Fig. 3). In anderen Zellen erscheinen diese beiden weit auseinander gerückt, jede mitten in einer Hälfte der gleichfalls getheilten Platte liegend. Offenbar ist dies der Zustand, welcher der Zelltheilung vorausgeht, deren weitere Stadien den für M. Braunii beschriebenen gleich sind (Fig. 6). Eine Schichtung der Gallerte fand ich bei dieser Art nicht. Das feinkörnige Plasma zeigt bei vielen Exemplaren eine besonders an seiner innern Seite sehr intensive, schön violette Farbe. Manchmal ist sie blasser, zuweilen fand ich sie ausserordentlich diluirt, und ich glaube kaum zweifeln zu dürfen, dass eine Form mit ganz farblosem Plasma, aber sonst genau der gleichen Structur, die ich einigemal fand, zu der in Rede stehenden Species als farblose Varietät gehört.

Behandelt man intensiv violette Zellen mit diluirter Jodlösung, so bleiben sie zunächst unverändert. Nach 5 Minuten ist die violette Farbe verschwunden, um die Chlorophyllplatte statt des homogenen körnigen Plasma eine Menge grosser, schwach gelblicher Körner oder Tropfen vom Ansehen von Fetttropfen angesammelt, welche durch stärkere Jod- und Chlorzinkjodlösung gelbbraun werden. Zerdrückt man eine frische Zelle, so ist augenblicklich die violette Farbe des Plasma durchaus verschwunden. Den Grund dieses sonderbaren Verhaltens vermag ich nicht anzugeben.

Zellen von mehr länglich cylindrischer Form, einer meist homogenen, selten geschichteten Gallerte eingebettet, besitzt M. chlamydosporum (VII, D). Ihre Structur ist der eben beschriebenen sehr ähnlich. Innerhalb eines massigen Wandplasma liegt eine längliche Chlorophyllplatte, in der Mitte ihrer Fläche mit einer deutlichen, den Zellkern enthaltenden Vertiefung versehen (Fig. 1—7). Die Platte steht in der Regel gleichfalls der einen Seitenwand näher, als der andern. In erwachsenen Zellen sind ihr zwei gleichweit vom Mittelpunct entfernte Amylonkerne eingebettet, welche meistens erst durch Jod deutlich, vorher durch die dichte Masse grosser Körner verdeckt werden, die das Plasma enthält. Dieses ist entweder farblos, oder, in der Nähe der Chlorophyllplatte, durch ein braunviolettes, in Alkohol sich entfärbendes Pigment gleichförmig gefärbt. Die Zweitheilung der Zellen erfolgt wie bei den beiden beschriebenen Formen. Die Theilung der Chlorophyllplatte geht der Querwandbildung kurz vorher. Die Trennung der beiden Schwesterzellen erfolgt meist sehr auffallend durch Vorwölbung der zugekehrten Endflächen von einem Puncte des Randes aus nach dem entgegengesetzten (Fig. 4—6). Die beiden Zellen liegen daher zuletzt meist parallel dicht nebeneinander. Selten rücken die Zellen in gerader Linie auseinander; doch habe ich mehrfach, bei sehr lebhafter Theilung, eine grosse Anzahl jung gebildeter Zellen in fast gerade Reihen geordnet gefunden.

Bei Exemplaren mit sehr lebhafter Zelltheilung, besonders im Frühling, sind die Schwesterzellen oft paarweise von einem deutlich umschriebenen Gallerthof umschlossen, dessen Entwicklung eine andere, als die bei M. Braunii beschriebene ist. Wenn sich die beiden Schwesterzellen zu trennen anfangen, so erscheint zunächst um ihre einander zugekehrten Enden eine zarte, von der Seitenwand sich abhebende, aber nach den abgekehrten Enden hin in ihren Aussencontour übergehende Linie (Fig. 5). Später hebt sich von jedem abgekehrten Ende eine kurze, meist doppelt contourirte Kappe ab (Fig. 6), welche in die genannte, von der Wand der Zellen jetzt weit abstehende Linie übergeht. Das Zellenpaar ist somit in eine längliche Blase eingeschlossen deren derbhäutige Enden von den zwei Kappen, deren Seitenumgrenzung von jener zarten Linie gebildet werden. Zwischen dieser Blase und den Zellen befindet sich homogene Gallerte.

Die Endkappen heben sich ganz allmählich von den Zellenden ab und entsprechen in ihrem ganzen Ansehen der gewöhnlichen Membran einer Zelle. Die das Zellpaar umhüllende Blase ist daher die Membran der Mutterzelle, welche von den mit besonderen Häuten versehenen Tochterzellen durch zwischengelagerte Gallerte abgehoben wird. Sie wird zunächst in ihrer Mitte, allmählich auch nach den Enden hin, unter beträchtlicher Ausdehnung immer undeutlicher; bei älteren Zellen umgibt sie häufig noch das eine Ende als Kappe, während sie gegen das andere hin ganz allmählich in die homogene Gallerte verwischt erscheint (Fig. 2, 3, 4) und sich offenbar selbst in Gallerte verwandelt. Der Gallerte ist sonach im vorliegenden Fall eine zweifache Entstehung zuzuschreiben — durch Auflockerung der früher festen Membranen, und durch unmittelbare Ausscheidung zwischen eine äussere (Mutterhaut) und eine innere (Tochterzellhäute) Membranschicht.

Von der Copulation dieser Species habe ich gleichfalls nur vorgeschrittene Zustände beobachtet. Die jüngsten, welche ich fand, waren paarweise zusammengeflossene, durch einen breiten Verbindungscanal miteinander communicirende Zellen (Fig. 8). Der Inhalt dieser Doppelzellen ist grün gefärbt, dichtkörnig; ihre Membran der von vegetativen Zellen gleich. Uebergänge dieser Bildungen in Zygosporen von der Form eines stumpfkantigen, viereckigen Kissens finden sich im Herbste nicht selten (Fig. 9, 10). Zwei einander entgegengesetzte Seiten der letzteren stecken häufig, wenngleich nicht immer, in der weiten seitlichen Oeffnung je einer leeren Membran, welche die Form gewöhnlicher, an der der Oeffnung abgekehrten Seite etwas eingeknickter Zellen besitzt. Die Oeffnung selbst ist entweder von dem darin steckenden Theile ganz zugestopft, oder theilweise unausgefüllt (Fig. 11—13, 19); der freie Theil ihres Randes im letzteren Falle in eine zarte, im Umkreis der Spore in der Gallerte sich verlierende Linie ausgezogen. Letztere entspricht dem unvollständigen Umriss einer zarten, die Spore einschliessenden Blase.

Die leeren Häute sind entweder genau von dem Ansehen der Membran vegetirender Zellen, deutlich doppelt contourirt; oder, besonders um reifere Zygosporen stark aufgequollen, ihre Umrisse, besonders der äussere, oft sehr schwer zu erkennen (Fig. 19). Das ganze optische Verhalten zeigt, dass sie der umgebenden Gallerte fast gleich geworden sind. An ganz reifen Zygosporen sind sie gar nicht mehr wahrnehmbar, ohne Zweifel vollständig in Gallerte übergegangen, und mit der umgebenden zusammengeflossen.

An jugendlichen Copulationszuständen sieht man die leeren Schalen, wie angeführt wurde, niemals. Dieselben werden daher nicht mit dem Beginn des Copulationsprocesses, durch den Austritt und die Zusammenziehung des Primordialschlauches leer, wie bei Gonatozygon, Cosmarium, u. A., sondern sie liegen der jungen Zygospore innig an. Diese contrahirt sich auch späterhin nie derart, dass, wie bei Spirogyra, Gonatozygon ihre Oberfläche weit kleiner würde als die der beiden Mutterzellen zusammen. Schon der oberflächliche Anblick zeigt, dass ihr Flächeninhalt nur wenig von dem ihrer 2 Mutterzellen differiren kann, und aus dem Resultate der Messungen lässt sich leicht berechnen, dass die Oberfläche der Zygospore zu der des Mutterzellpaares sich mindestens verhält wie 4:5, während beide in den meisten Fällen ohngefähr gleich sind, nach der Copulation also eine Formveränderung, aber kaum eine Verkleinerung des Copulationsproductes stattfindet.

Die von dem letztern abstehenden leeren Häute müssen daher später von demselben abgehoben werden durch eine zwischen ihrer Innenseite und der Sporenoberfläche stattfindende Gallertbildung, von der unentschieden bleiben muss, ob sie einer Auflockerung der Membranschichten oder einer Ausscheidung durch letztere hindurch ihr Dasein verdankt.

Die Zygosporen selbst besitzen zunächst eine derbe, farblose Membran, angefüllt mit grün gefärbtem, am Rande blasserm oder bräunlichem, feinkörnigem Inhalt (Fig. 9—11). Später löst sich der Primordialschlauch, welcher diesen umgibt, von der Wandung ab, und zieht sich nach der Mitte hin zu einer kugligen oder unregelmässig polygonalen Gestalt zusammen (Fig. 13, 14, 19). Man erkennt nun, dass sich innen um die farblose Aussenhaut eine zweite, ziemlich dünne Schicht abgelagert hat, welche meist durch zahlreiche kleine Vorragungen auf ihrer Innenfläche ein körniges Ansehen erhält (Fig. 14, 19). Selten ist sie glatt. Diese zweite Membranschicht nimmt nach und nach eine, bei verschiedenen Individuen verschieden intensive gelbbraune Farbe an. Gemeinsam mit der Aussenmembran umschliesst sie als ein weiter Sack oder Mantel die zusammengezogene Primordialzelle, welche sich mittlerweile durch Ausscheidung einer derben gelblichbraunen Haut zu einer festen Innenzelle, der eigentlichen Fortpflanzungszelle, abgeschlossen hat. In dem Inhalt der letztern verschwindet alsbald das Chlorophyll und Amylon, um durch zahlreiche wandständige Fettkörnchen ersetzt zu werden (Fig. 15—18). Keine von den Membranen zeigt in irgend einem Alterszustand deutliche Cellulosereaction. Die beiden Schichten des Mantels liegen einander anfangs überall fest an. Später löst sich die innere, braune an immer mehr Stellen von der äussern ab, und zieht sich so allmählich um die Innenzelle zu einem braunen, unregelmässig gerunzelten Sacke susammen. Die äussere, derbe, farblose Schicht bleibt dabei anscheinend unverändert (Fig. 19). Die Ursache gedachter Trennung der Schichten ist wahrscheinlich wiederum Ablagerung von Gallerte zwischen beide; der Ursprung der letztern nicht mit Sicherheit anzugeben.

Im Herbst gereifte Zygosporen keimten, bei Exemplaren, welche auf ihrem natürlichen Boden den Winter über in einem kalten Gewächshaus standen, von Ende Januar bis Ende Mai. Den ersten Beginn der Keimung verräth eine feinkörnige Beschaffenheit und anscheinend homogen-grünliche Färbung des Inhalts. Bald erscheint dieser deutlich in vier Abtheilungen getheilt, deren jede, von einer besonderen Membran umgeben, eine Tochterzelle darstellt. Die vier Tochterzellen sind in eine Ebene (Fig. 20, 21) oder nach den Ecken eines Tetraeders (Fig. 22, 23) geordnet. Sie berühren einander innig und erscheinen an den Berührungsflächen abgeplattet. Noch innerhalb der Sporenhaut sammelt sich zuletzt der gefärbte Inhalt einer jeden zu einem grünen, axilen Längsband, umgeben von farblosem feinkörnigem Plasma an. Ohngeachtet der aufmerksamsten Durchmusterung eines sehr reichlichen Materials fand ich immer nur ungetheilte Zellen und solche mit vollendeter Viertheilung. Die letztere scheint daher mit einem Male, nicht durch wiederholte Zweitheilung zu erfolgen.

Die Ausdehnung der wachsenden Tochterzellen sprengt zuletzt die umgebende, aus der eigenen Membran der Innenzelle und der collabirten inneren Schicht des Mantels bestehende braune Haut. Aus dem klaffenden, tiefen Spalte tritt die zunächst liegende Zelle hervor, wie die 3 anderen sofort die eiförmig-cylindrische Gestalt der erwachsenen Zellen annehmend (Fig. 24—26). Die farblose Mantelhaut wird, da wo die vortretenden Zellen sie berühren, gedehnt, allmählich dünner, zuletzt meistens erweicht und unkenntlich. Seltener sah ich sie zu einer weiten, höchst zart umschriebenen Blase ausgedehnt, die schon ausgetretenen Zellen einschliessen (Fig. 27, 28), noch seltener gleich der braunen Membran durch einen Riss geöffnet (Fig. 22).

Die jungen Zellen rücken nacheinander langsam, ohne eine lebhaftere Bewegung, aus den umgebenden Häuten hervor. Erst einige Wochen, nachdem die Keimungen begonnen, findet man einzelne der letzteren gänzlich entleert. In ihrer Nähe liegen bleibend, nehmen die jungen Zellen allmählich die Dimensionen erwachsener an, denen sie anfänglich in der Structur wesentlich gleich sind, an Grösse aber beträchtlich nachstehen (vrgl. Fig. 24—29). Bald vermehren sie sich wie jene durch fortwährend in gleicher Richtung wiederholte Quertheilungen.

Eine Gallertausscheidung ist um die jugendlichen Zellen schon sehr deutlich wahrzunehmen.

Isolirt man eine in Wasser liegende geöffnete und theilweise entleerte Zygospore, so haften ihr die ausgetretenen Tochterzellen, auch wenn eine umhüllende Blase nicht vorhanden ist, so fest an, dass oft längeres Zerren und Drücken nöthig ist, um sie abzulösen. Die Gallertausscheidung ist ohne Zweifel Hauptursache der Austretens der Zellen aus der Sporenhaut.

b. Cylindrocystis. C. Brébissonii (VII, E) ist von den bisher betrachteten Palmogloea-Formen durch die Structur ihres Zellinhalts sehr verschieden. Ihre Zellen werden durch eine ziemlich weiche, dünne Gallerte zusammengehalten. In der Jugend sind sie ohngefähr doppelt so lang als breit; ihre Form ähnlich der von Mesot. Braunii. Bei den meisten erscheint die weiche, farblose Membran von einer dicht körnigen grünen Inhaltsmasse vollständig angefüllt (Fig. 1—4). Innerhalb dieser ist ein centraler, kreisförmiger oder viereckiger heller Fleck, und neben diesem beiderseits ein rundlicher dunkelgrüner Körper zu unterscheiden. Chlorophyllarme Zellen zeigen eine den Zygnemen sehr ähnliche Inhaltsstructur (Fig. 6). Der ebengenannte helle Fleck ist eine Vacuole, in deren Mitte ein kleiner, oft Schleimfäden nach ihrer Peripherie sendender Zellkern liegt. An die Vacuole grenzt jederseits ein in der Längsaxe der Zelle liegender, runder oder länglicher Amylonkern, umgeben von einer chlorophyllhaltigen meist körnigen Protoplasmamasse, welche nach allen Richtungen hin in zahlreiche, lineare oder plattenförmige, strahlig zur Zellwand verlaufende Streifchen getheilt ist. Auch in den chlorophyllreicheren Zellen ist eine solche Structur bei genauer Betrachtung meist zu erkennen; jedoch weniger deutlich, wegen der ausserordentlich vermehrten Anzahl der Streifchen und der zwischen ihnen abgelagerten körnigen Plasmamassen.

Die Zellen erreichen bevor sie sich theilen die drei- bis vierfache Länge ihres Querdurchmessers. Mit ihrer Streckung wachsen zugleich die beiden axilen Amylonkerne zu länglich-cylindrischen Körpern aus (Fig. 2). Zuletzt sieht man sie in der Mitte tiefer und tiefer eingeschnürt, endlich einen jeden in zwei Hälften getheilt (Fig. 3, 4). Die Theilung erfolgt meistens, doch nicht immer in beiden gleichzeitig. Zwischen den auseinanderrückenden Hälften eines jeden erscheint bald ein kreisförmiger heller Raum, anfangs undeutlich, bald scharf umgrenzt; in seiner Mitte tritt endlich ein Zellkern auf (Fig. 5, 6). Der ursprüngliche Kern der Zelle sammt seiner Vacuole ist bei der Bildung der beiden secundären noch deutlich vorhanden; später verschwindet er, und die Zelle wird in der Mitte durch eine zarte, ebene Querwand getheilt (Fig. 7). Die beiden Tochterzellen weichen auseinander, in der Weise wie es für die Mesotaenien angegeben wurde.

Die Copulation zeigen vorzugsweise kleinere, offenbar vor kurzem erst durch Theilung einer Mutterzelle entstandene Zellen. Dieselben liegen paarweise, parallel oder gekreuzt nebeneinander; eine jede treibt eine kurze, farblose Ausstülpung aus der Mitte der Seitenwand gegen eine gleiche der andern hin. Beide berühren sich, um bald, nach Resorption der Membran, das Paar zu einer H förmigen Doppelzelle zu verbinden (Fig. 8). Das Anfangs sehr schmale verbindende Mittelstück dehnt sich besonders nach oben und unten mehr und mehr aus, bis zuletzt die Doppelzelle die Form eines stumpf-viereckigen Kissens angenommen hat (Fig. 9, 10). Zwei gegenüberliegende Kanten dieses entsprechen den einander abgekehrten etwas nach Innen gebogenen Seitenwänden der 2 Zellen; die beiden anderen dem obern und untern Rande des erweiterten Mittelstückes. Die Länge des ersten Kantenpaares ist der ursprünglichen Länge der copulirenden Zellen gleich; die des zweiten Paares (die Breite des ganzen Körpers) meist etwas grösser. Die Dicke der Doppelzelle übertrifft in der Mitte den Querdurchmesser nichtcopulirter Zellen beträchtlich, nimmt jedoch nach den Rändern hin bedeutend ab. Jene besitzt somit einen gleichen oder etwas grössern Umfang, als der der beiden copulirenden Zellen zusammen vor der Vereinigung betrug.

Der grüngefärbte Inhalt der Doppelzelle behält zunächst seine ursprüngliche Beschaffenheit; die vier Amylonkerne stehen noch ohngefähr an der gleichen Stelle wie vor der Copulation, in gleichen Abständen von den 4 Ecken. Eine grosse kreisförmige Vacuole in welcher oft deutlich zwei Zellkerne zu erkennen sind, nimmt die Mitte der ganzen Doppelzelle ein. Alle jüngeren Copulationsproducte sind überall mit einer mässig dicken Membran umgeben, in welcher ich, zu der Zeit wo ich die in Rede stehenden Processe untersuchte, mit meinen optischen Hülfsmitteln keine scharf von einander abgegrenzten

Schichten erkennen konnte. In späteren Zuständen sieht man deutlich die Zygospore mit einer besondern Membran umgeben, von welcher sich die leeren Schalen ihrer zwei Mutterzellen, zunächst an den Ecken, dann immer weiter an den zwei entsprechenden Kanten abheben (Fig. 11—13). Die Zygospore hat sich dabei nur wenig zusammengezogen, so dass die Abhebung der Häute zum Theil wenigstens einer Ausscheidung von Gallerte zwischen ihre Membran und die der Mutterzellen zuzuschreiben ist.

Die Zygospore behält häufig die Gestalt eines 4eckigen Kissens bei, und geht so in den Ruhezustand über. Ihre Membran wird sehr derb, zunächst farblos bleibend und deutliche Cellulosereaction zeigend; später tritt innen von der Cellulosemembran eine zweite, braune, mit sehr feinen Rauhigkeiten auf der Aussenfläche versehene Haut auf (vrgl. Fig. 17, 18, 22). Eine dritte, Innenhaut, habe ich nicht gesehen. Der Inhalt wird nach und nach blasser, zuletzt farblos, homogen-körnig. Doch geschieht seine Umwandlung sehr langsam, denn in schon dunkelbraun gefärbten Sporen (Fig. 17) findet man häufig noch die vier Amylonkerne in ihrer ursprünglichen Anordnung, die centrale, kleiner gewordene Vacuole, und selbst Andeutung zweier oder eines Zellkerns in derselben. Die leeren Häute sind um die reife Zygospore nicht mehr zu erkennen. —

In anderen Fällen bleibt die junge Zygospore nicht in den halb abgestreiften Schalen stecken, sondern tritt aus einer, den Copulationsfortsätzen entsprechenden Oeffnung aus, und zieht sich, frei zwischen ihnen liegend, zu einer kugligen oder unregelmässig-polyedrischen Form zusammen (Fig. 14, 16). In diesem Zustand ist sie zunächst von einer zarten Membran umgeben; der Inhalt contrahirt sich bald nochmals und umgibt sich mit einer neuen Haut, welche von der erstvorhandenen als einem zarten, unregelmässig-collabirten Sacke umschlossen wird (Fig. 14, 15). Die weiteren Veränderungen entsprechen den für die andere Form beschriebenen vollkommen.

Der Austritt der kugligen Zygosporen erfolgt wahrscheinlich sehr plötzlich; ihn direct zu beobachten ist nie gelungen. Dagegen zeigen solche, welche während des Austretens aus den Mutterzellhäuten abgestorben sind, oder auch gesunde, von denen ein Stück in einer Mutterzellhaut als schlauchförmige Ausstülpung stecken geblieben ist (Fig. 16a), dass das Austreten der Copulationsproducte in derselben Weise erfolgt, wie der bei Genicularia beschriebene, bei Cosmarium unten anzuführende Austritt der Primordialschläuche. Die ausgetretenen Zygosporen liegen meist in einer weiten Gallertblase, deren sehr zarter Umriss in den Innencontour der Schalen übergeht (Fig. 14, 16).

Die Copulationsvorgänge bei Cylindrocystis Brébissonii und Mesot. chlamydosporum stimmen nach dem Mitgetheilten im Wesentlichen überein. Die Doppelzelle, Zygospore, welche aus der Vereinigung der copulirenden Zellen entstanden ist, nimmt, von den noch anschliessenden Mutterzellhäuten umgeben, eine stumpf viereckige Form an, umgibt sich später mit einer eigenen Haut, von welcher die Mutterzellschalen durch ausgeschiedene Gallerte abgehoben werden. Letztere lösen sich selbst zuletzt in Gallerte auf. Den Formveränderungen und Contractionen der Zygospore folgt ihre, sonach dehnbare und elastische eigene Haut.

Die Fälle, in denen bei Cylind. Brébissonii die junge Zygospore von einer zarten (oder keiner?) eigenen Zellmembran umgeben, die Mutterzellhäute verlässt, und sich innerhalb einer in dieselben übergehenden Gallertblase zur Kugel zusammenzieht, schliessen die Fructification der in Rede stehenden Formen eng an die Copulationsvorgänge von Cosmarium, Staurastrum, Closterium an.

Die Copulation von Mes. Braunii und violascens gleicht in den Anfangszuständen der von M. chlamydosporum (VII, B, 7—10). Den Zygosporen jener fehlt jedoch, soweit bis jetzt beobachtet, die braune derbe Membranschicht, und ferner findet, wie schon aus Braun's Beschreibung der Copulation von Palmogloea hervorgeht, eine Abhebung ihrer leeren Mutterzellhäute nicht statt. Der Analogie mit M. chlamydosporum nach, ist anzunehmen, dass jene Mutterzellhäute auch von der Zygospore abgelegt, aber sofort in Gallerte umgewandelt, und daher der Beobachtung entzogen werden. Uebrigens ist die Copulation dieser Arten auch ohne diese Annahme durch die Zwischenformen von M. chlamydosporum und Cylind. Brébissonii an die bei den anerkannten Desmidieen, wie Cosmarium u. s. w. stattfindende angeschlossen.

Den beiden Entwicklungsweisen entsprechend, haben die reifen Zygosporen von Cylindrocystis theils unregelmässig-sphäroide, theils viereckig-kissenförmige Gestalt. Die Keimung erfolgt bei beiden gleichartig, und in derselben Weise wie bei Mes. chlamydosporum. In dem Inhalt erscheint allmählich wieder Chlorophyll, und alsbald findet man innerhalb der braunen Haut vier Tochterzellen (Fig. 18, 19, 20), welche zuletzt aus einem weit klaffenden Riss der letztern langsam und nacheinander austreten (Fig. 21, 22). Es findet dabei, wie bei der oben beschriebenen Species Gallertausscheidung statt. Die jungen Zellen haben die Gestalt erwachsener, stehen diesen jedoch an Grösse nach. In ihrer Mitte ist, noch ehe sie die Sporenhaut freiwillig verlassen, ein Kern, beiderseits von diesem je ein Amylonkern vorhanden; um letztere erscheint anfangs formlose, blasse Chlorophyllmasse, welche die Form strahlig geordneter um die Amylonkerne zusammengeflossener Läppchen und Plättchen annimmt, wie in den erwachsenen Zellen (Fig. 22). Die ganze Zelle nimmt an Grösse und Intensität der Färbung beträchtlich zu und wächst und theilt sich später in der oben beschriebenen Weise.

Eine Pflanze, welche sich durch Zellenform und Inhaltsstructur an Cylindrocystis anschliesst — Cyl. crassa (VII, C) — stelle ich etwas zweifelhaft hierher, da sie in einem wesentlichen Puncte von der besprochenen Art abweicht.

Sie bewohnt, meist gesellig mit Mes. Braunii und violascens, Moospolster an feuchten Gneissfelsen des Schwarzwaldes, und bildet grüne, feinkörnige Gallertlager, welche unter dem Mikroskop häufig eine Eintheilung in Loculamente für eine, oder zwei Zellen, oder mehrere Zellenpaare zeigen. Die Zellen selbst sind sehr gross (bis $^1/_{50}$''' lang), breit-eiförmig-cylindrisch. Innerhalb der derben farblosen Membran findet sich ein Inhalt von analoger Structur, wie bei C. Brébissonii. Bei exquisiten Exemplaren (Fig. 3, a, b) sieht man in der Mitte eine kleine kuglige Vacuole mit dem Zellkern; neben diesem zwei grosse Amylonkerne, von denen aus viele Chlorophyllstreifchen strahlig nach allen Seiten divergiren. Aller übrige Raum der Zelle ist von einem Plasma erfüllt, welches selten farblos, meist violettbraun gefärbt ist, und die angegebene Structur des Inhalts nur in der Minderzahl von Fällen deutlich erkennen lässt, wo es wenige Körnchen enthält. Meist ist eine so grosse Körnermenge vorhanden, dass die Chlorophyllstrahlen wenig deutlich, die centrale Vacuole nur als ein hell durchschimmernder Fleck erkennbar, die ganze Zelle ausserordentlich dunkel gefärbt ist (Fig. 1, 2, 4—10).

Die Zellen theilen sich, wenn sie ohngefähr doppelt so lang als breit sind. Eine anfangs einfache zarte Querwand trennt sie in zwei Hälften, welche sich bald in der gleichen Weise, wie bei den verwandten Formen, von einander entfernen. Mit der Trennung beider wird die Mutterzellhaut in derselben Weise, wie bei M. chlamydosporum abgehoben und gallertig aufgelockert (Fig. 4—8).

Die Theilung der Amylonkerne und Bildung zweier neuer Cytoblasten sah ich nie in ungetheilten Zellen: häufig dagegen in solchen, wo die Querwand ganz zart, offenbar eben entstanden war. In anderen dieser Art enthält jede Tochterzelle nur einen ungetheilten Amylonkern, dabei aber eine deutliche, den Zellkern einschliessende oder dafür bestimmte Vacuole. Diese Kernvacuole liegt, wo der Zusammenhang beider Tochterzellen noch ein ganz fester ist, an der der Querwand zugekehrten (innern) Seite des Amylonkerns (Fig. 4, 7). Späterhin streckt und theilt sich dieser wie bei Cyl. Brébissonii, die Kernvacuole tritt zwischen seine beiden Hälften. Nach der Richtung, in welcher diese auseinanderrücken, erfolgt das Längenwachsthum der Zelle. Senkrecht auf die Linie, welche diesem entspricht, stellt sich dann später die Theilungswand. Man findet nun junge von der Mutterzellhaut noch festumschlossene Zellenpaare deren vier Amylonkerne in der die Querwand rechtwinklig schneidenden Längsaxe der Mutterzelle liegen. Die häufig noch ebene oder in zwei schwach gewölbte Platten getheilte Querwand zeigt deutlich, dass solche Zellen noch ihre ursprüngliche Lage haben. Die Richtung in welche sich solche Zellen theilen, wird daher der der Mutterzelle parallel sein, wie dies bei den verwandten Formen stets der Fall ist. In ebenso zahlreichen Fällen aber fanden sich die zwei Amylonkerne einer jeden Tochterzelle in einer zur Längsaxe der Mutterzelle rechtwinkligen Richtung auseinandergerückt, die beiden Zellen nach dieser Richtung vorzugsweise ausgedehnt. Bei ihrer Theilung würde also die Querwand rechtwinklig zu der ihre Mutterzelle halbirenden zu stehen kommen, und eine Wiederholung dieser Verhältnisse eine Theilung der verschiedenen Zellengenerationen nach zwei abwechselnd zu einander rechtwinkligen Richtungen darstellen. Ob eine solche in der That neben den unzweifelhaft in anderen Fällen in gleicher Richtung sich wiederholenden Theilungen vorkömmt, ist nicht mit vollständiger Sicherheit zu enscheiden gewesen, da die Zellen, welche sie vermuthen lassen, niemals bei noch ganz ebener

Querwand schon eine Theilung des Amylonkerns zeigten. Ihre einander zugekehrten Flächen wölbten sich stets gegeneinander, während der Amylonkern noch ungetheilt war. Die Möglichkeit einer Verschiebung aus der ursprünglichen Lage war daher nicht ausgeschlossen, selbst wo die Mutterzellmembran noch eng um beide herumging. Doch wird durch die mitgetheilten Beobachtungen das Vorkommen von zweierlei abwechselnden Theilungsrichtungen in hohem Grade wahrscheinlich. Die in Rede stehende Species ist dadurch von den bisher besprochenen wesentlich unterschieden, während sie in der Inhaltsstructur mit Cylindrocystis genau übereinstimmt, und Copulationsanfänge (Fig. 11, 12) beobachten liess, welche denen von Mesotaen. Braunii und violascens völlig entsprechen.

8. Desmidieen.

Den bisher beschriebenen Gewächsen, zumal den in den beiden letzten Paragraphen behandelten Gattungen schliessen sich, durch Bau, Wachsthum und Fortpflanzung die anerkannten Desmidieen aufs engste an. Die oft sehr eigenthümliche Gestalt und beträchtliche Grösse ihrer Zellen hat auf diese formenreiche Gruppe schon seit lange die Aufmerksamkeit der Zoologen und Botaniker gerichtet, so dass dieselbe, zumal durch die Arbeiten von Ralfs*) und Nägeli**) eine der bestgekannten Abtheilungen der Algen geworden ist.

Die Gestalt der Zellen ist bekanntlich eine sehr mannigfaltige; von den einfach-cylindrischen und spindeligen Formen bis zu solchen, deren Umrisse in complicirtester Weise und streng symmetrisch ausgebuchtet, gelappt und gezähnt sind, alle erdenklichen Uebergänge vorhanden — so jedoch, dass einer jeden Species stets ihre scharf characterisirte Form zukommt.

In den meisten Fällen ist jede Zelle durch eine transversale Einschnürung in zwei symmetrische Hälften getheilt; die Einschürung selbst entweder eine seichte ringförmige Furche, oder so tief einspringend und eng, dass sie ältere Beobachter veranlassen konnte, die einzelne Zelle für einen aus zwei Individuen gebildeten Zwillingskörper zu halten.

Die Zellen leben von einander getrennt (freizellig) oder, den Zygnemen ähnlich, zu Fäden reihenweise verbunden. Sie sind von einer Cellulosemembran umgeben, welche bei den verschiedenen Formen verschiedene Consistenz besitzt, und in einzelnen Fällen (bei den grösseren Closterien, z. B. Cl. Lunula) reich an eingelagerter anorganischer Substanz — wahrscheinlich Kieselsäure — ist. Glüht man Zellen von Cl. Lunula vorsichtig, so bleibt häufig ein höchst dünnes, runzliges, farbloses Häutchen von der ursprünglichen Form der Zelle zurück, dessen nähere Analyse bei seiner ausserordentlichen Zartheit nicht möglich ist.

Wie besonders von Ralfs ausdrücklich hervorgehoben wird, ist die Zellhaut aller Desmidiaceen von Gallerte umgeben, welche entweder als eine wohlumschriebene Scheide, von dem für die Hüllhaut von Spirogyra, Zygnema beschriebenen Bau, die Oberfläche überzieht, oder weich, ohne deutliche Umgrenzung, um einzelne Zellen nur sehr schwer nachweisbar ist. Zellen, welche in grösserer Menge beisammen leben, werden dagegen durch sie, ähnlich denen von Mesotaenium, zu Gallertstöcken vereinigt. Ralfs und A. Braun führen schon Tetmemorus, Cosmarium curtum als Beispiele hiefür an; das nämliche fand ich bei Closterium (lanceolatum, Lunula, acerosum) Cosmarium (Botrytis, Meneghinianum, notabile) Staurastrum orbiculare, und es wird ohne Zweifel fast allen Arten unter günstigen Umständen das gleiche Verhalten zukommen.

Die Gallerte umgibt, mit Ausnahme des unten näher zu beschreibenden Sphaerozosma, bei reihenweise verbundenen Zellen nur die Seitenflächen; die Verbindung selbst kommt durch festes Aneinanderhaften der ebenen Endflächen zu Stande. Wo jedoch eine Endfläche zufällig frei gelegt ist, findet auch auf ihrer Aussenseite eine Gallertausscheidung statt, so dass die gelatinöse Scheide gleichmässig um die ganze Zellreihe herumgeht (Ralfs, tab. 1 u. 2).

*) Ralfs, The British Desmidieae, London 1848.

**) Nägeli, Gattungen einzelliger Algen, Zürich 1849. Die älteren Arbeiten sind theils bei Ralfs, theils in Kützing's Species algarum, und Ehrenbergs grossem Infusorienwerke ausführlich genug citirt, um hier nicht wiederholt aufgeführt werden zu müssen.

Ein zarter, der Membran innig angeschmiegter Primordialschlauch umgibt den Zellinhalt. Er erscheint in manchen Fällen deutlich als eine homogene, glashelle, stickstoffreiche Haut (z. B. bei den kleineren Closterien, V, 13, 14) meistens verleiht ihm dagegen eine, seiner Innenfläche aufgelagerte Plasmaschicht ein fein granulirtes Ansehen.

In der wandständigen Plasmaschicht wurde schon von vielen früheren Beobachtern*) eine durch die Ortsveränderung der Körnchen deutlich werdende Bewegung wahrgenommen, und als Rotation, Circulation, neuerdings von Nägeli**) mit ähnlichen anderwärts vorkommenden Erscheinungen als Glitschbewegung bezeichnet.

Dieselbe ist besonders bei grösseren Closterien, Micrasterias, u. s. w. deutlich, und wurde von mir vorzugsweise an Clost. Lunula und Tetmemorus granulatus näher untersucht. Sie findet sich am auffallendsten, wenn die Zellen in sehr lebhafter Vegetation und Theilung begriffen sind. Solche Zellen besitzen meist eine sehr mächtige Plasmaschicht, welche, bei Einstellung des Längsschnittes, als farbloser, zumal an den Zellenden sehr breiter, fein granulirter Saum den Chlorophyllinhalt umzieht. Die kleinen Körnchen der Schicht werden sehr schnell in zahlreichen kleinen Strömchen hin und her bewegt; diese verlaufen in stetem Wechsel bald von der Mitte der Zelle nach den Enden, bald in umgekehrter Richtung, unregelmässig an einander und an ruhig liegenden Körnchen vorbei gleitend. Findet an dem einen eingestellten Seitenrande der Zellhälfte eine Strömung nach dem Zellende hin, an dem andern eine von diesem ab- nach der Mitte gehende statt, so scheint auf den ersten Anblick eine den Charenzellen analoge Rotation vorhanden zu sein; bei anhaltender Betrachtung sieht man jedoch stets die Bewegung in verschiedener Weise umsetzen.

Wo das Plasma in reichlicher Menge angehäuft ist, erkennt man aufs deutlichste, wie die Strömungen in der ganzen Masse, nicht etwa nur in einer an den Primordialschlauch oder an den wässrigen Zellinhalt grenzenden Schicht desselben stattfinden. Besonders eignen sich zu dieser Beobachtung die Zellenden von Clost. Lunula. In denselben ist ferner, wenn die Strömungen vorzugsweise nach den Enden hin laufen, eine Massenzunahme des dort angesammelten Plasma, und eine sehr bedeutende Verkleinerung der blasenförmigen, grössere tanzende Körperchen enthaltende Vacuole wahrzunehmen; während diese sich erweitert, und die sie umgebende Plasmaschicht an Dicke abnimmt, sobald die meisten Ströme nach der Mitte der Zelle zurückkehren. Ungleiches Zu- und Abströmen auf verschiedenen Seiten hat unregelmässige, allseits gleichmässige Strömungen haben genau symmetrische Form- und Grössenveränderungen der Vacuole zur Folge.

Man ersieht hieraus, dass die beobachteten Strömungen in einer beständigen Bewegung der ganzen körnigen Plasmamasse ihren Grund haben, welche nach verschiedenen Puncten hin abwechselnd sich anhäuft und wieder zurückfliesst. Ob dabei der Wechsel der Stromrichtungen in der That ein so unregelmässiger ist, wie es bei Beobachtung des Randes einer horizontal liegenden Zelle den Anschein hat, oder ob nicht vielmehr eine um den ganzen Umfang der Zelle regelmässig fortschreitende Aufeinanderfolge stattfindet, war, bei der Undurchsichtigkeit des Chlorophyllinhalts, bis jetzt nicht zu entscheiden.

Nach dem angeführten wird man ähnliche Strömungen, die in plasmaarmen Zellen auf der Innenfläche des Primordialschlauches vorkommen, und durch die Fortbewegung nur einer einfachen Schicht oder Reihe von Körnchen angezeigt werden, gleichfalls als Bewegungen einer, wenn auch hier sehr dünnen Plasmaschicht zu betrachten haben. Das ganze Phänomen und somit wenigstens ein grosser Theil der Glitschbewegungen Nägeli's, gehört ohne Zweifel in die Classe der so überaus verbreiteten selbstständigen Plasmabewegungen.

So wenig, wie für diese überhaupt, ist uns für die in Rede stehenden die Ursache bekannt. Die vielfach ausgesprochene Behauptung, dass die Körnchen durch schwingende Cilien bewegt werden, scheint mir durchaus grundlos. Dass solche Cilien nicht auf der Innenfläche des „Panzers", d. h. der

---

*) S. Meyen, Pflanzenphysiol. II, p. 249; Lobarzewski, in Linnaea 1840, p. 178; Ralfs, l. c.

**) Pflanzenphysiol Untersuchungen, Heft I, p. 49.

Celluloschaut sitzen, wie Focke*) annimmt, lässt sich leicht nachweisen, da man zuweilen den Primordialschlauch und das Plasma weit von der Zellhaut entfernen kann, ohne die Bewegung zu stören. Legt man Zellen von Tetmemorus granulatus in sehr schwache Zuckerlösung, und lässt diese allmählich durch Verdunstung des Wassers grössere Concentration annehmen, so zieht sich der Primordialschlauch regelmässig nach der Mitte hin zusammen. Die Bewegung im Plasma bleibt deutlich, bis der Primordialschlauch den Chlorophyllinhalt berührt, und somit die ganze Plasmaschicht unsichtbar wird. Sie tritt wieder ein, sobald man den Schlauch durch Wasseraufnahme sich wieder expandiren lässt; das Experiment kann, bei einiger Vorsicht, an derselben Zelle mehrmals mit gleichem Erfolg angestellt werden.

Ebensowenig ist nach dem Angeführten irgendwie anzunehmen, dass Cilien auf der Innenfläche des Primordialschlauchs, oder gar auf der innern Grenze der Plasmaschicht sitzen, wie dies Osborne**) behauptet und sogar abbildet. Die ganze Annahme und vermeintliche Auffindung der Cilien ist offenbar durch die Aehnlichkeit veranlasst, welche die beschriebenen Strömungen mit den auf thierischen Flimmerepithelien wahrnehmbaren besitzen. Diese Aehnlichkeit ist in der That eine sehr schwache, da die Schwingung der Cilien und die Strömung, die sie hervorrufen in unwandelbar gleicher Richtung erfolgt, die Ströme in den Desmidieenzellen aber fortwährend wechseln. Dass aber beim Aufsuchen von Cilien solche oft da zu sein scheinen, beruht auf einer sehr einfachen optischen Täuschung. Ströme nämlich, welche über oder unter der gerade scharf eingestellten Ebene verlaufen, erscheinen natürlich undeutlich und geben oft aufs Täuschendste das Bild einer wogenden Flimmeroberfläche. Die vermeintlichen Cilien lösen sich aber stets in die einzelnen Körner eines Strömchens auf, sobald man jene Fläche durch schärfere Einstellung deutlich zu machen sucht.

Ein Zellkern, von der für Spirogyra, Zygnema beschriebenen Structur, nimmt die Mitte der Desmidieenzelle ein, und ist hier in den meisten Fällen leicht deutlich zu machen.

Alle Desmidieen sind durch Chlorophyll grün gefärbt, und zwar ist der Farbstoff an bestimmt geformte Körper gebunden, welche den in den früheren Abschnitten beschriebenen Gattungen völlig entsprechen, deren specielle Form und Structur jedoch für die einzelnen Genera und Species der Desmidieen höchst characteristisch ist.

Wandständige Chlorophyllbinden, in Bau und Stellung den bei Spirogyra, Sirogonium u. s. w. beschriebenen vollkommen gleich, finden sich bei Pleurotaenium (V, 31, 33) und Spirotaenia (V, 12; VII, F). Dort als gerade, der Längsaxe der Zelle parallele, entweder continuirlich von einem Ende zum andern, oder nur bis zur Mitteleinschnürung verlaufende Bänder; bei Spirotaenia spiralig, und zwar, wie A. Braun***) zuerst angegeben, stets links gewunden.

Alle übrigen Gattungen haben axile Chlorophyllkörper.

Bei Micrasterias liegt, im einfachsten Falle, in der Mitte jeder Zellhälfte eine ziemlich dicke Chlorophyllplatte, von dem gleichen Bau wie bei den Mesocarpeen, Mesotaenien, u. s. f. Ihre Fläche ist der breiten Seitenwand der platt zusammengedrückten Zelle, ihr Rand dem scharfen Rand der Zelle zugekehrt und, letzterm entsprechend, lappig eingeschnitten. Der Rand der Platte reicht entweder bis zur Zellwand, und ist dann an den Berührungsstellen oft umgekrempt, oder er ist von jener durch einen farblosen Zwischenraum getrennt. Bei den grösseren Species sind der Platte zahlreiche, bei den kleineren wenige Amylonkerne ordnungslos eingelagert.

Häufig ist die Form des Chlorophyllkörpers minder einfach, indem einer jeden Platte beiderseits zwei schmälere, längs der Seitenränder des Mittellappens der Zelle verlaufende, nach der Zellwand hin gegeneinander geneigte Leisten senkrecht aufgesetzt sind. In der breiten Seitenansicht der Zelle erscheinen diese (von ihren Rändern aus gesehen) als dunkelgrüne, auf der hellern Hauptplatte an der bezeichneten Stelle verlaufende Längsstreifen. Im Querprofil der Zelle, welches alle Chlorophyllplatten

*) Physiol. Studien, I, 54.

**) Quarterly Journal of microsc. science, VIII, p. 234. Ibid. IX, p. 54. Auch Western, ibid. Nr. XIII, p. 84.

***) S. Bot. Zeitung 1856, p. 46.

vom Rande aus betrachten lässt, erscheint die Hauptplatte als grosser grüner Streifen, von dem aus jederseits ein Paar kürzerer absteht.

Die grösseren Species: M. denticulata, rotata, apiculata, besitzen ohngefähr gleich häufig eine einfache Chlorophyllplatte oder den sechsstrahligen Körper in jeder Zellhälfte. Bei M. crux melitensis fand ich nur die letztgenannte Structur.

Alle übrigen Gattungen besitzen stets mehrstrahlige Chlorophyllkörper, bestehend aus einer Anzahl grün gefärbter Platten, welche, in einem in oder neben der Längsaxe der Zelle gelegenen Mittelstücke vereinigt, radial nach der Zellwand hin verlaufen. Ihre specielle Form und Zusammensetzung ist nach den Gattungen und Arten verschieden; ebenso ihre Zahl, indem entweder alle Platten einer Zellhälfte durch ein Mittelstück zu einem Körper vereinigt, oder mehrere, neben der Mitte gelegene Körper vorhanden sind.

In Zellen mit ohngefähr kugligen oder halbkugligen Hälften verlaufen die Chlorophyllplatten in Form von zahlreichen schmalen Streifchen und Bändchen in der Richtung von Kugelradien zur Peripherie, und zwar entweder in jeder Hälfte von einem centralen (Cosmarium moniliforme, orbiculare, VI, 48, 49), oder von zwei, symmetrisch neben der Mitte gelegenen Mittelstücken aus (Cosm. connatum, VI, 47).

In den spindelförmigen und cylindrischen Zellen, mit kreisförmigem, oder breit-elliptischem Querschnitt sind die Platten mit ihrem innern, in das Mittelstück übergehenden Rande nach der Längsaxe der Zellhälfte, mit dem äussern gegen die Zellwand gerichtet. Sie verlaufen, meist ziemlich eben, radial von der Zellaxe zur Wand, und erscheinen daher bei seitlicher Ansicht der Zellen, von ihrem Rande aus gesehen, als dunkelgrüne schmale Längsstreifen, im Querprofil der Zelle als grüne Kreisradien. Ihre Zahl ist, theils bei derselben Species, noch mehr bei verschiedenen Arten, eine verschiedene. Während bei den dickeren Closterien und Penien 16 und mehr grüne Längsplatten in jeder Zellhälfte zu einem Chlorophyllkörper vereinigt sind, finden sich deren bei dem schmalen Clost. acutum, parvulum oft nur 3 bis 4, so dass dann die Chlorophyllstructur genau die gleiche ist, wie oft bei Mesotaenium, Gonatozygon, Mesocarpeen (vrgl. VI, 51, 52; V, 1—10, 13, 14; IV, 28, 29). Der äussere Rand der Platten ist meist eben, ungetheilt, in einzelnen Fällen (Clost. Lunula) ausgeschweift-gezähnt, oder sogar durch tiefe enge Einschnitte in schmale Läppchen getheilt, welche bei Penium lamellosum (Nägeli, Einz. Alg., tab. VI, D; de Brébisson, Liste des Desm. obs. en Basse-Normandie, tab. II, Fig. 34) noch der Quere nach dichotom gespalten sind.

Bei den meisten hierher gehörigen Formen verlaufen die Platten continuirlich durch die ganze Länge einer Zellhälfte (V, 1—4, 13, 14). In seltneren Fällen sind sie kürzer, ihre Stellung und Form dabei ungleich und unregelmässig (Tetmemorus minutus, Penium Ralfsii, V, 8, 10). Bei anderen Formen endlich (Tetm. granulatus) ist eine Unzahl sehr kleiner, schmaler, nach der Axe der Zelle hin convergirender und zusamenfliessender Chlorophyllstreifchen vorhanden.

Die grösseren Cosmarium-Arten mit stark zusammengedrückten Zellen, (z. B. C. Botrytis, VI, 1—3, 23, 24), zeigen in jeder Zellhälfte zwei Chlorophyllkörper. Von dem neben der Längsaxe der Zelle liegenden Mittelstück eines jeden verlaufen zwei Chlorophyllplatten, bogig convergirend, nach dem Rande, je eine schmälere Platte dagegen nach der Mittellinie der beiden Seitenflächen der Zelle; jede der letztgenannten convergirt bogig mit einer gleichen dem andern Chlorophyllkörper angehörigen. Es sind daher, wie Nägeli zuerst angab, in jeder Zellhälfte 8 Chlorophyllplatten vorhanden, welche bogig und paarweise convergirend von zwei Vereinigungsstellen aus nach der Wand verlaufen. Ausnahmsweise sind diese 8 Platten in einem axilen Mittelstück zu einem einzigen Körper verbunden (S. Nägeli l. c. tab. VII, A, 2, d).

Kleinere Cosmarium-Arten (C. Meneghinii, VI, 33, 34), haben nur einen Chlorophyllkörper in jeder Zellhälfte, bestehend aus 4 in der Mitte vereinigten, paarweise nach dem Seitenrand der Zellen convergirenden, gebogenen Platten. Das Gleiche findet sich bei Sphaerozosma (IV, 32—37) und den kleineren, einfachern Euastren (E. ansatum, elegans, pulchellum Bréb.), während die grösseren, mit zahlreichen Ausbuchtungen der Zellwand versehenen Species dieser Gattung eine den grösseren Cosmarien sich anschliessende, übrigens sehr schwer genau zu entziffernde Inhaltsstructur zeigen.

In den Zellen mit 3—4eckigem oder -strahligem Querschnitt verlaufen in einer Hälfte nach jeder Ecke oder Kante je zwei Chlorophyllplatten, mit der Fläche der Seitenwand zugekehrt, nach der Ecke hin bogig convergirend. Bei Staurastrum (VI, 25) sind alle diese Plattenpaare in der Mitte der Zellhälfte zu einem Körper vereinigt; bei Desmidium zu so vielen, als die Zelle Kanten besitzt. In jedem Mittelstück liegt ein Amylonkern, und von jedem verläuft ein kurzer Chlorophyllstreifen zu dem centralen Cytoblasten der Zelle. Dabei kommt hier, wie es scheint bei ein und derselben Species, eine Verschiedenheit in der Stellung dieser Mittelstücke und Amylonkerne vor. Nägeli (l. c. tab. VIII, D) gibt sie bei Desm. Swartzii als den Kanten der Zellhälfte gegenüberliegend an; ich fand sie stets der Mitte der Seitenflächen gegenüber (VI, 57), zweifle aber an der Richtigkeit von Nägeli's Angabe um so weniger, als ich die von ihm beschriebene Anordnung bei dem so nahe verwandten Aptogonum Desmidium Ralfs gefunden habe (VI, 55, 56). Bei Desmidium Grevillii (IV, 30, 31) sind 4 Chlorophyllkörper von der Structur und Anordnung des D. Swartzii vorhanden. Die Zellen verhalten sich also wie vierkantige, obgleich sie nur zweikantig — auf dem Querschnitt breit elliptisch, beiderseits scharf zugespitzt — sind.

Das Mittelstück, welches die Platten eines jeden Chlorophyllkörpers verbindet, hat, je nach der Gestalt der Zellen, verschiedene Form und Grösse. Bei den verlängert-cylindrischen und spindelförmigen Zellen hat es die Gestalt eines lang-cylindrischen Stranges, bei den anderen Formen kurz cylindrischen oder kugligen, übrigens ganz allmählich in die Platten übergehenden Umfang.

Diesen kurzen Mittelstücken ist je ein Amylonkern eingelagert (z. B. Cosmarium, Hyalotheca Desmidium u. s. w., IV, 28—37, VI, 1—57), meist von beträchtlicher Grösse, und daher auf den ersten Anblick auffallend. An der Zahl der Amylonkerne lässt sich daher die Zahl und Stellung der Chlorophyllkörper meist sofort erkennen.

Die verlängert-cylindrischen Mittelstücke der Zellen von Closterium, Penium, zeigen meistens mehrere in eine Längsreihe geordnete Amylonkerne (z. B. V, 8, 13); ganz ausnahmsweise nur einen (V, 10; Nägeli, l. c. Taf. VII, C, 2, b).

In seltenen Fällen sind Amylonkerne von bestimmter Gestalt und Structur gar nicht vorhanden. So fanden sich einzelne Exemplare von Penium oblongum (VII, G, 1) mit durchaus homogenem, fast ganz körnerlosem Mittelstück, das jedoch durch Jodlösung seiner ganzen Länge nach gleichmässig violett gefärbt wurde, also von formloser Stärke durchdrungen sein musste.

Penium interruptum (V, 1—4) zeigte in allen zur Untersuchung gekommenen Exemplaren ein sehr dickes, $^1/_3$ der ganzen Zellbreite ausfüllendes Mittelstück von dunkler Farbe, übereinstimmend mit den Abbildungen von Ralfs (Taf. 25, 4) und Focke (Studien, taf. III, 2, 3). Amylonkerne sind in demselben nicht sichtbar: dagegen eine dunkle Färbung durch Jod. Dieselbe rührt, wie Zerdrücken der Zellen lehrt, von zahllosen ohngefähr $^1/_{1000}{}'''$ grossen Stärkekörnchen her, welche dem Chlorophyll eingelagert sind.

Bei Closterium Lunula endlich hat das Mittelstück die Form eines Kegels, der über $^2/_3$ der Zellbreite ausfüllt, und dessen Umrisse denen der Zellwand ähnlich sind. Die Mitte des Kegels ist durchaus homogen; dagegen sind ihm, nahe der in die Platten übergehenden Aussenfläche, zahlreiche Amylonkerne eingelagert, welche daher, bei Seitenansicht der Zelle, der grünen Inhaltsmasse ordnungslos eingestreut erscheinen. —

Mit Ausnahme der bestimmt geformten eingelagerten Amylonkerne ist die Substanz der beschriebenen Chlorophyllkörper, in den einfachsten Fällen durchaus homogen, durchscheinend. Exemplare von solcher Structur kommen bei den meisten Species vor. Häufiger sind den Chlorophyllkörpern ausser den Amylonkernen noch eine Anzahl von Stärke- und Fettkörnchen theils ein- theils aussen angelagert. Sind solche in sehr grosser Menge vorhanden, so wird die Inhaltsstructur undeutlich; doch ist dies selten in dem Grade der Fall, dass nicht durch sorgfältige Untersuchung, wiederholte Drehung der Zelle nach allen Seiten, noch Aufschluss zu erhalten wäre.

Die Chlorophyllkörper einer jeden Hälfte reichen meist bis nahe zur Mitte der Zelle. Zwischen denselben liegt hier der centrale Zellkern, der, nach Art von Zygnema, die Chlorophyllkörper beider Seiten berührt und brückenartig verbindet (z. B. V, 1, 2, 9, 14). In seltenen, bei den langgestreckten Zellen schmälerer Closterien (Cl. parvulum, acutum V, 13) und Peniumarten (V, 5—8) zuweilen vorkommenden Fällen sind die Chlorophyllkörper beider Hälften zu einem einzigen, die ganze Länge der Zelle durchziehenden verschmolzen. Der Zellkern liegt alsdann in einem seitlichen Ausschnitt derselben, nahe seiner gewöhnlichen Stelle. Der äussere Rand der Chlorophyllplatten steht stets mit dem Wandplasma in Berührung, indem er an dasselbe entweder seiner ganzen Länge nach anstösst, oder einzelne Läppchen, Streifen, farblose Plasmafädchen zu demselben entsendet.

Die zwischen Chlorophyll, Zellkern und Wandplasma frei bleibenden Räume werden von wässriger Flüssigkeit erfüllt. Ihre Gestalt und Grösse hängen natürlicher Weise von der Form und Mächtigkeit der genannten Theile ab. Sie werden nicht selten, wie bei so vielen anderen Zellen, von einzelnen oder anastomosirenden Plasmafäden und Streifen durchzogen.

Innerhalb der wässrigen Flüssigkeit findet sich häufig eine grosse Anzahl unmessbar kleiner, in lebhafter Molekularbewegung tanzender Körnchen.

Es gehören hierher die so vielfach besprochenen und gedeuteten blasigen Räume, welche sich in den Enden von Closterium, Penium interruptum u. s. w. finden. Wie schon Nägeli, Cohn, u. A. angeben, sind sie lediglich Vacuolen, begrenzt von den Enden der Chlorophyllkörper und dem Wandplasma, durch die Fluctuationen in letzterm, wie oben beschrieben wurde, ihre Gestalt ändernd, ohne eigene Membran.

In schmalen Closterien, mit lang ausgezogenen Zellenden, relativ kurzen Chlorophyllkörpern und spärlichem Wandplasma sind diese Vacuolen langgestreckt, der Gestalt der Zellenden conform (V, 13, 14). Bei stärkeren Species, wie Clost. Lunula, Penium interruptum (V, 1—4) reichen die Chlorophyllkörper weiter in die Zellenden hinein, die Plasmaschicht ist mächtiger, die Endvacuolen sind daher relativ kleiner, von kugliger, oder halbeiförmiger Gestalt.

Die tanzenden Körnchen sind bei den erstgenannten Formen in geringer Anzahl vorhanden; in den Vacuolen der grösseren Closterien dagegen zu einem dichten Schwarm zusammengehäuft.

Isolirt man die einzelnen Körnchen, indem man eine Zelle zerdrückt, so zeigen sie deutlich die Form von sehr kleinen rhombischen Täfelchen, mit scharfen Kanten und Ecken. Sie bleiben beim Glühen unverändert; desgleichen bei Behandlung mit concentrirten Mineralsäuren (SO_3, NO_5, Cl H) und Alkalien (NaO, KO, NH_3) in der Kälte. Beim Erwärmen lösen sie sich in NO^5, KO; nicht in SO_3, ClH, NaO. Diese Reactionen, zusammen mit der Form, erweisen jedenfalls, dass die in Rede stehenden Körperchen unorganischer Natur sind — vielleicht Gypskryställchen, was jedoch, bei ihrer ausserordentlichen Kleinheit bis jetzt noch nicht durch genauere Analyse sicher gestellt werden konnte. Das angeführte Verhalten wurde vorzugsweise bei Clost. Lunula und acerosum ermittelt.

Die kleinen Körnchen in der Zellflüssigkeit von Cosmarium Botrytis und C. Meneghinii haben jedenfalls andere Zusammensetzung; sie lösen sich leicht in obengenannten Reagentien; in Essigsäure beim Erwärmen, stets ohne Entwicklung von Gasblasen. Durch Glühen werden sie zerstört, in Alkohol sind sie unlöslich.

Eine genauere Untersuchung des farblosen, kugligen dunkel contourirten Korns, welches einzeln und stets durchaus bewegungslos bei Penium interruptum das Centrum der Endvacuolen einnimmt, wurde leider versäumt.

Die T h e i l u n g der Desmidieenzellen erfolgt, wie bekannt, in allen Generationen (abgesehen von den ersten, bei der Keimung entstandenen) nach der nämlichen Richtung. Daher die einfachen Fäden, wenn die Zellen vereinigt bleiben. Der Theilungsvorgang selbst und die eigenthümlichen Wachsthumsverhältnisse der neugebildeten Tochterzellen sind Gegenstand zahlreicher und genauer Untersuchungen gewesen*). Ganz besonders gilt dies von den mit tief eingeschnürten Zellen versehenen Gattungen.

Bei C o s m a r i u m reisst vor der Theilung die derbe Membran der Zelle in der eingeschnürten Mitte ringförmig auf. Das Mittelstück, welches beide Hälften verbindet, verlängert sich etwas; diese erscheinen daher auseinander gerückt. Das Mittelstück selbst besitzt eine sehr zarte Membran, welche in die Innenfläche der derben, beide Hälften umkleidenden übergeht. Bald erscheint in ihm eine zarte Querwand, welche die ganze Zelle in zwei Tochterzellen von der Form einer Mutterzellhälfte theilt. Die Querwand, anfangs nur als zarte Linie angedeutet, spaltet sich in zwei Lamellen, welche sich sofort gegen einander verwölben. Der durch sie begrenzte kleine convexe Auswuchs der neugebildeten Zellen ver-

*) Siehe Nägeli, Ralfs, ll. cc. Focke, physiol. Studien I. Hofmeister, Ber. der K. S. Gesellsch. d. Wissensch zu Leipzig, Math. phys. Cl. 1857, I.

grössert sich nun allmählich in der Art, dass zuletzt eine jede Tochterzelle in gleicher Weise wie die Mutterzelle wiederum aus zwei symmetrischen Hälften besteht (VI, 1—3, 22—24).

Ganz analoge Vorgänge finden bei den meisten anderen Gattungen statt; bei manchen (Penium, Closterium) geht die Bildung der Querwand dem Aufreissen der äusseren Mutterzellhautschichten vorher.

Während in den angedeuteten Fällen die neue Hälfte jeder Tochterzelle durch ausschliessliches Flächenwachsthum des neugebildeten, anfangs als ebene Querwand vorhandenen Membranstückes wächst, und an der fertig auf die Tochterzelle überkommenen Haut weder in die Dicke noch in die Fläche ein Zuwachs nachweisbar ist, findet bei Penium interruptum eine Flächenvergrösserung der ältern Haut nach der Theilung noch statt. Die cylindrischen, plötzlich in stumpf-kegelförmige Enden verschmälerten Zellen dieser Species theilen sich durch eine ebene Querwand (V, 4). Nach ihrer Entstehung reisst die Mutterzellhaut ringförmig auf, die beiden Lamellen der Querwand wölben sich nur zu der Form eines kurz conischen Zellendes vor, was aus der stets an der Basis des conischen Endes erkennbaren Rissstelle der äussersten Membranschicht (V, 4n) ersichtlich ist. Darauf muss ein beträchtliches Flächenwachsthum der cylindrischen Seitenwand erfolgen, denn diese ist bei eben durch Theilung entstandenen Zellen nur halb so lang, als bei völlig erwachsenen.

In den mitten eingeschnürten Zellen von Hyalotheca bleibt die neu entstandene Querwand stets eben; jede Tochterzelle erhält ihre neue Hälfte dadurch, dass zwischen dem Rande der Querwand und der alten Membranhälfte gleichsam ein neues Stück Seitenwand allmählich eingeschoben wird.

Einer besondern Erwähnung verdient das Wachsthum der jungen Zellen von Bambusina (IV, 28, 29). Die erwachsenen Zellen sind hier bekanntlich tonnenförmig, mitten mit einer seichten, zwischen 2 Paar stumpfen Zähnen oder Vorsprüngen durchgehenden Quereinschnürung versehen.

Wie bei den anderen Formen entsteht die Querwand zunächst als eine ebene, der Innenfläche der alten Membran aufgesetzte Hautleiste. Bald sind 2 Lamellen zu erkennen, welche zunächst in Folge einer Vergrösserung ihrer Fläche in der Mitte auseinander weichen, einen flach-linsenförmigen Raum zwischen sich lassend (29a). Indem nun die Ränder der beiden Lamellen zunächst gleiche Lage und Umfang behalten, ihre Oberfläche dagegen fort und fort wächst, faltet sich eine jede innerhalb ihres Randes ringförmig ein, nach Art der Zellenden vieler Spirogyren (29, a', b, 28 b). Das innerhalb der Ringfalte gelegene ebene Wandstück hat mit der Endfläche erwachsener Zellen gleichen Durchmesser. Die Falte selbst erreicht ohngefähr die Breite eines der stumpfen Zähne an der Seitenwand. Ihre anfangs zarte Membran nimmt, sammt der ganzen übrigen Querwand, die Dicke der erwachsenen Zellhaut an (29, b).

Schon vor der Bildung der Querwand, oder gleichzeitig mit ihrem Auftreten wächst die zwischen den beiden Zahnpaaren gelegene ringförmige Membranzone in der Art, dass zuerst die Einschnürung verbreitert wird, dann innerhalb eines jeden Zahnes ein neuer, dem ältern zuletzt gleich gestalteter auftritt (28, 29, b). Ist durch die Ausbildung der letzteren die Symmetrie der beiden Tochterzellen in der Mitte hergestellt, so schiebt sich das invaginirte Stück der Querwandlamelle aus der Einfaltung mehr und mehr vor, wie der Auszug eines Fernrohrs (29, c). Die Ringfalte wird allmählich zu dem vollkommen glatten conisch verschmälerten Theil der Seitenwand ausgedehnt, die ursprünglich sich berührenden Ränder der Querwandlamellen rücken weit auseinander; nur die innerhalb der Falte gelegene kreisförmige Hautpartie bleibt unverändert, und wird zur ebenen Endfläche der ausgebildeten Zelle. Ganz ebenso verhalten sich Desmidium Swartzii und Grevillii; nur ist bei diesen Species der Process wegen der geringen Länge der Zellen schwieriger zu beobachten.

Die derben, soliden Warzen und Stacheln, welche bei so vielen Desmidiaceen (z. B. Xanthidium, Staurastrum dejectum, spinosum R. etc.) aussen auf der ausgebildeten Zellhaut gefunden werden, entstehen als zartwandige Aussackungen der Oberfläche neu entstehender Zellhälften. Dieselben sind anfangs mit farblosem Protoplasma erfüllt und nehmen zunächst die vollkommene Form des ausgebildeten Stachels an. Alsdann wird ihre Membran von dem Ende nach der Basis fortschreitend verdickt, und so das ganze Lumen der engen Aussackung durch Cellulose ausgefüllt, das Protoplasma in gleichem Maasse nach der Mitte der Zelle zurückgedrängt.

Auf die nämliche Art bilden sich die unten zu beschreibenden Stacheln vieler Zygosporen.

Die einzigen von mir beobachteten grösseren Prominenzen auf der Aussenfläche der Zellmembran, welche von Anfang an als solide Körper entstehen, sind die klammerartigen Anhängsel, welche die Zellen von Sphaerozosma vertebratum mit einander verbinden. Die Endflächen zweier benachbarter Schwesterzellen stehen hier in der Jugend in inniger Berührung (IV, 32, bc, 34). Später erfolgt zwischen ihnen Gallertausscheidung, wenngleich in weit geringerm Maasse, als um die Seitenwände. Alle älteren Zellen sind daher durch farblose Interstitien von einander getrennt. Sobald die einander zugekehrten jungen Zellhälften ihre vollkommene Grösse erlangt haben, erscheint aussen auf beiden breiten Seitenwänden einer jeden ein kleiner cylindrischer Auswuchs, der sich gegen einen entsprechenden der benachbarten Zelle hin krümmt, und denselben mit etwas verbreitertem Ende berührt. Mit dem Auseinanderrücken der 2 Zellen vergrössern sich die Auswüchse, während ihre dickeren Enden stets in Berührung bleiben; zuletzt stellen beide zusammen auf jeder Seite eine kleine, wie die übrige Zellwand aus reiner Cellulose bestehende Klammer dar (IV, 32, 33), welche den, übrigens ziemlich lockern Zusammenhalt der Zellen bedingt.

Ob die zwischen den Zellen von Sph. excavatum (Ralfs, t. VI, 2) befindlichen Körperchen in gleicher Weise entstehen, blieb wegen ihrer Kleinheit zweifelhaft. Bei Sph. secedens (IV, 35—37) ist von ihnen keine Spur vorhanden, die Verbindung der Zellen daher so lose, dass ich deren höchstens drei zusammenhängend fand.

Bei den übrigen Gattungen mit reihenweise verbundenen Zellen wird, wie schon oben erwähnt, der Zusammenhalt einfach durch festes Aneinanderhaften bedingt. Wo die Zellen einzeln leben, kommt meistens schon durch die Formveränderungen der jungen Hälften nach der Theilung eine Trennung der zwei Schwesterzellen grossentheils zu Stande. Sie wird vollendet durch Gallertausscheidung, wie aus den Fällen deutlich hervorgeht, wo die zwei jungen Zellhälften „nach zwei entgegengesetzten Seiten aus ihrer Haut schlüpfen, wie der Finger aus dem Handschuh“.*)

Constant scheint dieses Verhalten vorzukommen bei den Pleurotaeniumarten, bei Cosmar. Botrytis und Verwandten. Auch bei mehreren Staurastrumarten, Penium Ralfsii habe ich es oft beobachtet. Nachdem die neugebildeten Zellhälften, noch aneinander haftend, sich je mit einer vollkommen der alten ähnlichen, nur zartern Membran bekleidet, wird zwischen diese und eine zweite, innere Membranschicht Gallerte ausgeschieden, die äussere Schicht reisst in der Mitte der Zelle ringförmig durch, und die Anhäufung der Gallerte treibt die zwei Zellen langsam aus den äusseren Schalen (VI, 4) heraus.

Dass nicht Lichteinwirkung und dergleichen die hierbei stattfindende Bewegung des Zellenpaares bedingt, erhellt aus der stets entgegengesetzten Richtung beider Wege. Dass wirklich Gallerte innerhalb der abzustreifenden Schalen vorhanden ist, schliesse ich aus dem völlig gleichen optischen Verhalten der Masse innerhalb und ausserhalb der Schalen, bei Exemplaren, welche in massig entwickelten Gallertstöcken vegetiren. Dass die Gallerte endlich von der Zellhälfte zwischen beide Membranschichten hinein ausgeschieden wird, geht daraus hervor, dass die abzustreifende Haut der abstreifenden Zelle anfangs seitlich noch fest anliegt, wenn die Enden schon beträchtlich auseinander gerückt sind. In ähnlicher Weise muss die Abstreifung alter Zellhäute vor sich gehen, welche Braun bei Cosmarium curtum beschreibt — ganz analog den oben bei Mesotaenium beschriebenen Vorgängen. Die abgestreiften Schalen werden allmählich blasser und verschwinden in der umgebenden Gallerte; sie scheinen sich also gleichfalls zu Gallerte aufzulockern.

Von den übrigen Desmidiaceen abweichend verhalten sich vielleicht (nach den Abbildungen von Ralfs, l. c. tab. 34, s. 2, e) die langzugespitzten Spirotaenien, insofern ihre Zellen sich durch Wände, welche die Längsaxe der Zellen nicht rechtwinklig, sondern spitzwinklig schneiden, zu theilen scheinen. Eigene Beobachtungen darüber stehen mir nicht zu Gebote. Spirotaenia muscicola dagegen verhält sich wie Mesotaenium u. s. f. (VII, F).

Weit weniger, als die äusseren Formverhältnisse bei der Theilung und der Entwicklung der Tochterzellen ist das Verhalten des Inhalts beachtet. Primordialschlauch, Plasma, Zellkern zeigen in der That keine besonders hervorzuhebenden Eigenthümlichkeiten. Der Zellkern verschwindet vor der Querwandbildung, in jeder Tochterzelle erscheint später ein neuer. Das Plasma ist, innerhalb der zarten Wand einer jungen, heranwachsenden Zellhälfte zu einer sehr dicken glänzenden, mit der Ausbildung der Hälfte an Mächtigkeit stetig abnehmenden Schicht angesammelt (VI, 1—3, 22).

---

*) S. Focke, Studien, I. p. 57, t. III. A. Braun, Verj. p. 193.

Die wandständigen Chlorophyllbinden verhalten sich ähnlich, wie bei den Zygnemeen, die solche besitzen. Das Gleiche gilt von den verschieden gestalteten strahligen Chlorophyllkörpern. Doch finden sich bei ihnen mancherlei auffallende Verhältnisse, die hier in einigen Beispielen dargestellt werden mögen.

In den erwachsenen Zellen von Penium interruptum Bréb., von deren Form und Structur oben schon die Rede war, findet sich in jeder Hälfte ein Chlorophyllkörper, aus 12 in ein sehr dickes Mittelstück vereinigten Längsplatten bestehend; an jedem Zellende liegt zwischen den Enden der Platten und einer wandständigen Plasmaschicht eine kuglige Vacuole, mit einem bewegungslosen farblosen Korn im Centrum; in der Mitte der Zelle trennt eine linsenförmige, den Zellkern bergende Querlücke die Mittelstücke der beiden Chlorophyllkörper (V, 1). Sobald die Zelle diesen Bau erlangt hat, wird ein jeder Chlorophyllkörper seiner ganzen Quere nach in der Mitte durch eine scharfe Linie getheilt (V, 2). Während die ganze Zelle fortfährt in die Länge zu wachsen, entfernen sich die Hälften eines jeden Chlorophyllkörpers in der Art von einander, dass sich zuletzt ein gleicher farbloser Raum wie in der Mitte der Zelle zwischen ihnen befindet (V, 3). Dieser dreifachen Unterbrechung des grünen Inhalts, welche in grossen Exemplaren fast immer vorhanden ist, verdankt die Species ihren Namen.

Die Theilung des Inhalts geht der Querwandbildung lange vorher. Sobald die Trennung der beiden Tochterzellen beginnt, wachsen die abgestutzten Chlorophyllkörper ihrer einander zugekehrten Hälften mit der Wand zur Form der ausgebildeten Zelle heran. Mit Vollendung dieses Wachsthums ist die Vacuole in dem neugebildeten Ende sichtbar. Das centrale Korn in derselben entsteht zuletzt, und zwar wie es scheint ganz plötzlich. Wenigstens konnte ich, ausser zuweilen etwas zärteren Umrissen, keine weiteren Entwicklungsstadien derselben nachweisen.

Eine ähnliche, der Zelltheilung lange vorhergehende Theilung der zwei Chlorophyllkörper wurde schon oben für Cylindrocystis Brébissonii angegeben. Sie findet sich ebenso, nur minder auffallend, bei P. margaritaceum; sehr kurz vor, oder gleichzeitig mit der Querwandbildung bei den Closterien — und wahrscheinlich allen nächstverwandten Formen. Neue Amylonkerne entstehen in den neugebildeten Theilen der Chlorophyllkörper neben den vorhandenen, — vielleicht auch durch Theilung derselben.

Bei Hyalotheca und Bambusina ist in jeder erwachsenen Zellhälfte eine Anzahl strahliger Chlorophyllplatten um einen Amylonkern vereinigt (IV, 28, a). Eine Theilung derselben erfolgt erst nach der Querwandbildung; jede junge Zelle hat daher nur einen, in ihrer Mitte gelegenen Chlorophyllkörper (IV, 28b, 29, a, a'). Später theilt sich dieser in centripetaler Richtung, zuerst die Ränder der Platten, zuletzt der Amylonkern (29, b). Beide Hälften rücken, dem Längenwachsthum der Zelle folgend, auseinander, zwischen ihnen erscheint ein, vorher nicht nachweisbarer Kern (29, c). Aehnlich verhält sich Desmidium.

Von den Formen mit tiefeingeschnürten Zellen und strahliger Chlorophyllstructur ist Sphaerozosma ein besonders einfaches, instructives Beispiel. In jeder Zellhälfte liegt vor der Theilung ein Amylonkern, von dem aus nach den beiden Flügeln der Hälfte je ein Paar Chlorophyllplatten bogig convergiren (IV, 32d). Nach der Theilung treten in die heranwachsende junge Zellhälfte sofort die Anfänge von zwei neuen Chlorophyllplattenpaaren über, in gleichem Schritt mit dem Umfang der neuen Hälfte sich vergrössernd (32a). Die Platten der alten Hälfte nehmen dabei bedeutend an Breite ab, so dass man von einem theilweisen Ueberfliessen der halbweichen, immerhin aber bestimmt geformten Chlorophyllmasse reden kann.

Hat die junge Zellhälfte Gestalt und Grösse der ältern vollkommen erreicht, so ist in beiden das Chlorophyll ganz gleichmässig vertheilt: 4 Platten in jeder, alle 8 in der Mitte der Zelle vereinigt. In die Mitte der Zelle ist auch der Amylonkern allmählich hineingerückt (IV, 32 b c, 35), welcher lange seine ursprüngliche Stelle ruhig beibehalten hatte. Derselbe streckt sich nun nach der Richtung der Längsaxe der Zelle, und theilt sich allmählich durch fortschreitende Einschnürung seiner Mitte in zwei, die sofort Kugelgestalt annehmen und bis zur Mitte der zwei Zellhälften auseinander rücken (34 a). Zuletzt erfolgt die Trennung der in der Zellmitte zusammenhängenden Chlorophyllmasse in zwei für die beiden Hälften bestimmte Körper.

Bei Cosmarium Botrytis, dem häufigsten Repräsentanten der mit zwei Amylonkernen und Chlorophyllkörpern in jeder Zellhälfte versehenen Cosmarien, treten nach der Theilung in die junge, zartwandige und mit einem mächtigen Wandplasma versehene Zellhälfte die benachbarten Enden der Chlorophyllkörper hinein (VI, 2); je mehr die neue Hälfte anschwillt, desto mehr nehmen die übergetretenen Partien an Masse zu, die in der alten Hälfte befindlichen ab. Mit beginnendem Uebertritte des Chlorophylls dehnen sich beide Amylonkerne der ältern Hälfte nach der jüngern hin in die Länge, und schnüren sich in der Mitte ein (VI, 1, 2). Einer nach dem andern rückt gegen die enge Zellmitte hin vor, sein für die neue Hälfte bestimmter Theil tritt in diese über, trennt sich von dem andern, der ältern Hälfte verbleibenden (VI, 3). Alle vier Amylonkerne rücken an die in der erwachsenen Zelle ihnen zukommenden Plätze. Häufig ist auch in dem Chlorophyll schon innerhalb der ältern Zellhälfte eine scharfe Linie sichtbar, welche gleiche Richtung mit der Einschnürung der Amylonkerne besitzt, und die übertretende von der bleibenden Partie sondert (VI, 3). Mit der Formausbildung der neuen Zellhälfte ist auch die den erwachsenen eigene Chlorophyllanordnung in derselben fertig.

Es sei hier noch beiläufig bemerkt, dass von den lebhaft beweglichen in der wässrigen Zellflüssigkeit suspendirten Körnchen stets ein grosser, oft der grössere Theil in die neue Zellhälfte übertritt, also eine Mischung jener mit dem sich neubildenden Inhalt hier nicht minder stattfindet, wie in den Algen, deren nicht eingeschnürte Zellen sich sämmtlich durch Theilung in zwei gleiche Tochterzellen vermehren. (Siehe Nägeli, Pflanzenphys. Unters. I, p. 51).

Der Inhalt der Cosmarien mit einem Amylonkern in der Zellhälfte, der Staurastra und verwandter Gattungen verhält sich bei der Theilung, soweit meine Beobachtungen reichen, dem Cosm. Botrytis ähnlich.

Bei Micrasterias tritt, wie schon aus den Figuren von Focke (Studien Heft I, Taf. II, Fig. 4 u. 5) hervorgeht, ein Theil der Chlorophyllplatte in die neue Zellhälfte über, sammt seinen unveränderten Amylonkernen, zwischen welchen, wie bei den Mesocarpeen u. s. w. während des Wachsthums der Zelle neue entstehen.

Die angeführten Fälle zeigen deutlich, wie die aus eiweissartiger Substanz und infiltrirtem Chlorophyll bestehenden Inhaltstheile und die ihnen eingebetteten Amylonkerne, ohngeachtet ihrer halbweichen Beschaffenheit, stets sowohl in der ausgebildeten Zelle eine sehr bestimmte Form und Anordnung, als auch bei der Theilung nach sehr bestimmten Gesetzen erfolgende Formveränderungen und Bewegungen besitzen.

Eine, hie und da vorkommende, mit dem Theilungsprocess in Zusammenhang stehende Missbildung mag hier noch erwähnt werden. Es finden sich zuweilen Desmidiaceenzellen, welche aus zwei normal gebildeten Zellhälften und einem beide verbindenden grossen, verschieden gestalteten Mittelstück bestehen. Die Bildung solcher Monstra beruht auf dem Eintritt der gewöhnlichen Theilungsvorgänge mit Ausnahme der Querwandbildung. Statt der zwei neuen Hälften entsteht ein, die beiden ursprünglichen verbindender Raum, der entweder die Form einer weiten Blase annimmt, oder in der Mitte eingeschnürt, und aus zwei Hälften gebildet ist, welche die Form normaler Zellhälften besitzen, die nun mit einer engen Oeffnung ineinander münden. Letztere Fälle können leicht den Anschein haben, als ob zwei ursprünglich getrennte Zellen mit ihren Enden zusammengeflossen („copulirt") wären. Mit der wahren Copulation stehen diese Zustände jedoch durchaus nicht im Zusammenhang. Es sind offenbar lediglich Producte eines abnormen Wachsthums. Ihre Membran und ihr Inhalt nehmen entweder die bei normalen Zellen vorfindliche Beschaffenheit an, oder werden ganz unregelmässig; zuletzt geht der ganze Körper, wie ich mich wiederholt überzeugt habe, zu Grunde. Ich habe dergleichen bei Cosmarium Botrytis, Meneghinii, notabile Bréb., (VI, 53), Pleurotaenium truncatum öfters beobachtet, Focke's Abbildungen von Closterium (l. c. Taf. III, fig. 6, 9) gehören offenbar hierher; desgleichen die Abbildungen von Mrs. Thomas*), Hofmeister**) (Cosmarium margaritiferum) und de Brébisson (Liste, tab. 1, f. 15).

Die Bewegungserscheinungen der Desmidiaceen übergehe ich, weil ich den bekannten Thatsachen (s. Ralfs l. c. p. 21 ff. A. Braun, Verj. p. 217) nur wenige Einzelheiten zuzufügen hätte, weil die Frage

*) Microsc. Journal. Nr. XII, 1855.

**) Bericht der K. Sächs. Ges. der Wissensch. zu Leipzig, 1857, Heft I.

über die Willkürlichkeit dieser Bewegungen und die daraus abzuleitenden Schlüsse über die Thier- oder Pflanzennatur dieser Gewächse heutzutage wohl als erledigt betrachtet werden darf; und weil mir meine Beobachtungen bis jetzt noch kein bestimmtes Urtheil über die Ursache dieser Bewegungen erlauben.

Die Copulation der Desmidiaceen, schon früher durch Ehrenberg, Morren und Andere für einzelne Fälle bekannt, wurde zuerst durch Ralfs*) näher kennen gelehrt, und als allgemein unter dieser Gruppe verbreitet nachgewiesen. Seinen Arbeiten schliessen sich einzelne Darstellungen von A. Braun**) und W. Smith***) ergänzend an.

Ich habe für eine Anzahl von Formen gesucht, die bei der Copulation eintretenden Bewegungen und Veränderungen möglichst vollständig zu verfolgen und meine Resultate in einem kleinen Aufsatz†) theilweise schon kurz mitgetheilt. Dieselben mögen hier nochmals im Zusammenhang mit anderen erwähnt und durch Abbildungen erläutert werden.

Die von mir untersuchten Formen: Cosmarium Botrytis, Meneghinii, Staurastrum dejectum R., Closterium parvulum Näg., Lunula N., R. verhalten sich in den ersten Stadien des Copulationsprocesses einander sehr ähnlich.

Die Zellen liegen, von lockerer, nicht deutlich umschriebener Gallerte umgeben, paarweise beisammen, bei Cosmarium, Staurastrum (VI, 5, 6, 26, 35) stets in gekreuzter Lage, bei Clost. Lunula (V, 24) parallel, die concaven Seiten einander zukehrend, bei Cl. parvulum parallel oder verschiedentlich sich kreuzend, gleichnamige oder ungleichnamige Seiten gegen einander wendend (V, 15—23). Aus den zugekehrten Seiten treibt eine jede Zelle eine farblose, kurz cylindrische, am Ende zugerundete Ausstülpung (Copulationsfortsatz) gegen eine gleiche, zuletzt mit ihr in Berührung tretende der andern. Bei Cosmarium, Staurastrum, tritt dieser Fortsatz in der eingeschnürten Zellmitte aus einer weit klaffenden Spalte zwischen den durch einen ringförmigen Querriss getrennten Hälften der ursprünglichen derben Membran hervor. Beide Zellhälften werden durch die Austreibung des Fortsatzes nach der demselben abgewandten Seite zurückgeknickt. Ganz ähnlich verhält es sich bei Clost. parvulum, während bei Cl. Lunula (und Verwandten) eine Einknickung der Zelle und ein Querriss der Membran nicht vorhanden ist, der Fortsatz vielmehr aus der sonst unveränderten concaven Seite der Zelle hervortritt. Dabei nehmen die copulirenden Zellen dieser Arten, nachdem sie durch Theilung entstanden sind, nicht die symmetrische Gestalt der vegetirenden an, sondern bestehen aus zwei ungleichförmigen, durch eine zarte Querlinie in der Membran geschiedenen Theilen (cônes inégaux Morren), indem der jüngere nur etwa $^1/_4$ bis $^1/_3$ der Länge des ältern erreicht. Der Copulationsfortsatz entspringt dicht neben der Grenzlinie beider Theile, von der Oberfläche des kleinern, jüngern, also an einer Stelle, welche der Mitte einer symmetrisch-ausgewachsenen Zelle entsprechen würde, bei der wirklichen Form der copulirenden dagegen weit von der Mitte ab liegt.

Es scheint, dass in allen Fällen die copulirenden Zellen ihrer Abkunft nach in naher Verwandtschaftsbeziehung stehen. Bei Cl. Ehrenbergii legen sich, nach W. Smith, zwei erwachsene Zellen mit ihren concaven Seiten parallel aneinander, beide theilen sich, die Tochterzellen bleiben in der nämlichen Lage, wie die Hälften ihrer Mutterzelle, und die einander gegenüberliegenden copuliren. Bei Cl. Lunula findet sich meist das Gleiche††), zuweilen jedoch sind die copulirenden Zellen so gerichtet, dass ihre beiden älteren Hälften nach entgegengesetzter Richtung sehen†††). Bei Cosmarium Botrytis sind sehr oft (VI, 5, 6) die beiden copulirenden Zellen aus ungleich grossen Hälften zusammengesetzt, in anderen Fällen allerdings vollkommen symmetrisch. In allen diesen Fällen scheinen sonach Schwesterzellen zu copuliren, welche nach ihrer Entstehung beisammen liegen bleiben. Bei Cl. Ehrenbergii, dem sich das von A. Braun studirte Cl. lineatum in dieser Hinsicht anschliesst, sind dagegen die beiden aneinander gelegten, sich noch einmal theilenden Zellen wahrscheinlich Schwestern, die copulirenden alsdann Geschwisterkinder.

*) Annals and magaz. of nat. history vol. XIV (1844) p. 257; vol. XV (1845) p. 153. British Desmid. (1848).
**) Verjüngung, p. 312.
***) Ann. and magaz. 2d. series vol. V (1850) p. 1.
†) Berichte d. Naturf. Ges. zu Freiburg, Nr. 20 (1857).
††) S. Morren, Ann. des sciences natur. 2me série tom. V. pl. 9.
†††) Taf. V, 24. Morren, l. c. pl. 9, fig. 25.

Die Copulationsfortsätze sind in allen Fällen von einer zarten Membran umgeben, welche sich in die Innenfläche der derben Zellwand fortsetzt. An dem freien Ende ist, besonders bei Cosm. Botrytis, die Membran dicker, von demselben eigenthümlich glänzenden Ansehen, wie die linsenförmige Ansammlung im Copulationsfortsatz von Genicularia. Der Inhalt der Fortsätze besteht aus farblosem, dem Primordialschlauch angelagertem Plasma und wässriger Flüssigkeit, in der einzelne Körnchen suspendirt sind.

Die angeführten Vorbereitungen zur Copulation lassen sich, bei günstiger Jahreszeit und geeignetem Material*) leicht zwischen den vorgeschrittenen Zuständen finden, durch welche man auf ein Stattfinden der Copulation sofort aufmerksam gemacht wird. Der Vereinigungsact selbst geht sehr rasch vor sich, ist aber gerade desshalb leicht zu verfolgen, wenn man gehörig vorbereitete, mit den Fortsätzen einander berührende Zellpaare einige Zeit aufmerksam beobachtet.

Beide Copulationsfortsätze schwellen, ziemlich gleichzeitig, plötzlich zu weiten Blasen an, deren jede rasch Halbkugelform erhält, die andere mit ebener Fläche innig berührend. Die beide trennende Wand ist alsbald verschwunden, die Primordialschläuche in einen verschmolzen, ein fort und fort anschwellender, beide Zellen verbindender Mittelraum gebildet. Mit dem Beginn der Anschwellung und Vereinigung löst sich in den vier Zellhälften der Primordialschlauch von der Membran los und zieht sich allmählich nach dem schwellenden Mittelraum hin zusammen. Indem diese Zusammenziehung in gleichem Verhältniss, wie die Erweiterung des Mittelraumes erfolgt, bleibt der Schlauch der Membran des letztern zunächst anliegend (VI, 7, 27, 28, V, 15—21). Von dem Zellinhalt tritt zunächst nur Protoplasma und farblose Flüssigkeit mit ihren Körnchen in den Mittelraum ein, dann folgen die beiderseitigen Zellkerne, die ich, bei Staur. dejectum, mehrmals in Berührung treten sah (VI, 27, 28), ohne jedoch, der nachdrängenden Inhaltsmasse halber, ihr weiteres Schicksal verfolgen zu können. Zuletzt tritt der Chlorophyllinhalt über, und, gleichzeitig, ziehen sich die letzten Enden des Primordialschlauches aus den Zellhälften heraus. Der ganze Doppelschlauch liegt innerhalb des Mittelraumes als eine kuglige Blase, in welcher der grüne Inhalt, je nach der vorhandenen Menge, entweder unregelmässig zusammengeballt, oder deutlich in zwei oder vier Portionen gesondert erscheint (VI, 8, 29, V, 21, 22). Bei Cl. Lunula habe ich den beschriebenen Vorgang nicht direct beobachtet: nach den gefundenen Zuständen und den Angaben Smith's für Cl. Ehrenbergii findet er jedoch ohne Zweifel in der angeführten Weise statt. Derselbe wird stets in kurzer Zeit vollendet; nach Smith in wenigen Minuten. In den von mir beobachteten Fällen verflossen 15, 20—40 Minuten von dem ersten Anschwellen der Fortsätze bis zur vollendeten Contraction des Primordialschlauches zur Kugelform.

Das weitere Verhalten des Mittelraums und des zur Zygospore werdenden Primordialschlauches ist nun bei den in Rede stehenden Formen ein verschiedenes.

Die Wand des Mittelraums ist bei Cl. parvulum (V, 15—23) von Anfang an der Membran der entleerten vier Zellhälften sehr ähnlich, sie scheint in diese continuirlich überzugehen, und behält diese Beschaffenheit bis zur Reife der Zygospore. Erst bei Anwendung von Jod und Schwefelsäure erkennt man, dass sie heller blau gefärbt wird, als die vier Hörner, in welche sie sich fortsetzt, und dass sie in die Innenfläche der letzteren übergeht, während die äusserste Membranschicht derselben wie bei Cosmarium quer aufgerissen, dunkler blau gefärbt und durch eine scharfe Linie gegen den Mittelraum hin abgegrenzt ist.

Der Primordialschlauch liegt zunächst der Wand des Mittelraums in den er sich zusammengezogen, innig an (21). Allmählich contrahirt er sich noch weiter, so dass er zuletzt als ovale oder stumpf viereckige Blase frei in dem Raume liegt (22). Alsbald erscheint er von einer zarten Celluloseshaut umgeben — der

*) Die Beobachtungen lassen sich vorzugsweise an solchen Exemplaren mit Leichtigkeit und Sicherheit machen, welche man möglichst unvermischt und reichlich im Zimmer cultivirt. Zu solcher Cultur eignen sich, nach meinen bisherigen Erfahrungen, besonders Cosm. Botrytis und Meneghinii, welche mir seit 2 Jahren in grosser Ueppigkeit gedeihen, theils in kleinen Gläsern, auf deren Grund sich eine dünne Humuslage befindet, theils in Uhrschälchen in reinem Wasser. Die Jahreszeit, in welcher die Copulation erfolgt, ist vorzugsweise der Frühling und Frühsommer, doch keineswegs ausschliesslich. Ich beobachtete sie z. B. besonders häufig bei Cosm. Botrytis März, Mitte Mai 1857, Juli 1856; C. Meneghinii Mai bis Juni; Staur. dejectum Mitte bis Ende Juli; Clost. parvul. Mitte Juli; Cl. Lunula Anfang Mai, acerosum Anfang April, rostratum (im Freien) Ende März; bei Genicularia im Freien Mitte bis Ende März (in der Cultur nochmals Mitte Mai). Smith fand Cl. Ehrenbergii im März und Januar copulirend.

Aussenhaut der jungen Zygospore (23). Innen von dieser entstehen successive noch 2 Membranschichten beide farblos, glatt, und aus Cellulose gebildet. Aus dem Sporeninhalt verschwindet allmählich Chlorophyll und Stärke, an ihre Stelle tritt eine mächtige farblose wandständige Plasmaschicht mit zahlreichen kleinen (Fett?-) Körnchen. Abnormer Weise nimmt die Zygospore unregelmässige Form an, dadurch dass der Primordialschlauch sich aus den 4 Hörnern nicht vollständig zurückzieht.

Bei Staurastrum dejectum wird die Membran des Mittelraums mit seiner Erweiterung blasser, doch bleibt sie deutlich. Nach völliger Zusammenziehung des Primordialschlauches liegt dieser in einer zarten Blase zwischen den geöffneten, leeren Zellschalen (VI, 29). Jene schien sich zuweilen in letztere hinein fortzusetzen, in anderen Fällen war hiervon nichts zu sehen.

Bei Cosmarium Botrytis ist der Mittelraum während seines Anschwellens von einer ziemlich dicken, aber ungemein zart umschriebenen, dem ganzen Ansehen nach (Reagentien bewirkten stets nur Zerstörung) homogen gallertigen Wand umgeben. Mit seinem Austritt liegt der Primordialschlauch sofort innerhalb einer ringsum geschlossenen, dicken Gallertblase, welche sich nicht ins Innere der leeren Zellhäute fortsetzt (VI, 8, 9). Um die Enden des Schlauches ist, so lange sie sich noch innerhalb ihrer ursprünglichen Membran befinden, keinerlei besondere Haut wahrzunehmen. Es löst sich sonach die gelatinöse Haut des Mittelraums nach völligem Austritt des Schlauches von den Zellschalen ab und schliesst sich ringsum zu einer Blase. Dies Verhalten erklärt die minder deutlichen Verhältnisse von Staurastrum.

Innerhalb der immer blasser werdenden Gallertblase contrahirt sich nun der Primordialschlauch normaler Weise zu regelmässiger Kugelform. Schon nach 10—15 Minuten besitzt er eine deutliche zarte, zunächst durchaus glatte Cellulosehaut (VI, 9). Nach etwa zwei Stunden sind die ersten Andeutungen der späteren Stacheln der Zygospore als kleine und wegen ihrer Zartheit nur durch Jodanwendung deutliche Aussackungen der Zellwand bemerkbar. Die successive Bildung der drei Häute, welche die reife Zygospore umkleiden, erfolgt nun in der unten zu beschreibenden Weise, sowohl bei Staurastrum als Cosmarium.

Vor oder während ihrer Ausbildung findet um die junge Zygospore von Staurastrum zuweilen noch eine abwechselnde Bildung von zarten Membranlamellen und Gallertschichten statt, so dass jene von einer Anzahl ineinandergeschachtelter Blasen umschlossen erscheint. Besonders auffallend und schon von Morren und Smith angegeben ist dies letztere Verhalten bei Clost. Ehrenbergii und Lunula (V, 25) welche Arten sich im übrigen den Cosmarien u. s. w. vollkommen analog verhalten.

Die genannten Umhüllungen verschwinden jedoch in allen den zuletzt besprochenen Fällen schon frühe so vollständig, dass die Zygospore alsbald nur von einer dünnen, lediglich an den anhängenden Schmutztheilchen erkennbaren Gallerte umgeben und durch diese mit den leeren Zellhäuten im Zusammenhang ist, zwischen welchen sie auf den ersten Anblick frei zu liegen scheint.

Der Unterschied zwischen den beschriebenen Copulationsformen besteht sonach darin, dass der Mittelraum bei Cl. parvulum aus einer bleibenden Cellulosehaut, bei den anderen aus einer sehr bald undeutlich werdenden Gallertmembran umgeben wird. Die meisten der durch Ralfs bekannt gewordenen Copulationszustände reihen sich theils ohne alle Schwierigkeit den beiden Formen an, theils bilden sie Uebergänge zwischen beiden.

Mit Closterium parvulum übereinstimmend erweisen sich Hyalotheca, Didymoprium Borreri, Clost. rostratum, setaceum, acutum, Cornu. Ferner schliesst sich hier, nach den Abbildungen Ralfs', Desmidium (und Aptogonum) an. Die Abbildung von Apt. Baileyi (taf. 35, fig. 1 bei R.) lässt darüber keinen Zweifel, und gibt zugleich für Desm. Swartzii (l. c. taf. 4, f) die Erklärung.

Einige Closterien, C. striolatum, Cl. juncidum (l. c. taf. 29) stellen insofern Uebergänge zu den Formen mit vergänglichem Mittelraum dar, als dieser noch einige Zeit nach der Copulation deutlich, doch sehr zart ist, endlich verschwindet. Der rasch verschwindende Mittelraum und daher bald scheinbar frei liegende Zygosporen kommen endlich allen übrigen Closterien, den Gattungen Sphaerozosma, Cosmarium, Staurastrum, Micrasterias, Arthrodesmus, Xanthidium, Euastrum, Docidium Ralfs, Bréb., den meisten Peniumarten zu.

Zu den Formen, welche sich den beiden angeführten Typen nicht vollkommen unterordnen, gehört zunächst Didymoprium Grevillii, dadurch von den anderen verschieden, dass die Zygospore sich, nach

Art von Zygnema, in eine der verbundenen Zellhäute zusammenzieht. Closterium lineatum verhält sich (nach Braun's Darstellung) in sofern eigenthümlich, als sich hier zwei erwachsene (Schwester?-) Zellen vor der Copulation parallel aneinander legen, alsdann in der Regel gleichzeitig theilen, und das neugebildete Ende jeder jungen Zelle aus der geöffneten Mutterzellhaut hervortritt, um sich sofort mit dem gleichen der gegenüberliegenden zu vereinigen. So entstehen aus zwei copulirenden Paaren zwei dicht aneinander grenzende Mittelräume, deren jeder von einer sonst nach Art der anderen Closterien entstehenden Zygospore fast vollständig ausgefüllt wird. Zwischen den geöffneten Häuten zweier erwachsener Zellen liegt sonach stets ein Paar Zygosporen.

Bei Tetmemorus laevis bildet sich, nach Ralfs' Darstellung, der vereinigte, aus den aufgerissenen Membranen befreite „Inhalt" zu einer grossen Zelle von der Form eines stumpf-viereckigen Kissens aus. Innerhalb der Membran derselben zieht sich der Primordialschlauch nochmals zu einer sphäroiden Zygospore zusammen. Es ist zweifelhaft, ob an der ersten Zusammenziehung zu der viereckigen Zelle eine innere Membranschicht der copulirenden Theil einnimmt. Nach Ralfs' Figur 3d, bei welcher eine Portion Chlorophyllinhalt neben der viereckigen Zelle innerhalb einer sonst leeren Zellhälfte steckt, scheint dies nicht stattzufinden, vielmehr der Primordialschlauch (von dem, wie so oft bei dergleichen Processen, in dem abgebildeten Fall ein Stück abgerissen wäre) sich zuerst zu contrahiren, dann mit einer Membran zu umgeben, und sich innerhalb der letztern nochmals zusammenzuziehen. Tetm. granulatus verhält sich, soweit ich aus ziemlich jugendlichen selbstbeobachteten Zuständen und Ralfs' Angaben schliessen kann, wie Cosmarium.

Die Structur der reifen Zygospore entspricht bei den Desmidieen, wie schon oben bei Clost. parvulum angedeutet wurde, der von Gonatozygon, Zygnema, u. s. f. Es sind drei, successiv von aussen nach innen entstehende Häute vorhanden (S. VI, 32, 37, 12, V, 11): Aussenhaut (Cellulose); Mittelhaut, meist, doch nicht immer gefärbt, und zwar oft sehr dunkel braun; und farblose, meist Zellstoffreaction zeigende Innenhaut. Wo die Mittelmembran farblos (Clost. parvul. Cosm. Meneghinii), zeigt sie gleichfalls Cellulosereaction: desgleichen sah ich sie bei Cosm. Botrytis, obgleich sie hier intensiv braun, deutlich, wenn auch trübe blau werden. Die Mittelhaut mehrerer Arten (Tetm. granulatus, Clost. acerosum und wahrscheinlich der meisten Verwandten) ist fein punctirt, von zahlreichen in die Aussenhaut eingepressten Prominenzen auf ihrer Aussenfläche (V, 11).

Die Aussenhaut ist, abgesehen von dēn Stacheln, homogen. Nur bei Staurastr. dejectum fand ich sie mit sehr zahlreichen kreisförmigen Tüpfeln versehen (VI, 32, b).

Bekanntlich haben die reifen Zygosporen von Cosmarium, Euastrum und Verwandten auf ihrer Oberfläche Stacheln und Vorsprünge von verschiedener Gestalt. In der ersten Jugend ist ihre Oberfläche durchaus glatt (VI, 9, 29). Bald sieht man die Wand zahlreiche Aussackungen treiben, deren überaus zarte Membran sich deutlich in den Innencontour der übrigens selbst noch zarten primären Sporenhaut fortsetzt (VI, 30, 31). Der deutlich nachweisbare Primordialschlauch, farbloses Protoplasma enthaltend, kleidet sie aus. Haben die Aussackungen die für die Species characteristische Form und Grösse der ausgebildeten Stacheln angenommen, so verdickt sich ihre Membran, indem sich vom Ende aus nach innen neue Celluloseschichten anlagern, und so das ganze Lumen allmählich ausgefüllt wird (VI, 10, 36). Die Stacheln sind daher bald solide Körper (VI, 11, 32, 37, 50, 54), von dem frühern Lumen bleibt nur an ihrer Basis eine kleine, durch die später entstehende Mittelhaut auszufüllende Grube übrig. Statt der regelmässigen Ausbildung der Stacheln kommt es zuweilen abnormer Weise blos zur Bildung unregelmässiger Auswüchse, oder flacher, stumpfer Höcker. Sobald diese eine deutlich doppelt contourirte Membran zeigen, wachsen sie nicht weiter, sie sind daher von normalen Entwicklungszuständen wohl zu unterscheiden.

In dem Inhalt der reifen Spore fand ich Chlorophyll und Stärke stets zum Theil verschwunden und durch Fett ersetzt, vollständig jedoch nur bei Closterium parvulum und rostratum.

Die mit zahlreichen kurz 2—3spitzigen Stacheln versehene Zygospore von Cosmar. Botrytis zeigt schon lange vor der Keimung*) in ihrem Inhalt zwei grosse dunkle Körper von unregelmässig ovaler

*) Dieselbe wurde Ende December 1857 und Anfangs Januar 1858 beobachtet. Sie erfolgte gleichzeitig an sehr verschieden aufbewahrtem Material. Ich theile darüber hier einige Data mit, theils als neue Beispiele einer bis zu ge-

Gestalt, beiderseits neben dem Centrum liegend. Sie schimmern durch die dunkelbraune Mittelhaut mit schwarzer Farbe durch; Anwendung von Glycerin auf die unverletzte, und von Reagentien auf den ausgepressten Inhalt der Spore zeigt, dass sie Chlorophyllmassen sind, denen zahlreiche Stärke- und Fettkörner eingebettet liegen. Dem Primordialschlauch ist eine dichte Schicht von Fettkörnern angelagert, durch welche der ganze Inhalt ein grob granulirtes Ansehen erhält.

Die Keimung beginnt, indem die farblose Innenhaut, welche diesen Inhalt umschliesst sich ausdehnt, die äusseren Häute in einem breiten Querriss sprengt, und durch denselben hernienartig hervortritt (VI, 12). Ihr innerhalb der Sporenhäute eingeschlossener Theil liegt zunächst noch der Mittelhaut innig an; sofort aber folgt er dem ausgetretenen, so dass die Innenzelle bald als kuglige Blase (Keimkugel) vor der Oeffnung der leeren äusseren Häute liegt (VI, 13, 14). Innenhaut und Mittelhaut haften bei vorliegender Species fest aneinander. Die austretende Keimkugel löst daher die Mittelhaut oft von der Aussenhaut los, und stülpt sie oft bedeutend ein, indem sie sie bis zur Austrittsöffnung mit sich zieht. Hier trennen sich beide jedoch vollständig, die Mittelhaut sucht ihre frühere Form wieder einzunehmen, bleibt jedoch meist an einzelnen Puncten eingedrückt und von der Aussenhaut getrennt (14).

Die eben ausgetretene Keimkugel übertrifft, wie schon aus dem Angeführten hervorgeht, die zugehörige Zygospore bedeutend an Grösse. Die Durchmesser beider (die Stacheln der Haut natürlich nicht mitgerechnet) verhalten sich wie 35:27, 31:23, 31:26 u. s. w.

Der Inhalt lässt nach dem Austritt die beschriebenen Theile deutlich erkennen, seine zahlreichen Fetttropfen zeigen meist eine blassröthliche Farbe. Die beiden dunkeln Chlorophyllmassen sind zunächst einander und der Wand der Kugel genähert (13). Allmählich kehren sie an ihre frühere Stelle neben dem Kugelcentrum zurück (14, 15). Der Primordialschlauch der Keimkugel zieht sich nun etwas zusammen und umgibt sich mit einer zweiten Membran. Die ursprüngliche wird durch diese Verkleinerung und durch Absonderung einer kleinen Menge farbloser Substanz (Gallerte oder wässrige Flüssigkeit?) als zarte Blase von dem Umfang der neugebildeten Haut abgehoben (16—19), der Durchmesser der innern Kugel dabei um $^1/_{18}$ bis $^1/_{14}$ seiner ursprünglichen Grösse vermindert.

Nach einiger Zeit sieht man den Primordialschlauch der Kugel mit seinen Fettkörnern abermals um ein Geringes von der Membran zurücktreten, um sich sofort in der Richtung einer zwischen den beiden Chlorophyllmassen mitten durchgehenden Kreisebene einzuschnüren — zunächst in einer breiten, flachen Furche (16), von deren tiefster Stelle aus alsbald eine nur als Linie wahrnehmbare enge Einfaltung, gegen das Centrum fortschreitend, in Zeit von wenigen Minuten den Primordialschlauch in zwei an der Kante abgerundete Halbkugeln theilt (17).

Diese bleiben zunächst ohne Membran. Nach kurzer Frist tritt in der Mitte beider gleichzeitig eine weitere ringförmige Einschnürung ein, gleichfalls centripetal, aber nur um etwa $^1/_3$ des Durchmessers in die Halbkugeln einspringend, dann einhaltend (18). Jede Halbkugel ist somit durch eine enge Furche in zwei an den Rändern abgerundete, in der eingeschnürten Mitte zusammenhängende Abschnitte getheilt; sie hat, indem sie zugleich unter den Augen des Beobachters ihren Gesammtumriss etwas mehr in die Länge streckte und an Breite abnehmen liess, die Form einer Cosmarium-Zelle angenommen. Die beiden Zellen (Keimzellen) umgeben sich rasch mit einer festen Cellulosehaut.

Die Ebenen der (zweiten) Einschnürung schneiden beide die ursprüngliche Theilungsebene unter einem rechten, und einander gleichfalls meist unter einem rechten, seltner spitzen Winkel. Die beiden

---

wissem Grad unabhängig von äusseren Einflüssen erfolgenden Entwicklung ruhender Sporen zu bestimmter Zeit (Siehe Cohn, Monatsber. d. Berl. Acad. Mai 1855); theils zur Berücksichtigung für Diejenigen, welche die Keimungsbeobachtungen wiederholen wollen. Die Zygosporen waren in zwei Gläsern gereift. Aus dem einen (Nr. 1), in welchem sehr wenige andere Algen vegetirten, wurde im October alles Wasser ausgegossen, die Z. trockneten auf dem Boden ein. In dem andern (2) waren andere Desmidieen, Oedogonien u. s. f. in grosser Menge. Es blieb stets mit Wasser gefüllt. Aus demselben wurde eine Partie Sporen in ein Uhrschälchen mit Wasser (3) gebracht, und eine andere in einem Uhrschälchen eintrocknen gelassen (4); beides Ende October. In Nr. 2 fanden sich am 15. December die ersten Andeutungen von Keimung; in 3 am 15. noch keine, am 16. schon einige Keimungen, deren Zahl in den nächsten Tagen rasch zunahm. Das eingetrocknete Material in den Gefässen 1 u. 4 war am 13. December mit Wasser übergossen worden. In Nr. 1 am 19. u. 20., in Nr. 4 erst am 23. December Keimung.

Keimzellen liegen daher stets gekreuzt (18—20). Die innere Haut der Keimkugel umschliesst sie enge und drückt sie in derart gegeneinander, dass die Hälften einer jeden nach der Mitte der Kugel hin etwas gegeneinander gebogen, und dort mit einer abgeplatteten Oberfläche versehen sind (VI, 18). Ausserdem kommen zuweilen Formunregelmässigkeiten vor, indem sowohl die beiden Zellen, als auch die zwei Abschnitte einer einzelnen an Gestalt und Grösse ungleich sein können.

Von den beiden Chlorophyllmassen der Keimkugel erhält bei der Theilung jede Halbkugel eine (17). Vor der zweiten Einschnürung trennt sich dieselbe in zwei in die Mitte der späteren Zellhälften rückende Partien.

Ist die junge Keimzelle gebildet, so nimmt die Chlorophyllmasse einer jeden Hälfte die Form eines der Einschnürungsebene parallelen schmalen Streifens an (19). Dieser zerfällt später seiner Quere nach in zwei Abschnitte, welche sich alsbald zu der Form und Anordnung gruppiren, die den Chlorophyllkörpern erwachsener Zellen zukommt (20, 21). Ein Amylonkern erscheint in der Mitte eines jeden.

Haben somit die beiden Keimzellen die den ausgebildeten im Wesentlichen gleiche Structur angenommen, so werden die umhüllenden Häute aufgelockert — entweder die äussere oder die innere (20) zuerst, entweder an einer Seite oder gleichzeitig im ganzen Umfang —; die zwei Zellen fallen auseinander und entfernen sich allmählich von einander (21). Die hierbei stattfindende Bewegung ist so langsam und unregelmässig, dass es nicht zu entscheiden war, ob ihr andere Ursachen, als zufällig in dem Wasser erzeugte Strömungen zum Grunde liegen.

Auch nachdem sie frei geworden, lassen sich die Keimzellen stets von erwachsenen leicht unterscheiden durch die mehr in die Quere gezogenen, an den Enden breiter abgerundeten Hälften, durch ihre durchaus glatte, übrigens ziemlich derbe Membran und durch die dicht gedrängten wandständigen Fettkörner ihres Inhalts. Dazu kommen sehr häufig noch allerlei Unregelmässigkeiten in der Gestalt.

Die bei ihrer Entstehung angenommene Form, und die glatte Membran verbleibt ihnen stets bis zu ihrer Theilung; der körnige Inhalt ebenfalls in den meisten Fällen; doch kommt es vor, dass schon vor der Theilung die Fettkörner verschwinden, und der Inhalt das Ansehen von erwachsenen Cosmariumzellen erhält.

Soweit sich aus der Vergleichung von Culturen auf dem Objectträger, die sich niemals vollkommen durchführen lassen, mit den in den Gefässen cultivirten Exemplaren schliessen lässt, wird der Entwicklungsprocess vom Austreten der Keimkugel an bis zum Freiwerden der beiden Keimzellen in 24 bis 48 Stunden vollendet.

Schon in den nächsten Tagen nach dem Auftreten der ersten Keimzellen findet man die Theilungsproducte derselben in verschiedenen Stadien der Ausbildung. Die Theilung selbst erfolgt wie bei den erwachsenen Cosmariumzellen (VI, 22). Welche Gestalt auch immer die Keimzelle gehabt haben mag, die beiden neugebildeten Hälften (fig. 23bb) nehmen die für die Species characteristische Form an, und zeichnen sich daher von den Hälften der Keimzelle (23aa) stets durch die abgestutzten Enden, und die warzenförmigen Prominenzen ihrer Membran aus. Sie sind dabei breiter als jene, ihr Querdurchmeser an der breitesten Stelle übertrifft den der Keimzellenhälfte um etwa $^1/_7$. (Die absolute Breite der meisten Keimzellhälften beträgt $^1/_{43}'''$—$^1/_{37}'''$. Die neugebildeten Hälften von $^1/_{43}'''$ breiten hatten die Breite von $^1/_{37}'''$, $^1/_{36}'''$.) Indem bei der Theilung eine Portion der Fettkörner in den neugebildeten Abschnitt übertritt, erhält die junge Zelle grössere Durchsichtigkeit.

Die beiden ungleichhälftigen, aus der ersten Theilung entstandenen Tochterzellen theilen sich weiter. Die neu nachwachsenden Hälften sind den bei der ersten Theilung entstandenen gleich. Unter den vier aus der zweiten Theilung hervorgehenden Zellen sind daher zwei gleichhälftig und von der für die Species characteristischen Form und Oberfläche, die beiden anderen ungleichhälftig (fig. 24). In den erstgenannten fährt nun die Theilung in der gewöhnlichen Weise fort. Die ungleichhälftigen zeigten noch 3 Monate nach ihrer Entstehung die ursprüngliche Form, üppige Vegetation und Theilung, es entsteht durch letztere stets eine gleichhälftige und eine ungleichhälftige Tochterzelle.

Cosmarium Meneghinii (VI, 37—46) stimmt mit C. Botrytis in allen wesentlichen Puncten überein. Die Keimkugel behält hier stets eine einfache, verhältnissmässig derbe Haut (39). Die Hälften der beiden Keimzellen haben fast kreisrunden Querschnitt, halbeiförmige, oder selbst halbkuglige Gestalt (40—44), während die nach der ersten Theilung entstehenden bereits vollkommen die für die Species characteristische Form annehmen (46). Offenbare Keimzellen, die sich von den gewöhnlichen, in deren Gesellschaft sie gefunden werden, durch viel beträchtlichere Grösse und sehr unregelmässige Form auszeichnen (45), scheinen anzudeuten, dass der ganze Primordialschlauch der Keimkugel sich zuweilen zu einer einzigen Keimzelle contrahirt. Die Entwicklung dieser, übrigens selten vorkommenden Gebilde konnte nicht mit Sicherheit constatirt werden.

Die mitgetheilten Beobachtungen gestatten hinlänglich, für die nächstverwandten Gattungen, wie Euastrum, Staurastrum, Micrasterias, ganz ähnliche Keimungsvorgänge anzunehmen. Sie liefern zugleich den Nachweis dafür, dass aus der Zygospore Zellen entstehen, welche den Mutterzellen jener vollkommen gleich sind. Die von Focke*) geäusserte Ansicht, dass die aus einer Copulation hervorgehenden Zellen den Eltern ungleich wären, bei Euastrum z. B. nach jeder Copulation einen Lappen mehr bekämen, dass somit immer mehrere als Species betrachtete Formen Entwicklungsstufen einer Art seien, wird dadurch zurückgewiesen, wenn auch, wie dies kaum zu vermeiden, unter den bisher aufgestellten Arten hie und da noch sogenannte Schlechte sein mögen.

Mit meinen Resultaten stehen die Angaben von Hofmeister**) über die Keimung von Cosmarium tetraophthalmum und undulatum keineswegs im Einklang. Wenn dies schon hinsichtlich der Copulationsvorgänge bei Cosmarium der Fall ist, so liegt der Grund davon offenbar in der Unzulänglichkeit seines Materials; und auch die Angaben über die Keimung sind kaum anders zu erklären. In der Zygospore von Cosmarium sollen zwei den grünen Inhalt einschliessende, in körnchenführender Flüssigkeit suspendirte Primordialzellen entstehen, und, im Verlauf von 9 Monaten, aus ihnen durch wiederholte Zweitheilung 8—16 scheibenförmige, endlich zu kleinen Cosmarien sich gestaltende Tochterzellen sich entwickeln. Die beiden „Primordialzellen" sind (nach fig. 3 von H's. Tafel) offenbar die oben als Chlorophyllmassen bezeichneten Gebilde. Ihre „Theilung" scheint um so mehr ein krankhafter Zustand zu sein, als H. ausdrücklich angibt, dass die Mehrzahl seiner Sporen von C. tetraophthalmum während des Winters abstarb. Die Angabe endlich, dass die Jungen von genannter Species in Form und Grösse fast vollständige Uebereinstimmung mit C. Meneghinii R. zeigten, scheint auf der Beobachtung von todten, zufällig geöffneten Sporenhäuten zu beruhen, in welche ein wirkliches C. Meneghinii zufällig hineingerathen war, das sich dort vermehrt hatte. Auf solche Art entstehen gar häufig Ansammlungen kleiner Desmidiaceen innerhalb leerer Zellhäute von grösseren, in Räderthierpanzern u. s. w., und von C. Meneghinii, als einer sehr häufigen kleinen und im Zimmer gut gedeihenden Species ist solches besonders leicht denkbar.

Eine leider unvollständig gebliebene Beobachtung über die Keimung von Closterium rostratum Ehr. Rlfs. ist hier noch zu erwähnen. Die Zygosporen dieser Species werden bekanntlich innerhalb eines bleibenden Mittelraums gebildet, und füllen diesen, sammt den angrenzenden Theilen der Mutterzellhäute völlig aus. Sie haben die Form eines Kissens mit vier ausgebuchteten Ecken (V, 26). Zwei Kanten des viereckigen Körpers sind der Längsaxe der copulirenden Zellen parallel, zwei andere (Quer-Kanten) schneiden dieselbe rechtwinklig.

Nach völliger Reife werden die Zygosporen durch Zersetzung der Mutterzellhäute frei. Sie besitzen alsdann eine mehrschichtige braune Aussenhaut, die von einer farblosen, ziemlich derben, aus Cellulose bestehenden Innenmembran ausgekleidet wird. Der anfangs chlorophyllreiche Inhalt scheint mit völliger Reife der Sporen gänzlich entfärbt zu sein. Eine genauere Untersuchung hierüber wurde unterlassen, um das sehr spärliche Material zu schonen. Zur Zeit der Keimung wurde wiederum Chlorophyll wahrgenommen.

Vereinzelte ziemlich reife Exemplare wurden im März 1856 unter einer sehr formenreichen Algenmasse gefunden, mit dieser aufbewahrt, ihre Keimung Mitte December durch das Auftreten leerer Sporenhäute angezeigt. Die Art ihrer Entleerung wurde einmal gesehen. Die Innenhaut dehnt sich aus, und

*) Bei der Naturforscher-Versammlung zu Bonn. S. Bot. Zeitung. 1857 p. 771.

**) Bericht der K. S. Gesellsch. der Wissensch. zu Leipzig. Math.-phys. Cl. 1857. I.

tritt rasch aus einem stets in einer der queren Kanten entstehenden Riss der äussern Haut hervor (V, 27). Vor diesem angelangt, nimmt die Innenzelle sofort Kugelform an. Ihr Inhalt zeigt zahlreiche wandständige Fettkörner und einen centralen, aus Chlorophyll und Körnchen bestehenden dunkeln Klumpen (V, 28).

Während nun die Zelle allmählich in eine breit elliptische Gestalt übergeht, zerfällt der Inhaltsklumpen in zwei. Von der Peripherie dieser sieht man Schleimfäden, mit Körnern besetzt, nach der Wand verlaufen. Die beiden grünen Massen rücken allmählich nach den Enden des Ellipsoids hin weiter und weiter auseinander, bis sie dort die Wand berühren (fig. 29, 30ab). Diese Veränderungen gingen innerhalb 1 Stunde und 40 Minuten vor sich. Während einer nothwendig gewordenen anderthalbstündigen Unterbrechung der Beobachtung wurde das sorgfältig bewahrte Präparat durch einige rücksichtslose Räderthiere in grosse Unordnung gebracht. Bei Wiederaufnahme der Beobachtung fand sich die ausgetretene Zelle weder an dem bisherigen Platz noch sonst irgendwo in der (ziemlich grossen) Wasser- und Schlammmasse auf dem Objectträger. Dagegen lag nahe dem Ort, wo jene Zelle gelegen, eine zarthäutige, offenbar jugendliche, vorher nicht bemerkte Closteriumzelle von ausgebildeter Form.

Trotz aller Aufmerksamkeit liess sich der beschriebene Process kein zweites Mal beobachten. Dagegen fanden sich von Tag zu Tage mehr leere Sporenhäute und Closteriumzellen vor, welche etwas weniger vorgezogene Enden zeigten als ganz erwachsene, und eine durchaus homogene, hyaline Membran, die keine Spur der Streifung zeigte, welche alten Zellhäuten eigen ist. Diese Zellen sind ohne Zweifel als junggebildete zu betrachten. Sie fanden sich stets vereinzelt.

Verglichen mit Cosmarium, entspricht die ausgetretene Innenzelle jedenfalls der Keimkugel. Allein, soweit die lückenhaften Beobachtungen einen Schluss gestatten, scheint sich der Primordialschlauch dieser nicht in zwei Keimzellen zu theilen, sondern die Keimkugel sich vielmehr zu einer einzigen Closteriumzelle auszustrecken. Es wird sonach hier ein Verhalten regelmässig eintreten, das bei Cosm. Meneghinii zuweilen, bei C. Botrytis niemals beobachtet wurde. Jedenfalls ist durch das Angeführte die Entstehung von Zellen aus der Closterium-Zygospore nachgewiesen, welche den Mutterzellen der letztern in allen wesentlichen Puncten gleichen.

An die in der angeführten Weise aufgefasste Keimung von Closterium rostratum schliesst sich Morren's öfters besprochene und allerdings in vielen Puncten noch durchaus räthselhafte Keimungsgeschichte von Cl. Lunula an*). Nach ihm soll die aus der Copulation zweier Closterien entstandene (nach den Abbildungen jedenfalls noch sehr zarthäutige) grüne Kugel die umhüllende Gallerte verlassen, sich 15 bis 20 Minuten nach Art der Zoosporen von Vaucheria bewegen, endlich, zur Ruhe gekommen, sofort an zwei Polen zuspitzen und zu einer Closteriumzelle auswachsen. Diese Angaben als richtig angenommen, so wurde in den von Morren beobachteten Fällen der gleiche Entwicklungsprocess durchlaufen, wie bei Cl. rostratum, nur in viel kürzerer Zeit, mit Ueberspringung des in der Regel eintretenden Ruhezustandes. Die Abbildungen und Beschreibungen, welche M. von dem Copulationsprocess selbst gibt stimmen mit den Beobachtungen von Smith (an dem nahe verwandten Cl. Ehrenbergii) und meinen eigenen vollkommen überein, wenn auch die Deutungen des Verfassers von den oben gegebenen Darstellungen gewaltig abweichen. Obgleich nun alle Beobachter ausser Morren in allen Fällen nur Ruhesporen entstehen sahen, und obgleich Morren's Angaben in vielen Puncten genauer sein könnten, so redet er doch von den Bewegungen zu bestimmt, als dass man die ganze Darstellung mit Smith für unrichtig erklären dürfte. Er scheint vielmehr einen höchst seltenen Ausnahmsfall beobachtet zu haben.

Die Keimungsgeschichte einer Desmidiacee mit verbunden bleibenden Zellen war (ausser bei Genicularia) bis jetzt noch nicht zu erhalten.

Jedem, der sich mit der Untersuchung mikroskopischer Algen nur einigermaassen beschäftigt hat, sind ohne Zweifel schon grosse (bis $^{1}/_{16}'''$ Durchmesser) grüne Kugeln aufgefallen, welche sehr häufig in Torfgruben, Waldgräbchen u. s. w. mit Desmidiaceen zusammen vorkommen. Ich finde diese Gebilde nur von Hofmeister (a. a. Orte) erwähnt und beschrieben. Die Mitte der kugligen Zelle (VIII, 26, 27)

*) Ann. sc. nat. 2me Serie tom. V, 1836.

nimmt ein dunkler Schleimklumpen ein (wohl Zellkern mit umhüllendem Plasma), von dessen Umfang aus zahlreiche Plasmastreifen nach der Wand verlaufen. Längs dieser und noch zahlreicher an der Innenfläche des Primordialschlauchs, finden sich grosse, häufig Stärke enthaltende Chlorophyllkörner, die, je nach ihrer Häufigkeit, der Zelle eine heller oder dunkler grüne Färbung verleihen. Das Vorkommen und die Gestalt dieser, mit anderen Algen wenig Verwandtschaft verrathenden Gebilde legt die Vermuthung nahe, dass sie Keimkugeln von Desmidiaceen seien, was jedoch durch die Beobachtungen nicht bestätigt wird. Während häufig wiederholter, Monate und Jahre langer Culturen vegetirten diese Körper unverändert fort und vermehrten sich durch Zweitheilung. Ich halte sie daher mit Hofmeister für Repräsentanten einer selbstständigen Algenspecies, die jedoch wohl kaum zu den Desmidiaceen gehören dürfte, und einstweilen Eremosphaera viridis heissen mag.

Nachträglich erwähne ich hier einiger Beobachtungen, welche während des Druckes obiger Blätter gemacht wurden, und das Vorstehende in einigen Puncten vervollständigen.

Die copulirenden Zellen von Hyalotheca (dissiliens Bréb.), bekanntlich aus dem Fadenverband losgelöst, treiben, meist in gekreuzter Lage, ihre Copulationsfortsätze gegeneinander, wie dies schon 1835 von de Brébisson (Mém. de la soc. acad. de Falaise p. 268, pl. II) beobachtet wurde. Diese verschmelzen, nach Art der Zygnemeen, zu einem Mittelraum, welcher binnen etwa 24 Stunden zu einer weit-blasigen Form heranwächst und von einer der Zellmembran gleichdicken Wand umgeben ist. Der Primordialschlauch bleibt der Membran innig anliegen und dehnt sich mit derselben aus, bis der Mittelraum sein Wachsthum vollendet hat. Alsdann zieht er sich rasch (binnen 25 bis 30 Minuten) zur kugligen Zygospore (vgl. Ralfs l. c. tab. I) zusammen.

Aehnlich verhält sich Zygnema pectinatum (vgl. pag. 13). Auch hier wächst der Mittelraum erst zu seiner vollendeten Form heran, dann erst zieht sich der Doppel-Primordialschlauch zusammen. Dabei bleibt diesem eine dünne innerste Celluloseschicht von der Seitenwand der Zellen anhaften und nimmt an der Contraction Theil, löst sich aber auf und verschwindet spurlos, wenn sich der Schlauch um $1/5$ bis $1/3$ des Zellendurchmessers von der Wand entfernt hat. —

II.

Ueber die Bedeutung der Copulation und ihre Verbreitung.

Die im vorigen Abschnitt mitgetheilten Untersuchungen wurden zunächst begonnen, um die bei der Copulation stattfindenden Vorgänge einem genauern Studium zu unterwerfen, als dies früher der Fall gewesen war.

Die Entdeckung des Befruchtungsprocesses von Vaucheria durch Pringsheim musste die genannte Gattung aus dem Bereich der begonnenen Untersuchung entfernen, zugleich aber die in früheren Zeiten schon wiederholt behandelte Frage von neuem anregen, wie verhalten sich die Erscheinungen der Copulation zu der sexuellen Befruchtung.

Die Resultate meiner Beobachtungen veranlassten mich in der schon oben citirten kurzen Mittheilung*) die Copulation als einen der Befruchtung sich eng anschliessenden Vorgang zu bezeichnen. Bald darauf erklärte Hofmeister**), auf Grund einiger Beobachtungen bei Desmidieen und Diatomeen, die Copulation geradezu für eine Form der Befruchtung; während der Entdecker der Sexualität bei den Conferven in einer mir erst nach dem Druck obiger Abhandlung zugekommenen Schrift***) in den bisher bekannt gewordenen Erscheinungen keinen zwingenden Grund für eine solche Auffassung finden kann, und zwar auf Beobachtungen gestützt, die hinsichtlich der Thatsachen mit den meinigen völlig übereinstimmen.

Um zwischen diesen entgegengesetzten Ansichten eine Entscheidung zu treffen, ist eine eingehende Vergleichung beider in Rede stehender Vorgänge nothwendig.

Das Wesen der Befruchtung beruht in dem Zusammenwirken von männlichem und weiblichem Formelement zur Bildung eines entwicklungsfähigen Keimes.

Bei den höheren Thierklassen und Pflanzen ist durch eine lange und allbekannte Reihe von Erfahrungen und Versuchen die Nothwendigkeit dieses geschlechtlichen Zusammenwirkens nachgewiesen, und die dabei concurrirenden Formelemente näher bestimmt worden, und zwar war es, wie Hofmeister sehr richtig betont, zunächst lediglich das Experiment künstlicher Trennung und Vereinigung der Producte beider Geschlechter, welches hier die wissenschaftlichen Beweise führte.

Ueber die Art der Wechselwirkung beider Geschlechter hatte man bekanntlich lange Zeit keine nähere Kenntniss. Erst die neuere Zeit lehrte den Eintritt des Pollenschlauchs in das Phanerogamenei, und die allerjüngst verflossenen Jahre das Eindringen der Samenkörper in die Archegonien der Farrn, in die Eisäcke der Algen, in den Dotter des Thiereies kennen. Aus den beobachteten Thatsachen wurde es in hohem Grade wahrscheinlich, dass das Wesen des Befruchtungsprocesses in einer stofflichen Vermischung der beiderlei sexuellen Formelemente beruhe.

*) Berichte der naturf. Ges. zu Freiburg, Nr. 20.

**) l. c. p. 36.

***) Pringsheim. Zur Kritik etc. d. Unters. üb. d. Algengeschlecht, Berlin 1856/57.

Diese Wahrscheinlichkeit wurde durch die directe Beobachtung des Vereinigungsactes für Vaucheria und Oedogonium zur Gewissheit erhoben, und gerade durch diese Beobachtungen für die ganze Vermischungstheorie eine mächtige Stütze gewonnen.

Die ganze Deutung der Formelemente, deren Vereinigung bei genannten Algen beobachtet wurde, als geschlechtliche, gründet sich aber, wie Hofmeister gleichfalls schon hervorgehoben hat, lediglich auf ihre morphologische Uebereinstimmung mit denen von Fucus, deren physiologische Bedeutung durch das Experiment festgestellt ist. Die vollkommene Richtigkeit der hier zu Grunde liegenden Analogienschlüsse und ihrer Ausdehnung auf die Erscheinungen bei Achlya, Volvox, Sphaeroplea, u. s. w. wird niemand bestreiten. Mit dem nämlichen Rechte, der nämlichen Nothwendigkeit muss aber auch die Copulation der sexuellen Befruchtung an die Seite gestellt werden, wenn für beide Vorgänge und ihre Producte völlig analoge morphologische Verhältnisse nachgewiesen werden.

Natürlich sind zunächst die mit den Conjugaten verwandtesten Gewächse, die geschlechtlichen Conferven zur Vergleichung herbeizuziehen.

Die unbefruchtete Eispore derselben, die Pringsheim Befruchtungskugel, ich hier, aus unten anzuführenden Gründen Keimbläschen nenne, ist, nach der üblichen Bezeichnungsweise, eine Primordialzelle, ein Gebilde, das alle zur vollendeten Zelle gehörigen Eigenschaften und Theile, mit Ausnahme der Cellulosemembran besitzt. Die Samenkörper sind, wie besonders bei den Oedogonieen deutlich ist, gleichfalls solche membranlose, in ihrem Bau den Schwärmsporen analoge Zellen. Bei Oedogonium ist genau zu beobachten, wie die Vereinigung von Samenkörper und Keimbläschen zur befruchteten Eispore durch eine Verschmelzung der beiden Primordialzellen in eine zu Stande kommt, welche sich sofort in der Art zusammenzieht, dass der kleinere, dem Spermatozoid entsprechende Theil gleichsam in den grössern, das Keimbläschen, überfliesst.

Die nächste Folge der Vereinigung ist die Bildung einer Cellulosehaut um die junge Eispore, welche nun entweder in längern Ruhezustand übergeht, oder durch sofortige Theilung den Aufbau des neuen Individuums beginnt.

Bei den beschriebenen Copulationsprocessen, so verschieden sie auch der Form nach untereinander sein mögen, finden wir ein Zusammenfliessen zweier Primordialzellen als allen gemeinsam. Sie unterscheiden sich durch die verschiedene Betheiligung der Haut bei dieser Vereinigung, durch die in verschiedener Weise und zu verschiedenen Zeiten eintretende, in manchen Fällen auch ausbleibende Contraction und Loslösung der Primordialzellen von ihrer Membran. Abgesehen von den nachher zu besprechenden Mesocarpeen verhält sich das Vereinigungsproduct der beiden Primordialzellen, die Zygospore, vollkommen analog der Eispore von Vaucheria, Bolbochaete, Sphaeroplea, indem sie sich unmittelbar nach der Vereinigung mit einer zarten Zellhaut umgibt, und in längern Ruhezustand übergeht. Die Entwicklung neuer vegetativer Individuen aus der Zygospore von Spirogyra, Zygnema, Genicularia, u. s. w. entspricht der von Vaucheria, die Keimung von Cosmarium und Verwandten, Mesotaenium, Cylindrocystis der von Sphaeroplea, Bolbochaete. Und sollte sich Morren's Beobachtung bei Closterium Lunula bestätigen, so würde hier die wenigstens ausnahmsweise vorkommende Ueberspringung des Ruhezustandes die Zygospore in Analogie setzen mit den Eisporen von Fucus — ähnlich den unten zu besprechenden Zygosporen der Diatomeen.

Bei allen diesen in die Augen springenden Analogien ist für viele Copulationen eine grosse Verschiedenheit von den Befruchtungen nicht zu verkennen, indem dort (z. B. bei den Desmidieen) die sich verbindenden Zellen einander vollkommen gleich, morphologisch gleichwerthig sind; bei der Befruchtung dagegen sowohl in ihrer physiologischen als morphologischen Bedeutung stets grosse Verschiedenheit zeigen. Doch erweist genauere Vergleichung der ganzen Reihe von Erscheinungen eine grosse Anzahl Verbindungsglieder zwischen den Extremen und es bleibt kaum eine grössere Verschiedenheit zwischen Copulation und Befruchtung übrig, als zwischen den einzelnen, mit einem dieser beiden Namen bezeichneten Vorgängen.

Samenkörper und Keimbläschen sind in ihrer physiologischen Function wohl überall gleich, morphologisch aber bei Vaucheria, Volvox, weit mehr von einander verschieden, als bei Sphaeroplea und gar bei Oedogonium. Diese verschiedene morphologische Differenz spricht sich weniger in der Form,

Grösse, u. s. w., als in der Entstehungsweise der beiderlei Organe aus. Bei Vaucheria*) werden die Samenkörper durch freie Zellbildung aus einem Theile des Inhalts der Antheridienzelle erzeugt; in einer Zelle, welche in ganz gleicher Weise wie letztere angelegt wurde, später allerdings andere Form annimmt, contrahirt sich der ganze Primordialschlauch zum Keimbläschen. Bei Volvox**) werden, von gleichwerthigen Zellen einer Familie, die einen ganz zu weiblichen, die anderen zu Antheridien, deren Inhalt sich in zahlreiche Samenkörper theilt.

Männliche und weibliche Zelle von Sphaeroplea***) theilen beide ihren Inhalt in viele Tochterzellen, zahlreiche Keimbläschen einerseits, eine noch viel grössere Menge von Spermatozoiden andrerseits.

Eisack und Antheridienzelle sind bei den meisten monöcischen und diöcischen Oedogonien (denen die gynandrosporischen sich leicht anreihen lassen) Tochterzellen gleicher vegetativer, auf die nämliche Weise entstehend, aber der Grösse, meist auch der Form nach verschieden. Durch Zweitheilung erzeugt die Antheridie 2 Spermatozoide, die Primordialzelle des Eisacks wird ungetheilt zum Keimbläschen. Oedog. curvum†) aber erzeugt in jeder Antheridie nur ein Spermatozoid, d. h. ihre Primordialzelle verlässt die Membran ungetheilt, in der gleichen Function, wie sonst die Producte ihrer Zweitheilung. Während also in den übrigen Fällen grössere oder geringere Differenzen herrschen, sind Spermatozoid und Keimbläschen von Oe. curvum der Entstehung nach einander gleich, nur durch Form, Grösse, Beweglichkeit unterschieden; und selbst diese Differenzen sind bei Oedogonium weit geringer, als in den anderen erwähnten Fällen.

Andererseits finden sich neben den völlig gleichen Zellen, die sich bei Desmidieen, Mesocarpeen zur Zygospore vereinigen, bei andern Conjugaten wesentliche Differenzen zwischen den copulirenden Formelementen.

Es gehört dahin zunächst das constante Vorkommen einer aufnehmenden und einer übertretenden Zelle bei den Spirogyren. Beide haben gleiche Entstehung, in manchen Fällen auch gleiche Gestalt, in anderen sind sie constant in Form und Grösse verschieden.

Eine Vermittlung zwischen den Spirogyren und Desmidieen bilden die Zygnema-Arten, deren manche (Z. pectinatum, Ralfsii) sich den letzteren gleich, andere (Z. stellinum, leiospermum) den Spirogyren ähnlich verhalten.

Sirogonium endlich, sonst so nahe mit Spirogyra verwandt, nähert sich durch seine Zygosporenbildung den geschlechtlichen Conferven noch mehr, als alle übrigen Conjugaten. Seine beiderlei Copulationszellen entsprechen in ihrer Entstehung, in ihrer constanten und beträchtlichen Form- und Grössenverschiedenheit vollkommen der Spermatozoidzelle und dem Keimbläschen von Oedogon. curvum. Die kleinere tritt wie dort zur grössern über, hier jedoch auf kürzerm Wege, ohne Bewegungsorgane, dort einen längern Weg durch das umgebende Wasser, den Schwärmsporen ähnlich, zurücklegend.

Für die Vereinigung der geschlechtlichen Formelemente haben übrigens die Bewegungsorgane der Spermatozoiden einen geringen directen Werth. Diese bewegen sich bei Oedogonium, Vaucheria, wenn sie frei im Wasser schwimmen in ganz anderer Weise, als in der Nähe eines befruchtungsreifen Keimbläschens. Wenn in jenem Falle die Bewegung z. B. bei Oedogonium eine träge, schwankende ist, oder bei Vaucheria eine lebhaft hin und her zuckende, eilen sie auf das Keimbläschen in stetigem, unaufhaltsamem Zuge los, sobald es die Befruchtungsreife erlangt hat. Es deutet dies auf eine Anziehung hin, welche von Seiten des weiblichen Sexualorgans auf die Spermatozoide ausgeübt wird. Die Bewegung durch Cilien ist daher für die Vereinigung beider Theile nur insofern von Bedeutung, als sie in manchen Fällen (diöcische Oedogonien, Sphaeroplea) das Spermatozoid in den Bereich der Wirksamkeit jener Attraction ziehen kann. Die Anziehung selbst aber als nächste Ursache der Vereinigung sehen wir ebenfalls wirken bei den Copulationserscheinungen, wo nur durch sie die Bewegung der übertretenden Primordialzelle bei Spirogyra, Sirogonium u. s. w., ja selbst die Richtung der Copulationsfortsätze gegeneinander erklärt werden kann.

*) S. Pringsheim, Monatsber. d. Berl. Acad., März 1855. de Bary, Ber. der Freiburg. Naturf. Ges. Nr. 13, 1856.

**) Cohn, Ber. der Schles. Gesellsch. f. vaterl. Cultur. Bot. Sect. 1856, p. 39. Annal. sc. natur. 1857, p. 323.

***) Cohn, Monatsber. d. Berl. Acad. Mai 1855. Annales des sciences natur. 4. Série, Bot. t. V, p. 188.

†) Pringsheim, Jahrb. f. wiss. Bot. I. Heft I, taf. V, 3.

So stellen sich die meisten Copulationen mit den Befruchtungen der Conferven durchaus naturgemäss zu einer Reihe analoger Vorgänge zusammen, und es steht wohl mit Sicherheit zu erwarten, dass neue Beobachtungen dieser Reihe noch neue, verbindende Glieder zufügen werden.

Auch die auf den ersten Blick so abweichende Copulation der Mesocarpeen schliesst sich dieser Reihe an. Denn der eigentliche Copulationsprocess, die Bildung der Zygospore durch Vereinigung zweier Zellen ist hier genau wie bei Zygnema. Der Unterschied beruht darin, dass die Zygospore sich nicht, wie dort, zusammenzieht, und, mit einer derben Haut umgeben, in Ruhezustand übergeht, sondern dass der Primordialschlauch der Membran abgeschmiegt bleibt, und die ganze Zelle sich zuletzt in 3 oder 5 Tochterzellen theilt, von denen die eine, mittlere, mit dem grössten Theil des Inhalts versehen, zur ruhenden Spore wird, die übrigen steril bleiben und sterben. Die Spore der Mesocarpeen ist sonach ihrer Entstehung nach der Zygospore der übrigen keineswegs gleichwerthig, sondern erst Tochterzelle einer Zygospore.

Wenn, nach obigen Auseinandersetzungen, die Copulation der Befruchtung entspricht, und die Theilung der befruchteten Eizelle von Bolbochaete, Sphaeroplea, Coleochaete, — denen nun Cosmarium, Cylindrocystis beizufügen sind — gewiss mit Recht von Pringsheim den Theilungen verglichen wird, welche aus dem befruchteten Keimbläschen der Moose die 16- bis vielsporige Frucht hervorgehen lassen; so wird, wenigstens vergleichsweise, die Entstehung der Spore und der lateralen sterilen Zellen bei den Mesocarpeen dem allerdings viel complicirtern Process an die Seite gestellt werden können, durch welchen sich die Lebermoosfrucht in das axile, sporenbildende Gewebe, und die sterilen Zellen der Kapselwand differenzirt.

Die oben (Seite 19, 21) besprochenen Wanderungen des Chlorophylls bei den Mesocarpeen haben den Haupteinwurf begründet, den Pringsheim gegen die Deutung der Copulation als Befruchtungsvorgang macht, indem er hervorhebt, dass die sich vereinigenden Massen hier gar nicht jene bestimmte Gestalt annehmen wie bei Spirogyra, und daher den Spermatozoiden und Keimbläschen gar nicht verglichen werden können. Nach den gegebenen Darstellungen fällt dieser Einwand weg.

Es mag dabei vielleicht nicht überflüssig sein, zu bemerken, dass die Sache ganz die nämliche bleibt, ob man nun dieser oder jener Zellentheorie huldigt. Will man die bei den Conjugaten sich zunächst verbindenden Körper, soweit sie von der Celluloshaut umschlossen sind oder waren, anstatt Primordialzellen lieber Massen nennen, so sind Spermatozoide und Keimbläschen gerade eben solche Massen, ganz andere aber die bei den Mesocarpeen in den Mittelraum wandernden Chlorophyllplatten.

Gerade die Betrachtung der Copulationsvorgänge ist aber ganz besonders geeignet, um diejenige Auffassung des Zellenlebens, nach welcher oben von Primordialzellen und von Keimbläschen die Rede war, zu unterstützen und gegen die Angriffe Pringsheims*) zu vertheidigen: ich meine die Auffassung des von der äussersten Plasmaschicht (Primordialschlauch) umschlossenen Inhalts, der Primordialzelle, als den, auch ohne Cellulosemembran selbstständig lebensthätigen Theil der Zelle, der die Haut an seiner bleibenden Oberfläche ausscheidet, ernährt, und an den Lebenserscheinungen der Zelle betheiligt, oder davon ausschliesst.

Bei der Einleitung der Copulation durch Austreiben der Fortsätze ist die Haut in allen Fällen betheiligt. Sie bleibt es in dem weitern Entwicklungsverlauf in den Fällen und an den Puncten wo der Primordialschlauch ihr anliegt. Die directe Beobachtung zeigt, dass der Primordialschlauch, welcher sich bei der Copulation als vollkommen geschlossener, einer Celluloseumkleidung durchaus entbehrender Schlauch selbstständig zusammenzieht, identisch ist mit dem die Membran der vegetirenden Zellen stets auskleidenden. Wo Cellulose und verwandte Stoffe gebildet werden, bleibt dieser Schlauch an der innern Grenze dieser Ansammlungen stets deutlich und unverändert.

Ein entscheidender Beweis dafür, dass die Cellulose an der Aussenfläche des bleibenden Schlauches abgeschieden wird, liegt aber in der Beobachtung, dass in manchen Fällen (z. B. Closter. parvulum) die Haut des anschwellenden Mittelraums bei gleichbleibender Dicke sich beträchtlich ausdehnt, also an Masse zunimmt, soweit sie mit einem Theile desselben Primordialschlauches in Berührung

*) Bau u. Bildg. der Pflanzenzelle. Berl. 1854.

steht, dessen genau gleich beschaffene, und in jenen Theil stets continuirlich übergehende Enden sich selbstständig, und ohne jegliche Membranbildung von der Celluloschaut zurückgezogen haben. Hier ist jede Möglichkeit, die Hautbildung anders als durch Ausscheidung an der Oberfläche des Primordialschlauchs zu erklären, ausgeschlossen.

Auch die Erklärung der Scheidewandbildung bei der Zelltheilung als eine der Einschnürung und Abschnürung des Schlauches folgende Celluloseausscheidung erhält durch die Vergleichung der Mesocarpeen mit den übrigen Conjugaten eine sicherere Begründung. Bei diesen scheidet der Copulations-Schlauch nachweislich während oder nach seiner Zusammenziehung neue Membran ab. Bei jenen liegt der Schlauch stets seiner Membran an, und in seine Einschnürungen wachsen später von dieser aus die Scheidewände in gleicher Weise hinein, wie anderwärts bei der vegetativen Theilung. Das in beiden Fällen gleiche morphologische und chemische Verhalten des Schlauches, sowie die bei Staurospermum künstlich bewirkte Abschnürung desselben vor Vollendung der Querwand lassen auch hier die Einschnürung als das Primäre, allerdings von der Secretion unmittelbar gefolgte betrachten. Es kommt dazu noch die anderweitig mit Sicherheit constatirte Thatsache, dass durchaus nackte, membranlose Primordialzellen — Schwärmsporen von Saprolegnieen ausnahmsweise, Schwärmsporen von Trichiaceen constant — sich durch Ein- und Abschnürung theilen, worüber an einem andern Orte das Nähere mitgetheilt werden wird.

Es ist einleuchtend, dass, wenn die Selbstständigkeit der Primordialzelle in der bezeichneten Weise feststeht, dieselbe schlechthin als Zelle bezeichnet werden muss. Denn der Begriff Zelle, wie er für Thierreich und Pflanzenreich gilt, ist einerseits durch sie vollständig realisirt; andrerseits zeigt die Beobachtung bei Spirogyra u. s. f., bei den einer Membran im gewöhnlichen Sinne entbehrenden Schwärmsporen, dass zwar die Fähigkeit, eine stickstofffreie Membran an der Aussenfläche des Primordialschlauchs auszuscheiden einer jeden Pflanzenzelle als Eigenschaft zukommt, und auch bei den meisten zu irgend einer Zeit, nicht aber bei einer jeden Zelle zu allen Zeiten in Wirksamkeit tritt.

Die Membran, welche der Pflanzenzelle stets und unter allen Umständen als integrirender Theil zukommt, ist sonach der grossentheils aus eiweissartiger Substanz bestehende Primordialschlauch, der die Fähigkeit besitzt und meist zur Geltung bringt, sich mit einer stickstofffreien Hülle — der „Zellmembran", zu umkleiden. Zellen ohne Cellulosehaut in dem bezeichneten Sinne sind die zur Befruchtung bestimmten Körper der Algen, welche Pringsheim Befruchtungskugeln genannt hat. Sie stimmen darin mit den in den höhern Ordnungen als Keimbläschen bezeichneten Gebilden im wesentlichen überein, die ja in allen Fällen zarte Zellen sind, mögen sie, was noch unentschieden, oft schon vor der Befruchtung eine Cellulosehülle abscheiden oder nicht. Sie stimmen mit ihnen ferner überein in der physiologischen Function, die Entwicklung eines Embryo in Folge der Befruchtung einzuleiten. Daher scheint die übereinstimmende Bezeichnung als Keimbläschen nothwendig gefordert.

Das Verhalten des Primordialschlauchs bei der Copulation nöthigt ferner, ihm für eine Reihe von Fällen auch eine entschiedene Contractilität, die Fähigkeit zuzuschreiben, Form und Umfang, auch ausser dem Bereich der reinen Wachsthumserscheinungen, selbstständig zu ändern.

Die Contractilität des Primordialschlauchs, welche während der Copulationsprocesse zur Erscheinung kommt, ist allerdings meistens eine sehr beschränkte, insofern eine Zusammenziehung des Schlauches allerdings erfolgt, die Form und Grösse aber, welche er dadurch annimmt, eine dauernde wird. Doch zeigen die Beobachtungen bei Spirogyra manchmal auch abwechselnde Zusammenziehung und Ausdehnung, Aenderungen der Form, Wieder-Annäherung an eine frühere Gestalt und Grösse. Solcher selbstständiger Contractilität mögen zunächst noch manche Formveränderungen eben geborener Schwärmsporen zuzuschreiben sein; einen höhern Grad noch zeigt die von Thuret für Stigeoclonium beschriebene Hin- und Herkrümmung des Vorderendes von Schwärmsporen an, deren Hinterende in die Austrittsöffnung der Mutterzellhaut eingeklemmt war. Eine Contractilität endlich, welche quantitativ und qualitativ der einer Euglene oder Amöbe nahe kommt, besitzen die oben schon genannten, anderweitig zu beschreibenden Schwärmsporen der Trichiaceen.

Es mag das Angeführte genügen, um auf die Contractilität des Primordialschlauches, ihre Verbreitung und ihre Aehnlichkeit mit den Erscheinungen an manchen Thierzellen in der Kürze aufmerksam zu machen. Ihr Nachweis fordert zu genaueren Untersuchungen darüber auf, ob sie nicht eine viel allgemeinere Verbreitung im Pflanzenreich besitzt, als bisher angenommen wurde, und ob nicht ein Theil der bei höheren Pflanzen beobachteten Bewegungserscheinungen sich auf sie als nächste Ursache zurückführen lassen.

Kehren wir nach dieser Abschweifung zur Betrachtung der Copulationsprocesse zurück.

Die Gewährsmänner, welche Pringsheim (l. c. p. 14) für seine Ansicht der Nichtidentität von Copulation und Befruchtung anführt, habe ich nicht weiter zu widerlegen. Die Widerlegung ist in den mitgetheilten Thatsachen vollständig enthalten, da uns das gegenwärtig Bekannte auf einen durchaus andern Standpunct stellen muss, als die Beobachtungen thaten, welche Hassall, Kützing, Nägeli, A. Braun, Mohl, Schleiden zu der Zeit zu Gebote standen, als ihre von P. citirten Schriften verfasst wurden. Auch auf die Ansichten brauche ich hier nicht näher einzugehen, welche bei Spirogyren, Mesocarpeen, Closterien*) desshalb eine geschlechtliche Zeugung neben der Copulation annehmen, weil hie und da ruhende oder bewegliche Kugeln in den Zellen vorkommen, die sich sogar, als „Spermatosphärien" in spiralige Samenfäden auflösen sollen; oder weil in den Zellenden grösserer Closterien Körperchen vorkommen, die bei flüchtiger Beobachtung Aehnlichkeit mit Samenkörperchen zu haben scheinen. Die Spermatosphärientheorien haben durch Pringsheim ihre Abfertigung gefunden. Von den beweglichen Stäbchen in Closterium wurde gezeigt, dass es anorganische, der Glühhitze widerstehende Körper sind. Gleich jenen Spermatosphärien sind wohl auch jene farblosen, ruhenden, kugligen Körper, welche gelegentlich in abgestorbenen Zellen von Spirogyra, Euastrum, Closterium vorkommen, und von Meyen**), Morren***), Focke†) u. A. abgebildet werden, ohne Bedenken für parasitische Gebilde zu halten, nachdem uns A. Brauns Darstellungen von Chytridium††) ein voraussichtlich weites Feld des Parasitismus bei den mikroskopischen Organismen eröffnet, und die Beobachtungen von Cienkowski†††) und Kloss das Eindringen ihrer entophytischen Arten und der Monas parasitica*†) in die Algenzellen nachgewiesen haben; zumal da jene kugligen Körper oder wenigstens sehr ähnliche, gleich vielen unzweifelhaften Parasiten nicht bei den Conjugaten allein, sondern bei weit verschiedenen und mit wohl gekannten Sexualorganen versehenen Süsswasseralgen (Oedogonium, Vaucheria, Nitella) vorkommen.

Den parisitischen Bildungen gehören auch wohl die braunen, stacheligen Körper an, welche in Spirogyra, Mesocarpeen gefunden und als Asteridien, Asterosphaerien u. s. w. von Shadbolt, Thwaites, Smith, Pringsheim**†), Itzigsohn**††) beschrieben worden sind. Ihr im Ganzen seltenes Vorkommen, das häufig, ich möchte fast sagen gleichgültige Verhalten der Zellen, in denen sie entstehen, ihre Auffindung bei einer Conferva oder Ulothrix durch Shadbolt, ihr von mir beobachtetes Vorkommen in Vaucheria rechtfertigen diese Ansicht. Was wir von ihrer Entwicklung wissen, widerspricht derselben nicht, wenn es auch noch sehr unvollständig ist. Die Beobachtungen, welche ich darüber anzustellen Gelegenheit hatte, bestätigen fast Wort für Wort Pringsheims Angaben. Ich fand die Sternkörper öfters bei Mesocarpus, und besonders einmal bei Rhynchonema reversum Kg. (Taf. I, fig. 6) in ziemlich grosser Menge. Der reife Körper ist von einer derben braunen Membran bekleidet, deren Aussenfläche mit zahlreichen haarfeinen, mit verbreiterter Basis in die Membran übergehenden Stacheln allerseits besetzt ist; die in Vaucheria beobachteten besassen stets eine farblose Membran. Der Inhalt ist farblos, körnig oder homogen, durch Jod wird er blass gelb gefärbt. In einer Rhynchonemazelle fanden sich je 1 bis 6 Sternkörper. Die Zellen selbst hatten entweder die gewöhnliche Cylinderform, oder waren um jeden Sternkörper ringsum gleichmässig

*) S. d. Recension der Bot. Ztg. 1857, p. 487.

**) Physiolog. III, taf. 10.

***) Ann. sc. natur. 2me Serie tom. V, tab. 9, f. 18.

†) Phys. Studien I.

††) S. Abhandl. d. Berlin. Acad. 1855, p. 21. Monatsber. Juni 1855, Decbr. 1856.

†††) Bot. Zeitg. 1857, p. 233.

*†) Ueber Pseudogonidien, in Pringsh. Jahrb. I. Heft 2 p. 371. Von Dr. Kloss erhielt ich schon 1856 eine kurze briefliche Mittheilung, welche Cienkowski's Beobachtungen über die Pseudogonidien vollkommen bestätigt.

**†) Zur Kritik, etc. p. 45—48, wo die Litteratur vollständig citirt wird.

**††) Bot. Zeit. 1853, p. 681. De fabrica spor. Mougeotiae, Neudamm 1856.

bauchig aufgetrieben (II, 6, b). Auch im ausgebildetsten Zustand lagen die Körper hier nie in einer einseitigen Ausbuchtung der Zelle, wie solches in anderen Fällen nicht selten vorkommt.

Sehr häufig zeigten Zellen, die einen oder mehrere selbst reife Sternkörper beherbergten, den Primordialschlauch, die Chlorophyllbinden und den Kern in anscheinend ganz normalem Zustand (II, 6, b, c). Zuletzt verschwanden jedoch in allen diesen Zellen die genannten Theile (II, 6, d). Neben den Sternkörpern fanden sich innerhalb der leeren Membran zuweilen Stärkekörnchen, und nicht selten grosse, farblose, monadenartige Wesen, welche durch 2 Cilien in schwankender Bewegung erhalten wurden. Die Haut der Sternkörper in der Nähe der letzteren war nicht entleert. Auch die Zustände welche Pringsheim beschreibt, in welchen „neben der entleerten stacheligen Membran eine einzige grosse Zelle lag, welche offenbar aus der stacheligen Hülle herausgetreten war, und öfters noch eine beginnende Sonderung des Inhalts in mehrere Portionen erkennen liess“ habe ich nicht wahrgenommen.

Die Entwicklung der Sternkörper liess sich, sowohl bei Rhynchonema, als Mesocarpus, mit Sicherheit zurückverfolgen bis zu ganz zarthäutigen Zuständen, bei denen die Membran noch ganz farblos und die Stacheln nur durch zarte einfache Linien angedeutet waren. Versuche, ihr weiteres Schicksal zu verfolgen, blieben bis jetzt resultatlos.

Auch die nicht durch Parasiten veranlasste Bildung der Spirogyra mirabilis und des Mesocarpus notabilis Hassalls können, nach der oben mitgetheilten Entwicklung, und bei dem entschiedenen Mangel eines auch nur muthmasslichen männlichen Geschlechtsapparats, füglich keine Sexualität neben der Copulation repräsentiren. Sie gehören wohl überhaupt kaum in den normalen Entwicklungskreis der Species. Doch ist es keineswegs unwahrscheinlich, dass die den Zygosporen ähnlichen „Sporen“ dieser Formen nicht immer zu Grunde gehen, wie sie es bei der oben besprochenen Spir. mirabilis zu Hunderten thaten; sondern dass dieselben in einen Ruhezustand übergehen, und später einen Vegetationsprocess von Neuem einleiten können.

Es liegt auf der Hand, dass sie sich in diesem Falle zu den Oosporen und Zygosporen verhalten, wie die ungeschlechtlichen Vermehrungsapparate, Bulbille, Knollen u. s. w. der Phanerogamen zu deren Samen. Das Vorkommen solcher Bildungen bei den genannten Gewächsen ist keineswegs ein vereinzeltes, indem das oben (Seite 9, 24) Mitgetheilte für Zygnema, Mougeotia genuflexa die Fähigkeit einer jeden vegetativen Zelle nachgewiesen hat, unter mehr oder minder auffallenden Structurveränderungen in einen später von neuer vegetativer Entwicklung gefolgten Ruhezustand überzugehen. Gleiches ist von A. Braun*) und Nägeli**) für Cosmarium beschrieben worden, und ich habe, zumal in dem trocknen Sommer von 1857, bei einer ganzen Reihe von Desmidieengattungen (Staurastrum, Micrasterias, Cosmarium, Euastrum, Tetmemorus, Penium, Mesotaenium) beobachtet, wie vegetative Zellen, unter reichlicher Fettbildung in ihren Inhalt, beim Austrocknen des Wassers in einen solchen Ruhezustand übergehen, während wiederhinzukommendes Wasser das Fett verschwinden und lebhafte Zelltheilung eintreten lässt.

Nennt man mit Pringsheim***) die ungeschlechtlich erzeugten Fortpflanzungszellen ausschliesslich Sporen, so sind die angeführten als eigentliche Ruhesporen auszusprechen.

Der oben ausgeführten Ansicht über die Bedeutung der Copulation steht sonach das Vorkommen „sporenartiger“ Bildungen ausser den Zygosporen nicht im Wege.

Das Resultat jener Ausführungen lässt sich folgendermassen kurz zusammenfassen.

Die geschlechtliche Zeugung besteht erwiesenermassen bei den niederen Algen in der Vereinigung zweier (Primordial-) Zellen, die sich nach Form und Function den männlichen und weiblichen Formelementen höherer Organismen aufs vollständigste anschliessen.

Der einfachste denkbare Fall einer solchen Vereinigung, die Verbindung zweier durchaus gleichartiger Zellen zu einem entwicklungsfähigen Keim, findet bei einer Anzahl von Conjugaten wirklich statt, und ist als Copulation bezeichnet worden.

---

*) Verjüng. p. 217.

**) Einzell. Algen, p. 118.

***) Jahrb. f. Wiss. Bot. I, p. 10.

Zwischen dieser und der ausgesprochenen geschlechtlichen Zeugung bildet aber der gewöhnlich Copulation genannte Zeugungsprocess anderer Conjugaten — Zygnema, Spirogyra, Sirogonium — eine vollständige Uebergangsreihe.

Wie bei dem Vereinigungsprocess selbst, so findet auch zwischen den Producten der Copulation und Befruchtung — Zygospore und Eispore — eine vollkommene Analogie statt.

Ausser den bisher betrachteten Gewächsen kommt die Copulation, wie allgemein angegeben, und auch durch genauere Vergleichung der Vorgänge vollkommen bestätigt wird, der Familie der Diatomeen, und dem Syzygites megalocarpus Ehrbg. zu.

Für jene wurde sie bekanntlich von Thwaites*) entdeckt, später von Focke**), Griffith***) und Carter†) einige Fälle beschrieben. Eine Zusammenstellung aller in England gemachten Beobachtungen, durch vortreffliche Tafeln erläutert, hat neuerlich W. Smith††) gegeben. Nach diesen Arbeiten und ihren Besprechungen durch A. Braun†††) und Hofmeister (a. a. O.) liegt es auf der Hand, dass die Copulation der Diatomeen, wenigstens was den Vereinigungsact betrifft, der der Conjugaten vollkommen analog ist. Zunächst gilt dies für die einfachsten Fälle, wie Surirella bifrons (Focke), Navicula (Griffith), Cocconeis Pediculus (Carter), Himantidium (Thwaites, Smith). Die Kieselschale zweier durch ausgeschiedene Gallerte zusammengehaltener Zellen von der Form der vegetativen reisst der Länge nach in zwei Klappen auf, die beiden Primordialzellen treten hervor und vereinigen sich zu einer Zygospore. Dass jene dabei innerhalb der Gallerte ausser dem Primordialschlauch noch eine besondre geschmeidige Membran besitzen, wie Hofmeister annimmt, geht weder aus den vorhandenen Darstellungen hervor, noch wird es durch die Analogie mit den Conjugaten gefordert. Die Zygospore umgibt sich alsbald mit einer Kieselschale, nimmt Form und Structur ihrer Mutterzellen an, und theilt sich alsbald gleich den vegetativen, übertrifft jedoch diese stets beträchtlich an Grösse.

Es ist, nach den Auseinandersetzungen von Thwaites, keinem Zweifel unterworfen, dass in den zahlreichen complicirteren Fällen, wo zwei Zygosporen zwischen den leeren Schalen zweier Diatomeenzellen gefunden werden, und wo zwischen den Schalenhälften einer Diatomeenzelle ein oder zwei junge Individuen beobachtet sind, der Vereinigungsact wesentlich der nämliche ist, wie der angegebene, wenn auch im Einzelnen noch viele Puncte durch directe Beobachtungen, von denen hier allein Erfolg zu erwarten ist, aufgeklärt werden müssen. Meine eigenen Untersuchungen an Gomphonema und Cocconema haben leider keine vollständigeren Resultate geliefert, als die von Anderen mitgetheilten, wesshalb ich es unterlasse, hier eine abermalige Aufzählung und Deutung der letzteren zu geben.

Directe Beobachtung kann auch allein Aufschluss geben über das Schicksal der sporangial frustules der Engländer, d. h. der Zellen, welche zunächst durch die Theilung der Zygosporen entstehen, und über ihre Beziehung zu den von Smith*†) abgebildeten, mit Diatomeenzellen erfüllten Cysten. Das häufige Vorkommen der letzteren ist allerdings, ihr Zusammenhang mit der Fortpflanzung keineswegs ausser Zweifel.

Die durch Ehrenberg**†) bekannt gewordene eigenthümliche Fruchtbildung des Syzygites, über welche die neuere Darstellung von Corda**††) noch manche Zweifel übrig gelassen hat, erweist sich bei genauerer Untersuchung als eine wahre Copulation.

Es bildet dieser Pilz, dessen Habitus von Corda anschaulich wiedergegeben ist, dichte, in der

*) Ann. and. magaz. of. nat. history, 1847, p. 343. 1848, p. 161. Uebersetzt in d. Ann. des sc. nat. 3me Série VII, p. 374; IX, p. 60; XII, p. 5.

**) Physiol. Studien, Heft 2, p. 39, taf. V.

***) Ann. and magaz. of nat. hist. 2d Series, vol. XVI, p. 92.

†) Ibid. vol. XVII, p. 1.

††) Synopsis of british Diatomaceae vol. II, pag. VII ff., tab. 49—51, u. A—E.

†††) Verjüngung, p. 305.

*†) l. c. Plate C., fig. III—V.

**†) Verhandl. d. naturf. Freunde zu Berlin, Band I. (1829).

**††) Prachtflora europ. Schimmelbildg., p. 49, t. 23.

Jugend weisse, im Alter graubraune Rasen auf faulenden fleischigen Hymenomyceten. Sein Mycelium wuchert im Gewebe des Substrats, die oberflächlichen Rasen sind durch die fruchttragenden Fäden gebildet. Diese bestehen aus einem gegen 1''' hohem Hauptstamm, der sich meist in drei wiederholt dichotome Aeste spaltet. Der ganze so verzweigte Pilz ist anfangs eine einzige schlauchförmige Zelle; erst mit der Fruchtreife bilden sich in allen Theilen zahlreiche Querwände.

Wie schon von Ehrenberg ausführlich beschrieben wurde, wachsen, zum Behuf der Fructification, aus den oberen Gabelzweigen keulenförmig anschwellende Aussackungen paarweise gegeneinander. Die freien Enden je zweier derselben treten frühe in Berührung, so dass beide zusammen einen spindelförmigen, quer zwischen den Gabelzweigen stehenden Körper darstellen. Beide Keulen vermehren nach der Berührung ihren Umfang und Inhalt beträchtlich; die Wand ihrer Berührungsfläche nimmt an dem Wachsthum Theil, es verbleibt daher eine derbe kreisförmige Scheidewand zwischen beiden. Endlich entsteht in jeder Keule eine der Berührungsfläche parallele Querwand, welche das der andern zugekehrte Ende als besondere, kurz-cylindrische Fructificationszelle von dem mit dem Mutterzweig in Verbindung bleibenden keulenförmigen Tragstück abgrenzt.

Nun erst verbinden sich die beiden Fructificationszellen, indem die trennende Scheidewand, von ihrem Centrum nach dem Umkreis fortschreitend, aufgelockert und resorbirt wird, zu einer zuletzt cylindrischen oder tonnenförmig anschwellenden Zygospore.

Der Primordialschlauch zieht sich dabei nicht von der Wand zurück. Die Zygospore bleibt eine einfache Zelle. Innerhalb der primären, verhältnissmässig zarten Membran umgibt sie sich mit zwei weiteren Häuten: einer äussern, dunkelbraunen, der primären überall innig angeschmiegten, und einer innern, farblosen, welche sehr dick, glänzend, deutlich geschichtet, an ihrer den Tragkeulen zugekehrten Aussenfläche glatt, im Uebrigen mit dicken stumpfen Warzen besetzt ist. Diese sind entsprechenden Vertiefungen der dunkelbraunen Haut eingesenkt. Wo sie stark entwickelt, erscheint auch letztere, und mit ihr die ganze dicke Zygospore aussen warzig; glatt dagegen, wo die Warzen flacher sind. Der Inhalt der reifen Zygospore besteht aus körnigem Plasma und grossen zahlreichen Oeltropfen. Tochterzellen irgend welcher Art werden in derselben zunächst nicht erzeugt. Wie es sich damit bei der Keimung verhält, konnte bis jetzt nicht ermittelt werden.

Nach dieser kurzen, mit der Mittheilung von Tulasne*) in Einklang stehenden, die früheren Angaben aber in mehreren Puncten berichtigenden Darstellung, schliesst sich die Bildung der Zygospore des Syzygites der Copulation mancher Conjugaten, z. B. Zygnema, Mesotaenium, Zygogonium ungezwungen an.

Nicht selten findet man die keulenförmigen Fruchtzweige in Berührung, aber nicht copulirt, die einander zugekehrten Enden beider dagegen als Fructificationszellen abgegrenzt und vom Bau und Ansehen von Zygosporen. Auch kommen einzelne, mit einem zweiten nicht in Berührung stehende Keulenzweige von gleicher Beschaffenheit vor.

Man könnte hiernach die Copulation des Syzygites für etwas Unwesentliches halten, und als Einwurf gegen die oben gegebene Deutung benutzen. Ich glaube jedoch, dass die für diese Deutung vorgebrachten Gründe einen solchen Einwurf zurückweisen müssen, und dass vielmehr jene Sporenbildung ohne Copulation an die Erscheinungen bei Zygnema, Mesocarpus notabilis, Spirogyra anzureihen sind, bei denen ja auch die Ruhesporen den Zygosporen mehr oder minder ähnlich gebaut sind.

Wenn die Copulation als ein Befruchtungsvorgang aufzufassen ist, so verdient der Nachweis derselben bei Syzygites besondere Beachtung als erste ganz sichere Andeutung eines Vorkommens von Befruchtung bei den nicht im Wasser wachsenden Pilzen. Zugleich zeigt das übrige Verhalten des Syzygites mit Bestimmtheit darauf hin, dass ein solches Vorkommen bei ihm nicht vereinzelt dasteht.

Wie Tulasne zuerst angegeben hat, gehört Syzygites mit Aspergillus maximus, = Sporodina grandis Link in den Formenkreis einer Species. Es gelingt bei einiger Aufmerksamkeit nicht selten, die Entwicklung des Syzygites aus den Sporen der Sporodinia, welche man auf einen alten Fleischpilz ausgesät hat, direct mit Bestimmtheit zu beobachten.

---

*) Comptes rendus tom. 41, p. 617.

Sporodinia für sich allein wäre von Mucor im Sinne der heutigen Mycologie kaum generisch zu trennen; sie gehört durch ihre Sporenbildung jedenfalls zu den Mucorini. Für diese die ohnehin mit den Saprolegnieen (mag man diese nun zu den Algen oder den Pilzen rechnen), deren Sexualität durch Pringsheim*) nachgewiesen ist, manche Verwandtschaft zeigen, wird demnach zunächst eine sexuelle Befruchtung oder Copulation zu suchen sein. Und zwar zeigt das Beispiel des Syzygites, dass man Befruchtung auch ohne Spermatien erwarten darf, wenn diese auch, nach dem gegenwärtigen Stand der Kenntnisse, für eine bestimmte Anzahl von Pilzgruppen mit der geschlechtlichen Zeugung vermuthungsweise in Beziehung gebracht werden müssen.

*) Jahrb. f. wiss. Bot. Heft 2, 1857.

III.

Zur Systematik.

Die nahe Verwandtschaft der bisher als Zygnemeen und Desmidieen unterschiedenen Algengruppen, welche früher sehr entfernte, sogar durch die Grenzlinie der beiden organischen Reiche getrennte Stellen im System einnahmen, ist in neuerer Zeit schon mehrfach, zumal durch Nägeli (Einz. Alg. p. 4 u. 101) ausdrücklich hervorgehoben worden, und durch die im ersten Abschnitt dargestellten vergleichenden Untersuchungen wohl vollends ausser Zweifel gestellt.

So verschieden die Gestalt der Zellen an den äussersten Endpuncten der Formenreihe ist, so zahlreich sind die Mittelglieder zwischen diesen Extremen, und so gross die Uebereinstimmung untereinander und die Verschiedenheit von anderen Algengruppen in der Structur, Theilung der Zellen und der Fructification.

Es scheint mir daher gefordert, sie unter dem gemeinsamen Namen Conjugatae als eine natürliche, in die Unterabtheilungen der Desmidieae, Zygnemeae, und Mesocarpeae zerfallende Familie zusammenzufassen. Unter diesen Abtheilungen sind zunächst, wie aus dem Mitgetheilten hervorgeht, die Mesocarpeen durch ihre Fructification von den übrigen scharf abgegrenzt, untereinander sehr nahe verwandt.

Weit geringer sind die Unterschiede zwischen den Zygnemeen und Desmidieen. Die einzige durchgehende Differenz, welche es gestattet, ihre Trennung aufrecht zu erhalten, liegt darin, dass bei den Desmidieen alle aus einer Zygospore entstehenden Zellengenerationen einander gleich oder nahezu gleich sind; bei den Zygnemeen dagegen sich in eine ungetheilt bleibende Wurzelzelle und unbegrenzt theilungsfähige Fadenzellen unterscheiden.

Nägeli hat diese Verschiedenheit angedeutet, aber meines Erachtens nicht richtig ausgedrückt wenn er sie in der Einzelligkeit oder Vielzelligkeit der Individuen begründet findet, und die reihenweise verbundenen Zellen der Zygnemeen als mehrzellige, die der Desmidieen als Colonien einzelliger Individuen bezeichnet.

Nennt man mit Nägeli einzellige Pflanzen solche, bei denen das Individuum eine einzige Zelle ist, und, nach der physiologischen Bedeutung des Wortes, das organisch abgeschlossene, für sich allein lebensfähige Einzelwesen Individuum, so sind die Angehörigen beider Gruppen in der nämlichen Weise einzellig. Denn für die Zygnemeen zeigen die Erscheinungen der Copulation, und die den Zellen nach spontaner oder künstlicher Trennung von einander unverändert verbleibende Lebens- und Vermehrungsfähigkeit, dass der organische Zusammenhang mit anderen für die Existenz jeder einzelnen Zelle ebenso gleichgültig ist, wie für die Euastren, Closterien u. s. w. Die ganze Anzahl der aus einer Zygospore entstandenen Zellen ist sonach in allen Fällen eine Generationsreihe von Individuen, welche entweder reihenweise verbunden bleiben, (verbundenzellige Formen) oder sich stets von einander trennen (freizellige Formen) und welche bei den Zygnemeen sich in eine grosse Reihe theilungsfähiger und eine Wurzelzelle unterscheiden, während bei den Desmidieen diese Verschiedenheit fehlt.

Bezeichnet man dagegen mit dem Wort Individuum das den Artbegriff realisirende Einzelwesen, so sind die Desmidieen so wenig einzellig, als die Zygnemeen. Man muss dabei aber von der physiologischen Bedeutung des Worts gänzlich absehen, denn wenn bei den höheren Thierklassen das Individuum der Physiologie mit dem der Systematik auch völlig congruent ist, so ist dies keineswegs in dem Pflanzenreich der Fall. Hier ist es durchaus nothwendig, die Art nicht als Summe wesentlich gleicher Individuen verschiedener Generation, sondern mit Nägeli*) als eine periodische Bewegung aufzufassen, deren Perioden sich regelmässig wiederholen. Anfang und Ende einer jeden solchen Artperiode werden von zwei völlig gleichen Entwicklungsstufen gebildet, von denen die zweite ein Product der ersten ist. Es ist an und für sich gleichgültig, welche Entwicklungsstufe man dabei als Endpuncte einer Periode annimmt; am einfachsten wird man natürlich von der Fructification ausgehen.

Je nachdem der Formenkreis einer Periode aus Theilen besteht, welche in nothwendiger organischer Verbindung und Wechselwirkung mit einander stehen, oder welche unabhängig von einander existiren, seien diese Theile Zellen oder Sprosse u. s. w., wird die Artperiode durch ein Individuum, oder durch eine Generationsreihe von Individuen, im physiologischen Sinne, dargestellt.

Eine Pflanzenart ist sonach einzellig, wenn die Artperiode in dem Leben einer einzigen Zelle abläuft. Ob es in der That solche rein einzellige Species gibt, ist bei dem heutigen Stand der Algologie zweifelhaft; doch sind, nach den gegenwärtigen Kenntnissen, A. Brauns „Algae strictiori sensu unicellulares"**), eine Anzahl von Chroococcaceen, Oscillarieen, als solche zu bezeichnen.

Alle übrigen Gewächse können einzellige Zustände, Organe, besitzen, wie z. B. Vaucheria einen einzelligen Thallus, ohne dabei einzellige Species zu sein. Bei allen Zygnemeen und Desmidieen wird innerhalb einer Artperiode eine oft sehr grosse Generationsreihe von Zellen gebildet; in dem einfachsten denkbaren, in Wirklichkeit wohl nie vorkommenden Fall würde zur völligen Entwicklung einer Desmidiaceenspecies die Bildung von mindestens drei Zellen gehören: zwei aus einer Zygospore entstandenen, die sich wiederum zur Zygospore, als der dritten vereinigen. Selbst die einfachsten hierher gehörigen Gewächse können also nicht einzellig genannt werden.

Der ganze Unterschied zwischen den beiden in Rede stehenden Gruppen besteht sonach lediglich darin, dass die Zygnemeen mindestens in der Wurzelzelle eine Art von Zellen mehr erzeugen, als die Desmidieen, dass sich dadurch schon die einfachsten derselben als reicher an Formentwicklungen also als minder einfach, höher stehend, wie jene erweisen. Noch reicher an differenten Zellbildungen und von entschieden höherer Organisation sind dann diejenigen, bei welchen zwischen den Fructificationszellen constante Verschiedenheiten auftreten, wie Spirogyra, Sirogonium.

Der Besitz der Wurzelzelle bildet nach den bekannt gewordenen Thatsachen einen constanten Unterschied zwischen beiden Gruppen, und desshalb ist ihre Trennung als besondere Unterabtheilungen festzuhalten. Allein er besitzt, der grossen sonstigen Uebereinstimmung gegenüber, gewiss nicht hinreichende Bedeutung, um sie in verschiedene Familien zu sondern, deren jede etwa den Werth der Oedogonieen, Siphoneen, oder auch nur der Mesocarpeen hätte. Besonders wird dies durch das Beispiel von Mesocarpus parvulus angezeigt, bei welchem in manchen Fällen allerdings eine Wurzelzelle gebildet wird, in anderen dagegen die Keimzelle nach 2 Seiten hin zur Bildung theilungsfähiger Fadenzellen auswachsen zu können scheint.

In der unten folgenden Uebersicht habe ich es versucht, eine naturgemässe systematische Zusammenstellung der bis jetzt bekannt gewordenen Conjugaten zu geben. Die Species der Desmidieen haben zumal durch Ralfs eine so gründliche Bearbeitung erfahren, dass für diese Abtheilung nur einzelnes zuzufügen wäre, und ich mich daher meist auf die Gattungsdiagnosen beschränkt habe.

Von den Zygnemeen und Mesocarpeen ist eine Anzahl von Gattungen aufgestellt worden, welche, bis auf einzelne, einer durchgreifenden Berichtigung bedürfende, durchaus natürlich und durch einfache, in die Augen springende Charactere ausgezeichnet sind. Anders verhält es sich mit der grossen Anzahl von Arten, welche insonderheit Hassall und Kützing unterscheiden. Wenn unter denselben auch eine Anzahl natürlicher, wohlbegründeter enthalten ist, so sind dieselben doch meist auf Merkmale gegründet, welche sie keineswegs mit der Schärfe und Beständigkeit unterscheiden, wie die besser gekannten Species

---

*) Systemat. Uebersicht d. Erscheinungen im Pflanzenreich, p. 33.

**) Braun, Algae unicellulares (1855) p. 6.

höherer Gewächse. Ich meine besonders die Arten, welche, auf alleinigen Grund geringer Dimensionsverschiedenheiten, ganz specieller Differenzen in der Inhaltsstructur hin aufgestellt sind. Die Beobachtung hat die Form der Chlorophyllsterne bei Zygnema als höchst veriabel, die Zahl der Spiralbänder bei Spirogyra als gleichfalls innerhalb eines ziemlich breiten Spielraums schwankend erwiesen. Desgleichen sind die Dimensionen der Zellen oft bei Exemplaren, welche sicher einer und derselben Species angehören, sehr verschieden. Als Beispiel möge dafür das sonst so sehr ausgezeichnete Craterospermum laetevirens dienen. Fructificirende Exemplare von drei Standorten zeigten einen Querdurchmesser der Zellen von $^1/_{64}$‴—$^1/_{55}$‴*). Sonst vollkommen mit ihnen übereinstimmende, an einem vierten Orte gesammelte nur $^1/_{86}$‴; kräftig vegetirende, aus ihren Sporen erzogene Keimfäden nicht über $^1/_{100}$‴; — Differenzen, welche weit beträchtlicher sind, als diejenigen, auf welchen eine grosse Zahl unserer gegenwärtigen Species beruht.

Es bleibt daher nichts übrig, als diejenigen Arten, welche durch solche Charactere allein unterschieden werden, nur als Formen anderweitig characterisirter Species zu betrachten, oder, was jedenfalls das leichteste ist, mit Kützing die Existenz von durch alle Generationen constanten Arten, wie wir solche in den höheren Classen kennen, für diese mikroskopischen Organismen gänzlich in Abrede zu stellen.

Pringsheims Untersuchungen haben für die Oedogonieen Species nachgewiesen, welche denen der Phanerogamen gewiss ebenbürtig zur Seite stehen, und die durch die Zellform so scharf und beständig characterisirten Arten der Desmidiaceen lassen von vorn herein vermuthen, dass eine Sonderung der Species bei den so nahe verwandten Zygnemeen und Mesocarpeen zwar schwieriger, aber doch möglich sein werde, wenn man den ganzen Entwicklungsprocess der Artperiode möglichst vollständig in Betracht zieht.

Es wird dieses durch einigermassen genaue Untersuchungen aufs Vollkommenste bestätigt; und durch dieselben zugleich der relative Werth der einzelnen, den verschiedenen Entwicklungsstadien entnommenen Unterscheidungsmerkmale dahin festgestellt, dass die Dimensionen und die Inhaltsstructur der vegetativen Zellen oder Reihengenerationen einer Artperiode bei den meisten Gattungen von geringerer Bedeutung sind, als die Fructification, die Copulationsproducte. Bei dieser ist wiederum in der Regel weniger die Form, als die Stellung und ganz besonders die Structur der reifen Spore oder Zygospore bei den verschiedenen Species eine sehr verschiedene, bei den Individuen einer Art sehr constant.

Es ergibt sich daraus für die Praxis die Nothwendigkeit reifer Fructification für die sichere Speciesbestimmung. Ganz sterile Exemplare sind nach den bisherigen Erfahrungen schlechterdings unbestimmbar, wenn auch vielleicht fortgesetzte Untersuchungen für jede Species die Grenze der Schwankungen in Grösse und Inhaltsstructur feststellen lassen. Reife Fruchtexemplare sind aber auch in getrocknetem Zustande meistens mit Leichtigkeit zu bestimmen, da die Haupteigenthümlichkeiten der Sporenmembran angehören, welche sich beim Trocknen unverändert erhält.

Wenn es, ohngeachtet des letzterwähnten Umstandes, unentschieden geblieben ist, in wieweit manche der unten beschriebenen Species mit bereits bekannten identisch sind, so liegt der Grund hiervon in dem Misslingen meiner Bemühungen, die bisher beschriebenen Arten durch Vergleichung von Originalexemplaren vollständig kennen zu lernen. Aus dem nämlichen Grunde konnte ich nicht, wie es ursprünglich beabsichtigt war, wenigstens einige Gattungen vollständig bearbeiten, sondern musste mich darauf beschränken, eine kleine Anzahl sicherstehender Species als Grundlagen für weitere Arbeiten zu beschreiben. Immerhin habe ich gesucht, mich an das bekannt gewordene soviel als irgend möglich anzuschliessen, und zu diesem Zwecke eine grosse Anzahl trockener Exemplare untersucht, welche theils in den mir zugänglichen, unten citirten käuflichen Sammlungen enthalten sind, theils von den Herren Itzigsohn, Rabenhorst, Stitzenberger und ganz besonders A. Braun mir freundlichst überlassen wurden.

Die Gattung Spirogyra ist von der systematischen Beschreibung vorläufig ausgeschlossen worden, weil ihr ausserordentlicher Formenreichthum ein längeres Studium der Arten im Freien und der Cultur nothwendig macht, als bisher möglich war. Eine Reihe von Beobachtungen setzt es mir jedoch schon jetzt ausser Zweifel, dass auch hier eine Sicherstellung der Species in gleicher Weise durchzuführen ist, wie bei den unten behandelten Genera.

*) Alle Grössenangaben sind in Pariser Linien ausgedrückt.

Systematische Uebersicht.

Conjugatae.

Zellen mit begrenztem Wachsthum, durch unbegrenzt in gleicher Richtung*) wiederholte Zweitheilung**) vermehrt, frei oder zu einfachen***) Reihen verbunden. Chlorophyll in wandständigen Bändern, axilen Platten, oder paarigen, strahligen Körpern. Zellwand Cellulose oder Gallerte.

Fructification: Durch Copulation entsteht eine von ihren Mutterzellen verschieden gebaute Zygospore. Keine geschlechtslos erzeugten Schwärmsporen.

Unterabtheilungen:

1. **Mesocarpeae.** Zygospore von der Form des Mutterzellpaares, nicht contrahirt, durch Drei- oder Fünftheilung in eine mittelständige, derbwandige Ruhespore und 2 oder 4 laterale, absterbende Zellen zerfallend. (Zellen cylindrisch, zu Fäden verbunden, mit axiler Chlorophyllplatte.)

2. **Zygnemeae.** Zygospore ungetheilt und meist contrahirt in den Ruhezustand übergehend, später zu einer in Wurzelzelle und theilungsfähige Fadenzelle zerfallende Keimzelle entwickelt. (Zellen cylindrisch, zu Fäden verbunden.)

3. **Desmidieae.** Zygospore von der Bildung der Zygnemeen, zu einer Keimzelle entwickelt, oder in 2 oder 4 getheilt, deren jede in zwei gleiche, theilungsfähige Tochterzellen zerfällt. (Zellen meist aus zwei symmetrischen Hälften von sehr verschiedener Form zusammengesetzt, frei oder verbunden.)

Genera und Species.

Desmidieae.

A. Zellen frei, von kreisförmigem oder elliptischem Umriss, durch eine tiefe Quereinschnürung in zwei symmetrische Hälften getheilt, oft zusammengedrückt und gelappt. Chlorophyllkörper strahlig. Zygospore kuglig, mit warziger oder stacheliger Aussenfläche.

1. Micrasterias, Ag. (cfr. Braun, Alg. unicell. p. 107.) Ralfs, brit. Desm. p. 68, Kützing, Spec. alg. 170. de Brébisson, Liste des Desm. obs. en Basse Normandie p. 120. Euastri sect. e) Nägeli, Einz. Alg. p. 123.

Zellen stark zusammengedrückt, scharfrandig, tief eingeschnürt, von breit elliptischem oder kreisförmigem Umriss. Hälften tief dreilappig. Paarige Seitenlappen mit ungetheiltem oder ein- bis mehrmals zwei- oder dreispaltigem Rand. Mittellappen ungetheilt oder ausgerandet. Axile Chlorophyllplatte von der Form der breiten Seitenflächen der Zelle, mit ordnungslos zerstreuten Amylonkernen, ganz einfach oder mit senkrecht aufgesetzten, längs der Ränder des Mittellappens verlaufenden Leisten.

Zygospore mit langen, oft wiederholt 2- bis 3-gabeligen Stacheln.

*) Ausnahme, an die Palmellaceen erinnernd, vielleicht Cylindrocystis crassa, pag. 37.

**) Dreitheilung bei Craterospermum, s. pag. 17.

***) Zweigbildung als Monstrosität bei Zygnema, Mesocarpeen, s. pag. 24.

2. Euastrum. Ralfs (l. c. p. 78), Brébiss. l. c. 122. Kützing, l. c. 171, Euastri species ex parte Ehrbg. Euastri sect. c) et d) Nägeli, l. c. 120, 121.

Zellen elliptisch oder länglich, tief eingeschnürt, symmetrisch ausgebuchtet oder gelappt, zusammengedrückt, mit abgerundeten Rändern, an den Enden buchtig-ausgerandet oder der Länge nach eingeschnitten zweilappig. In jeder Hälfte ein axiler, aus strahligen Längsplatten bestehender Chlorophyllkörper mit einem Amylonkern, oder zwei neben der Längsaxe liegende Chlorophyllkörper. Zygosporen mit einfachen Warzen oder Stacheln.

3. Staurastrum. Meyen (Nov. Acta vol. XIV, II. p. 777, 1829). Brébiss. l. c. p. 136. Staurastrum et Didymocladon Ralfs, l. c. Phycastrum, Stephanoxanthium, Asteroxanthium ex parte Kützing, spec. algar. p. 178 ff. Goniocystis (Trigonocystis, Staurastrum, Pentasterias), Hassall, brit. freshw. Alg. pag. 349.

Zellen tief eingeschnürt, Hälften im Querprofil 3-, 4-, 5-, 6-eckig oder -strahlig, mit einem axilen, strahligen Chlorophyllkörper, der aus doppelt soviel von einem Amylonkern aus paarweise nach den Ecken hin convergirenden Platten besteht, als Ecken vorhanden sind. Zygosporen stachelig (VI. 25—32).

Eine, bei allem Formenreichthum durch Zellenform und Inhaltsstructur sehr scharf begrenzte Gattung, welche nur, durch St. tetracerum (Kg.) Ralfs mit der durch zweistrahlige Zellen characterisirten Abtheilung Arthrodesmus verbunden ist. Ob St. tetracerum vielleicht zu dieser gehört, oder sammt ihr nur eine Form einer typisch mehrstrahligen Species darstellt, ist durch weitere Untersuchung zu entscheiden. Die Zahl der Strahlen wechselt, wie bekannt, auch bei anderen Arten.

Die Gattungen Asteroxanthium, Stephanoxanthium, Didymocladon, welche von den Staurastrum-Arten Ralfs' nicht mehr specielle Verschiedenheiten zeigen, als diese untereinander, in der allgemeinen Zellform aber, und der Inhaltsstructur mit ihnen übereinstimmen, sind, wie de Brébisson sehr richtig bemerkt, zu Staurastrum zu ziehen.

Gänzlich von der Gattung und von den Desmidieen überhaupt auszuschliessen ist St. enorme Ralfs (l. c. p. 140. tab. 33, 11, Brébiss. l. c. p. 138). Es gehört der Gattung Polyedrium Näg. an, welche mit Hydrocytium A. Br. (Alg. unicell., p. 24), Cystococcus Näg. verwandt, und zu den Characieen oder Protococcaceen zu rechnen ist.

Ich halte die Species für identisch mit P. lobulatum Näg., zu welcher die übrigen aufgeführten Formen als Varietäten gehören dürften. Ihre frei schwimmenden Zellen (VI, 58—62) wachsen, gesellig mit Desmidieen, in Torfgewässern (Schwarzwald, Frankfurt a. M.). Ausgewachsen haben sie meist die Form eines Tetraeders mit abgerundeten Kanten und concaven Flächen. Selten sind alle 4 Ecken in eine Ebene verschoben. Die Ecken sind drei- bis viermal dichotom-gelappt, so zwar, dass die Ebene einer jeden Gabelung die der nächsthöhern und vorhergehenden Ordnung rechtwinklig schneidet; die Endläppchen spitz. Der Abstand zwischen zwei Ecken (ohne die äussersten Gabelzweige) beträgt $^1/_{70}$‴—$^1/_{55}$‴ die Dicke der Gabelungen letzter Ordnung nur etwa $^1/_{2500}$‴. Die Zelle besitzt eine überall gleiche, sehr zarte Membran, und ist zum grössten Theile durch eine wandständige, continuirliche oder in eckige Läppchen getheilte Chlorophyllschicht grün gefärbt. Innen haften dem Chlorophyll zahlreiche kleine Körnchen an. Stärke habe ich nicht gefunden, das von Nägeli beschriebene rothe Oeltröpfchen nur selten, bei überwinternden Exemplaren. Die Gabelzweige letzter Ordnung enthalten nur homogenes Plasma und erscheinen daher als farblose Stacheln.

Ganz junge Exemplare stellen platte, stumpf dreieckige $^1/_{430}$‴ grosse Zellchen dar (VI, 58). Bei etwas grösseren sind die 3 Ecken etwas vorgezogen (59), die Seiten eingebogen, die Mitte zeigt eine leichte Anschwellung, welche von der einen Fläche später als vierte Tetraederecke vortritt. Das weitere Wachsthum besteht in allseitiger Dickenzunahme der Zellen, und Austreibung der Dichotomien an ihren Ecken. Die jüngsten Zellen sind sehr blass grün, zeigen jedoch schon die Inhaltsstructur der erwachsenen. Alle Gabelzweige sind anfangs eng und farblos; erst mit ihrer spätern Erweiterung tritt Chlorophyll in ihnen auf. (Vgl. VI, 61 a—e.)

Als letzten Entwicklungszustand findet man den Mitteltheil der Zelle zu einer unregelmässigen Blase angeschwollen. Aller Inhalt ist in dieselbe hineingetreten, die Membran der Gabelzweige leer.

diese daher als sehr blasse und zarte Anhängsel dem Umkreis der Blase ansitzend (VI, 62). Der wandständige Inhalt solcher Blasen ist in zahlreiche dreieckige Portionen, von der Form der jüngsten Zellen getheilt. Eine Membran liess sich an denselben nie nachweisen. Auch gelang es nie ein Freiwerden derselben durch Auflösung der Mutterzellhaut direct zu beobachten. Dass solches jedoch stattfindet, und zwar wahrsheinlich sehr langsam und ohne eine Bewegung der jungen Brut, geht aus dem constanten gruppenweisen Beisammenliegen der jüngsten unzweifelhaften Polyedrium-Zellen hervor. —

Auch Phycastrum longispinum Perty (Zur Kenntniss d. kleinsten Lebensformen, p. 210, taf. 16, 30) scheint, als sehr ausgezeichnete Species, zur Gattung Polyedrium zu gehören.

4. Xanthidium (Ehrbg.) Ralfs l. c. 111. Brébiss. l. c. 134. Xanthid. et Zygoxanthium Ehr. Kütz. Spec. 178.

Zellen tief eingeschnürt, oval, wenig zusammengedrückt, Hälften (meist mit einer kreisrunden Vorragung auf jeder Seitenfläche und) derbstacheliger Membran. Chlorophyll strahlig (noch nicht genauer bekannt, desgleichen die Zygosporen).

5. Cosmarium Corda (Alm. de Carlsbad 1835). Cosmarium et Arthrodesmus Ralfs l. c. Brébiss. l. c. Kütz. Sp. p. 174—77. Euastri sect. Tetracanthium et Cosmarium Näg. l. c. p. 113, 114. Dysphinctium Näg. l. c. 109. Zellen eingeschnürt, ellipsoid oder kurz cylindrisch, ohne Ausrandung an den Enden. Strahlige Chlorophyllkörper mit einem Amylonkern. Zygospore warzig oder stachelig.

Sect. 1. Eucosmarium. (Cosmarium auct. pro maxima parte.) Zellen so lang als breit, oder breiter, zusammengedrückt, in jeder Hälfte zwei neben der Axe liegende Chlorophyllkörper, jeder mit einem Amylonkern und vier bogig nach der Wand laufenden Platten. (Abnormer Weise die acht Platten um einen axilen Amylonkern vereinigt.) Hierher: C. margaritiferum (Ehr.), Botrytis (Ehr.) (VI, 1—24), protractum Näg., Ungerianum Näg. und die verwandten grösseren Formen.

Sect. 2. Microcosmarium. Zellenform der vorigen Sect. In jeder Zellhälfte ein Chlorophyllkörper, aus 4 nach dem Rande der Zelle paarweise bogig convergirenden, um einen axilen Amylonkern vereinigten Platten bestehend.

a) Arthrodesmus Auct. (Tetracanthium Näg. ex p.). Zellhälften beiderseits mit einem derben Stachel. Hierher Arthr. Incus (Bréb.). Hassall. Ralfs. A. convergens Ehr.

b) Cosmarium Auct. Zellhälften nicht stachelig. Umfasst eine Anzahl der kleineren Cosmarien: C. Meneghinii Bréb. (VI, 33, 34), angulosum Br., undulatum Cord., crenatum R., Nägelianum Bréb., Phaseolus Bréb. (= Euastrum depressum Näg).

Sect. 3. Dysphinctium Näg. Zellhälften nahezu kuglig oder halbkuglig. In einer jeden ein axiler (Cosm. moniliforme Ralfs, orbiculatum R.) oder zwei neben der Axe liegende (C. connatum Bréb. = Dys. Meneghinianum N.) Chlorophyllkörper, aus zahlreichen, von einem Amylonkern aus nach allen Seiten hin zur Wand laufenden Streifchen gebildet. (VI, 47—50.)

Sect. 4. Calocylindrus (Calocyl. et Actinotaenium N.) Zellen länger als breit, spindelförmig, oval oder cylindrisch, nicht oder wenig zusammengedrückt. In jeder Hälfte ein axiler Chlorophyllkörper, aus 4 bis 8 und mehr strahligen, geraden Längsplatten gebildet.

Hierher: C. notabile Brb. (VI, 52, 53), Cucurbita Br., Palangula Br., curtum Ralfs (Penium Br. in Kg. sp. alg. 167), Dysph. Regelianum Näg., cruciferum und wahrscheinlich Dysph. annulatum Näg. und Verwandte.

C. Palangula Bréb.? (VI, 51) Zellen cylindrisch, seicht eingeschnürt, an den Enden abgerundet, 2 bis $2^1/_4$ mal so lang als breit, mit dicht- und feinpunctirter Membran. (Länge durchschnittlich $^1/_{54}$''', Breite $^1/_{108}$'''. Kleine Exemplare $^1/_{66}$''' l. $^1/_{115}$''' breit. Grösste $^1/_{45}$''' l. $^1/_{95}$''' br.) Aus dem Nonnmattweiher im Schwarzwald. Mit C. Cucurbita Br. wegen der Form und feinern Punctirung der Membran, mit C. Palangula Bréb. l. c. p. 132, Pl. II, fig. 21, wegen der minder gestreckten Gestalt und der nicht in Querreihen angeordneten Puncte nicht ganz übereinstimmend.

C. ? cruciferum n. sp. (VII G, 3—6). Zellen cylindrisch, doppelt so lang als breit, kaum eingeschnürt, mit gestutzten Enden, ganz homogener Membran. Chlorophyllkörper aus 4 einander rechtwinklig schneidenden breiten Platten gebildet (daher ein grünes Kreuz im Querprofil). Länge der Zelle $^1/_{143}$''', Br. $^1/_{287}$'''. Walldorfer Torfmoor bei Frankfurt a. M.

Die am wenigsten scharf umgrenzte Gattung der Desmidieen, welche in ihren vielen Annäherungen zu anderen deutlich zeigt, dass hier fast alle generische Trennungen rein künstliche sind.

Die erste und zweite Section sind mit Euastrum nahe verwandt, von dieser Gattung durch den Mangel der, bei E. sublobatum freilich auch schwachen, Endausrandung unterschieden. Arthrodesmus lässt sich von der zweiten Abtheilung so wenig trennen, wie die stacheligen Staurastra von den glatthäutigen. (Vgl. die Bemerkung bei Staurastrum.) Die vierte Abtheilung nähert sich in der Gestalt und Inhaltsstructur der rein spindelförmigen oder cylindrischen Formen weit mehr der Gattung Penium, als den übrigen Sectionen, schliesst sich diesen aber durch C. notabile an. C. notabile hat stachelige Zygosporen; von seinen Verwandten sind dieselben noch unbekannt. Alle sicheren Penien haben eine glatte Zygosporenoberfläche und sind dadurch scharf von Cosmarium unterschieden. Die Stellung der meisten in die vierte Section gerechneten und ihnen verwandten Arten ist daher durch die Fructification noch näher zu bestimmen, und dieselben einstweilen je nach der Aehnlichkeit mit genau bekannten Arten unterzubringen. Nach den gegenwärtigen Kenntnissen haben alle sicheren Penien ein verlängertes Mittelstück der Chlorophyllkörper, mit mehreren Amylonkernen, während alle Cosmarien typisch nur einen Amylonkern besitzen. Nach Ralfs (l. c. tab. 32, f. 7) unterscheidet sich Cosm. tinctum durch glatte Zygosporen von allen übrigen. Danach würde es, wenn die Gattung überhaupt bestehen bleiben und nicht in zahllose kleinere zersplittert werden soll, von derselben auszuschliessen und zu Sphaerozosma zu stellen sein.

B. Zellen frei, cylindrisch oder spindelförmig. Zygosporen glatt.

6. Penium Brébiss. ap. Ralfs l. c. Kütz. Sp. Alg. 167. Bréb. Liste, p. 145. Docidii Species Bréb. Ralfs. Netrium Näg. l. c. 107. Zellen gerade, cylindrisch oder spindelförmig, ohne Ausrandung an den Enden. Chlorophyllkörper axil, aus strahlig-divergirenden, in ein längliches, zwei bis mehrere in einer Längsreihe liegende Amylonkerne (oder ordnungslos eingelagerte Stärke) enthaltendes Mittelstück vereinigten Platten bestehend. Zygosporen kuglig, frei.

a) Chlorophyllplatten am Rande ausgeschweift-gelappt, oft radial-zweispaltig:

P. Digitus (Ehr.) Bréb. (Netrium Näg. Tab. VI D.) P. lamellosum Bréb. (Liste p. 146, tab. II, 34).

P. oblongum n. sp. (VII, G, 1, 2). Zellen länglich-spindelförmig, an den Enden sehr sanft abgerundet, nach der Mitte hin wenig verbreitert. Kleiner, als die beiden vorigen, und durch die Form der Zellen wohl unterschieden. Bei jenen sind dieselben (cfr. Nägeli tab. VI, De Bréb. fig. 34) nach den Enden hin stark verschmälert, dort plötzlich abgerundet. Ralfs' fig. 3a tab. 25 scheint zu der vorliegenden Art zu gehören, (Nonnmattweiher im Schwarzwald.)

b) Chlorophyllplatten ganzrandig, Zellen nicht eingeschnürt:

P. interruptum Bréb. Rlfs. (V, 1—4). P. closterioides R., margaritaceum (Ehr.) Br., Navicula Bréb. l. c. p. 146.

c) Chl. ganzrandig, oft unregelmässig. Zellen mitten deutlich eingeschnürt, an den Enden abgestutzt.

P. Ralfsii dBy. = Docidium minutum Ralfs (V, 8). Zellen 5 bis 7 mal so lang als breit, cylindrisch, nach den Enden hin wenig verschmälert. Membran ganz glatt. Länge $^1/_{33}$‴—$^1/_{26}$‴, gr. Br. = $^1/_{215}$‴—$^1/_{164}$‴.

P. crassiusculum n. sp. (V, 5—7). Zellen kurz cylindrisch, höchstens 3 bis 4 mal so lang als breit. Membran ganz glatt. L. $^1/_{37}$‴, gr. Br. $^1/_{106}$‴. (Beide im Nonnmattweiher, Schwarzwald.)

7. Closterium Nitzsch, Ralfs, Kütz., Bréb. ll. cc. Stauroceras Kütz. Ph. gen., Spec. alg. p. 166. Zellen spindelförmig, sichel- oder mondförmig gekrümmt, selten gerade mit pfriemenförmig-vorgezogenen Enden. Sonst gleich Penium. Zygospore kuglig, oval oder (bei Stauroceras) viereckig.

8. Tetmemorus Ralfs l. c. Zellen cylindrisch oder spindelförmig, mitten eingeschnürt, an den Enden eng-ausgerandet. Sonst gleich Penium.

T. Brébissonii R. l. c. Zellen wenig zusammengedrückt, von der breiten Seite linealisch, von der schmälern spindelförmig. Membran mit Längsreihen von Puncten. ($^1/_{142}$‴ engl. lang nach Ralfs.)

β. minor (V, 9, Ralfs l. c. Tab. 24, 1, f) $^1/_{32}$‴ (= $^1/_{384}$″ par.) lang, sonst dem vorigen vollkommen gleich. Die von mir untersuchte durch sehr regelmässige glatte Chlorophyllplatten ausgezeichnete Form. Behält in der Cultur gleiche Grösse und ist daher als kleine Varietät, nicht als Jugendzustand zu bezeichnen. (Schwarzwald.)

T. laevis (Kg.) Ralfs l. c. Gestalt der vorigen Species, weit kleiner, Membran glatt.

T. granulatus (Bréb.) Ralfs. Zellen nicht zusammengedrückt, ringsum gleichmässig-spindelförmig. Membran dicht- und zerstreut punctirt. Grösser als T. Brébissonii.

T. minutus n. sp. (V, 10). Zellform der vorigen Art, etwas mehr verkürzt. Membran ganz glatt. Die kleinste Species; Zellen $^1/_{41}$''' l., gr. Br. $^1/_{118}$'''. (Im Nonnmattweiher, Schwarzwald, steril.)

9. Cylindrocystis (Menegh.) Penii spec. Ralfs l. c. Bréb. l. c. Palmogloeae spec. Kütz. Tab. phyc. I, Spec. Alg. 229. Palmellae spec. Bréb. Alg. Fal. p. 64. Zellen cylindrisch, mit abgerundeten Enden, ohne Einschnürung. In jeder Hälfte ein aus vielen strahlig nach allen Seiten zur Wand verlaufenden Streifchen gebildeter axiler Chlorophyllkörper. Zygospore viereckig, die Mutterzellhäute langsam abstreifend, oder kuglig, rasch aus den Mutterzellhäuten in einen verschwindenden Mittelraum tretend.

Die Charactere, welche diese Gattung und Mesotaenium von Penium unterscheiden, sind allerdings deutlich, doch von so geringem Werth, dass alle drei Genera späterhin wohl zu einem zusammengezogen werden müssen.

C. Brébissonii Meneghini. Penium Rlfs., Bréb. ll. cc. Palmogloëa Meneghinii Kütz. ll. cc. Zellen genau cylindrisch, $2^1/_2$ bis $4^1/_2$ mal länger als breit, Enden sanft abgerundet. Zygosporen viereckig oder kuglig, mit fein granulirter, brauner Mittelhaut. (L. d. Z. bis $^1/_{34}$''', Br. $^1/_{150}$'''). Einzeln oder zu lockeren Gallertstöcken vereinigt in Wasserpfützen (VII, E).

C. crassa n. sp. (VII, C). Zellen von farbloser, fester Gallerte eingehüllt, eiförmig-cylindrisch, höchstens doppelt so lang als breit, Enden sanft abgerundet. (Durchschnittlich $^1/_{66}$''' l., $^1/_{100}$''' br.; kleinere Exemplare $^1/_{86}$''' l., $^1/_{107}$''' br. Grösste $^1/_{48}$''' l., $^1/_{75}$''' br.) Bildet grüne Gallertpolsterchen auf Moos an feuchten Felswänden. (Schwarzwald.)

Hierher gehören wahrscheinlich: Penium Cylindrus (Ehr.), truncatum Ralfs, Jenneri Ralfs und Arten von Palmogloea Kütz.

10. Mesotaenium Näg. l. c. p. 108. Palmogloeae spec. plurim. Kg. Phyc. gener. 176, Sp. alg. p. 227, Tab. phyc. I. Eine axile Chlorophyllplatte, zuweilen mit aufgesetzten Leisten, durchzieht die Zelle. Sonst gleich der vorigen Gattung.

Jedenfalls gehört hierher der grösste Theil der Kützing'schen Palmogloeen; welche, ist jedoch aus den Darstellungen nicht genau bestimmbar. Ebensowenig bin ich im Stande die untersuchten, wohlverschiedenen Formen unter Kützingsche Arten einzureihen; ich musste daher einige neue Namen gebrauchen.

Dass hier, unter den Desmidiaceen, die Stelle der Palmogloeen sei, wird, nach den Auseinandersetzungen im ersten Abschnitt, nicht bestritten werden.

a) Zellen im Wasser schwimmend, frei oder durch sehr dünne Gallerte zusammengehalten:

M. Endlicherianum Näg. l. c. 109, Tab. VI B.

b) Zellen von consistenter Gallerte zu grösseren Familien vereinigt, feuchte Erde, Felswände bewohnend:

M. Braunii dBy. (VII, A, 1—8). Palm. macrococca A. Br. Verjüng. 349, taf. I. Zellen 2 bis $2^1/_2$ mal so lang als breit, cylindrisch, Enden plötzlich abgerundet. Chlorophyllplatte genau axil, lebhaft grün, häufig mit gezacktem Rande und aufgesetzten Leisten. Plasma farblos. Zygospore mit überall gleichmässig anliegender, farbloser Membran, zu unregelmässig-stumpfeckiger Form zusammengezogen, die Mutterzellhäute nicht deutlich abstreifend. Ausgewachsene Zellen $^1/_{60}$''' l., $^1/_{143}$'''—$^1/_{120}$''' br.

β. minus. Halb so gross, sonst der Hauptform gleich (VII, A, 9—11). Theils mit dieser, theils allein vorkommend, bisher nur steril gefunden.

An Gneissfelsen des Schwarzwaldes dunkelgrüne Gallertlager bildend. Brauns Pflanze gehört, nach Original-Exemplaren und nach Untersuchung frischer von dem nämlichen Standort jedenfalls hierher.

M. violascens dBy. (VII, B) Zellen nach beiden Enden hin allmählich verschmälert und abgerundet. Chlorophyllplatte neben der Längsaxe gelegen, blass, innerhalb meist violett gefärbten Plasmas. Fructification der vorigen Species. Länge der Zellen $^1/_{107}$'''—$^1/_{95}$''' (sehr grosse $^1/_{66}$'''). Breite $^1/_{143}$'''. In violettbraunen Gallertlagern Moospolster an Felswänden des Schwarzwalds überziehend. Hierher vielleicht Palm. macrococca, Rabenh. Alg. Sachsens Nr. 545; doch nicht mit völliger Sicherheit bestimmbar.

M. chlamydosporum = Palmogloea chl. dBy. in Rabenh. Alg. Sachsens etc. Nr. 514 (VII, D). Zellen cylindrisch, $1^1/_2$ bis 3 mal so lang als breit, mit plötzlich abgerundeten Enden, lebhaft grüner, neben der Längsaxe in farblosem oder bräunlichem Plasma liegender Chlorophyllplatte. Zygospore die Mutterzellhäute deutlich abstreifend, mit der Reife kuglig oder stumpfeckig, braunhäutig, von der Aussenhaut als einer weitabstehenden, sackförmigen Hülle umgeben. (Braune Innenhaut und innerste Schicht der sackförmigen Hülle meist fein-warzig.) Zellen $^1/_{190}$''' breit, copulirende etwa $1^1/_2$ mal so lang.

Auf Kiesboden, grosse, dicke lebhaft grüne Gallertlager bildend. (Walldorf bei Frankfurt a. M.)

11. Pleurotaenium. Näg. l. c. p. 104, Tab. VI, A. Docidii et Cosmarii spec. Bréb. Ralfs l. c. Zellen mit seichter Mitteleinschnürung, kreisförmigem Querprofil. Chlorophyll in zahlreichen wandständigen (zuweilen anastomosirenden) Längsbändern. Zygosporen kuglig.

a) Docidii spec. Ralfs, Bréb., (Closterium Trabecula Ehrbg. Infus. p. 93, Tab. VI, II.) Zellen cylindrisch oder cylindrisch-spindelförmig, mit abgestutzten Enden.

Docid. nodulosum, truncatum, clavatum, Ehrenbergii, Baculum Bréb. Ralfs l. c.

b) Zellen länglich-cylindrisch, mit abgerundeten Enden. (Fructification unbekannt.) Cosmarii spec. Rlfs. Bréb.:

Pl. turgidum (V, 31) = Cosm. turgidum Bréb. ap. R. l. c. 110, tab. 32, 8.

Pl. cosmarioides n. sp. (V, 32, 33). Zellen doppelt so lang, als breit, scharf eingeschnürt, Hälften kurz cylindrisch, mit plötzlich abgerundeten Enden. Membran glatt oder äusserst fein punctirt. Chlorophyll in wandständigen gezackten Bändern. Länge $^1/_{20}$'''. Der Form nach einem Cosmarium Sect. 4 täuschend ähnlich, doch mit keinem der beschriebenen identisch. Vereinzelt in Torfsümpfen. (Frankfurt a. M., Freiburg.)

Eine durch den von Nägeli aufgefundenen Character der Chlorophyllstructur von den ähnlichen wohlunterschiedene Gattung. Ich habe den sehr bezeichnenden von N. gebrauchten Namen dem allerdings ältern Docidium vorgezogen, weil dieser zwar für die meisten, aber keineswegs alle zusammengehörigen Species, zugleich aber auch für ähnliche, ihrer Structur und Entwicklung nach zu Gonatozygon, Penium zu rechnende Arten gebraucht war.

12. Spirotaenia Bréb., Ralfs l. c. Endospirae, Cylindrocystidis Spec. Bréb. ap. Kg. Spec. alg. 229. Palmogloeae Spec. Kg. l. c. Zellen spindelförmig oder cylindrisch, ohne Einschnürung, mit wandständigen spiralig-linksgewundenen Chlorophyllbinden. Fructification unbekannt.

a) Zellen spindelförmig, frei oder durch dünne Gallerte locker vereinigt, im Wasser lebend:

Sp. condensata Bréb. ap. Ralfs l. c. (V, 12). Sp. minuta Thuret ap. Bréb. liste, 157 pl. I, fig. 30.

b) Zellen durch consistente Gallerte familienweise vereinigt, feuchte Moospolster, Felswände bewohnend:

Sp. muscicola dBy. (VII, F). Palmogl. endospira = Endospira truncorum = Cylindrocystis endospira Bréb. Kg. l. c. ? — Zellen cylindrisch, mit abgerundeten Enden, $1^1/_2$ bis 3 mal so lang als breit. Einfache, breite, ganzrandige Chlorophyllbinde mit $1^1/_2$ bis 2 Windungen. (Länge der Zellen $^1/_{142}$''' bis $^1/_{71}$''', Br. $^1/_{287}$'''.) Gallertpolsterchen an Moosen bildend. Schwarzwald, selten.

Die 3 genannten Arten besitzen eine einzige Chlorophyllbinde, die letzte eine mit Sp. condensata so übereinstimmende Structur, dass aller Grund vorhanden, sie generisch zu vereinigen.

Wegen der unbekannten Fructification ist die Stellung der ganzen Gattung nicht ganz sicher.

Ob Sp. obscura R. und Sp. trabeculata A. Br. (Rabenh. Alg. Sachsens Nr. 543) hierher, und nicht in eine besondere, an Penium sich zunächst durch die Inhaltsstructur anschliessende Gattung gehören, ist durch weitere Untersuchung zu entscheiden.

B. Zellen zu meist gallertig-bescheideten Fäden verbunden, vor der Copulation häufig sich trennend, Zygosporen glatt.

13. Sphaerozosma Corda. Ralfs, Bréb. l. c. Isthmosira Kg. l. c. Zellen stark zusammengedrückt, der Quere nach tief eingeschnürt, in paralleler Stellung verbunden. Ein 4strahliger Chlorophyllkörper mit einem Amylonkern in jeder Hälfte. Zygosporen (nach Ralfs) in einem verschwindenden Mittelraum gebildet.

Sph. vertebratum Ralfs l. c. (IV, 32—34).

Sph. excavatum R.

Sph. secedens n. sp. (vgl. IV, 35—37). Zellen so lang als breit, mit tiefer, breiter Einschnürung, Hälften der Quere nach länglich, Endflächen leicht concav. Verbindende Klammern und Gallertscheide fehlen. Sehr klein, Zellen $^1/_{287}$''' lang. Die Form der Zellen und der Mangel verbindender Anhänge und Hüllen macht den Zusammenhang locker, so dass die Zellen in ganz kurzen Reihen oder vereinzelt vorkommen.

In Torfgruben (Schwarzwald, Frankfurt a. M.).

14. Spondylosium Bréb., Kütz. Spec. Algar. 189; Bréb. Liste, p. 119, tab. I, 1. „Phycoma compressum, cateniforme, ex articulis geminatis (aut dimidiatis, bilobis) maxime compressis, arcte conjunctis constitutum. Vagina nulla". Kg. l. c. Mir unbekannt.

15. Hyalotheca Ehrenb. Ralfs, Brébiss., Kützing, ll. cc. Fäden mit dicker Gallertscheide. Zellen cylindrisch, mit seichter breiter Mitteleinschnürung oder erhabenen ringförmigen Querriefen nahe den Enden. In jeder Hälfte ein aus 6 bis 10 um einen Amylonkern vereinigten Platten bestehender strahliger Chlorophyllkörper. Zygospore in dem derbwandigen Mittelraum.

H. dissiliens (Smith) R. H. mucosa Ehr.

16. Bambusina Kg. Phyc. germ. p. 140. Sp. alg. 188. Brébiss. Liste 119. Didymoprium Borreri Ralfs l. c. p. 58. Gymnozyga Ehrbrg. Berl. Monatsber. 1840. Zellen zu gedrehten Fäden verbunden, tonnenförmig, Seitenwand in der Mitte zu zwei gegenständigen, eingeschnürt-zweizähnigen Ecken verzogen. Inhaltsstructur und Fructification wie bei Hyalotheca.

B. Brébissonii Kg. (IV, 28, 29).

17. Desmidium (Agardh). Desmidium, Aptogonum, Didymoprium ex p. Ralfs, Kützing, Brébiss. Zellen zu gedrehten Fäden verbunden, stumpf 2- bis 4kantig. Kanten vorgezogen, der Quere nach eingeschnürt-zweizähnig. In jeder Zellhälfte bei den zweikantigen 4 Chlorophyllkörper, symmetrisch in die Peripherie gestellt, jeder aus 2 bogig längs der Seitenwand divergirenden, um einen Amylonkern vereinigten Platten und einem schmalen zu dem centralen Zellkern verlaufenden Streif gebildet; bei den drei- bis vierkantigen soviel Chlorophyllkörper und Amylonkerne als Kanten, von analogem Bau, die zwei Platten convergirend oder divergirend (S. Seite 42).

a) Zellen zweikantig. Endflächen eben, elliptisch. Zygosporen in einer der beiden, durch einen engen Kanal verbundenen Mutterzellhäute (Ralfs):

D. Grevillii (IV, 30, 31). Didymoprium Grevillii Kg. R. Bréb.

b) Zellen drei- bis vierkantig; Endflächen eben drei- bis viereckig Zygospore in einem bleibenden weiten Mittelraum (Desmidium Ralfs):

D. Swartzii Ag. (VI, 57). D. quadrangulare Kg.

c) Zellen wie bei den vorigen, ausnahmsweise zweikantig. Endflächen in der Mitte concav, an den Kanten vorgezogen, die benachbarten berührend; Fäden daher durchlöchert (Aptogonum Ralfs):

D. aptogonum Bréb. (VI, 55, 56) u. a.

Die Zellform scheint mir eine generische Trennung von Desmidium und Aptogonum Ralfs nicht zu fordern. Didym. Grevillii Kg. ist von Did. Borreri Ralfs durch die Inhaltsstructur wesentlich verschieden, andrerseits den Desmidien, zumal da D. aptogonum ausnahmsweise zweikantig vorkommt (Ralfs tab. 32, 1 c), so sehr analog, dass es wohl am zweckmässigsten mit denselben in einer Gattung steht.

18. Gonatozygon dBy. (in Hedwigia, 1856, Nr. 16) ex p. Zellen verlängert-cylindrisch oder abgestutzt spindelförmig, ohne Einschnürung, mit axiler, oft aufgesetzte Leisten zeigender Chlorophyllplatte, zu zerbrechlichen Fäden verbunden, bei der Copulation getrennt und knieförmig eingeknickt. Zygospore in einem rasch verschwindenden Mittelraum gebildet, kuglig.

G. Ralfsii (G. monotaenium dBy. l. c. Rabenh. Alg. Mitteleur. Nr. 539. Docidium ? asperum Ralfs l. c. 158, Tab. 26, 6). Zellen cylindrisch, mit etwas angeschwollenen Enden, 10 bis 20mal länger als breit. Membran auf der Aussenfläche von zahlreichen spitzen Wärzchen rauh (IV, 23—25). (Querdurchmesser der Zellen $^1/_{215}$'''—$^1/_{190}$''', Durchmesser der Zygosporen $^1/_{100}$'''—$^1/_{90}$'''). In Torfgewässern. Frankfurt a. M. Schwarzwald.

G. Brébissonii (IV, 26, 27; Docidium asperum Bréb. Liste, p. 147, pl. I, 33). Zellen gestutzt-spindelförmig, sehr locker verbunden, oft vereinzelt, mit feinwarzig-rauher Membran (in der Mitte $^1/_{430}$''' breit). In Tümpeln bei Freiburg.

19. Genicularia. Chlorophyll in wandständigen linksgewundenen, zuweilen zu einem unregelmässig durchbrochenen Wandbeleg zusammenfliessenden Spiralbändern. Sonst = Gonatozygon.

G. spirotaenia (IV, 1—22) = Gonatozygon spir. dBy. Hedwigia Nr. 16. Zellen cylindrisch, mit etwas angeschwollenen Enden, 10 bis 20 mal länger als breit. Membran mit feinwarzig-rauher Aussenfläche. Chlorophyllbinden drei bis zwei, zuweilen unregelmässig oder zusammenfliessend. (Querdurchmesser der Zellen $^1/_{130}$'''—$^1/_{100}$''', der Zygospore $^1/_{48}$'''—$^1/_{40}$'''). Walldorfer Torfmoor bei Frankfurt a. M., selten.

Diese Alge hatte ich mit G. Ralfsii zuerst in eine Gattung vereinigt, die nach den knieförmig gebogenen copulirenden Zellen benannt ist. So nahe beide auch verwandt sind, so fordert die verschiedene Inhaltsstructur doch eine generische Trennung. Der frühere Name G. monotaenium wurde durch Auffindung des ähnlich gebauten G. Brébissonii unpassend. Ich glaubte desshalb die Nomenclatur ändern zu müssen. Der von Roussel für Chantransia gebrauchte (Endl. gen. plant. p. 5), gegenwärtig in Vergessenheit gerathene Name Genicularia darf wohl zur Bezeichnung der neuen Gattung wieder hervorgesucht werden.

Gattungen, deren Stelle unter den Desmidieen zweifelhaft:

1. Cosmocladium Bréb. l. c. 133, pl. 1 fig. 20. „Phycoma rotundatum compressum, medio constrictum, dimidiatum, pedicellatum."

„C. pulchellum Bréb. Stipite ramoso dichotomo, corpusculis bioculatis terminalibus axillaribusque, hemisomatiis ovali-reniformibus, laevibus". Vom Ansehen eines kleinen, Cosmarium, dessen Zellen auf dichotomen Stielen sitzen. Falaise.

2. Ankistrodemus Corda, Ralfs l. c. Brébiss. l. c. — Raphidium Kg. l. c. Näg. l. c. p. 82, taf. IV, C.

Zygnemeae.

1. Zygnema (Ag.) Kütz. ex max. parte. Zygogonii sp. alg. 446. Globulina Link, Hor. phys. Berolin. p. 5. Tyndaridea Bory, dict. class. I, 595. Hassall, brit. freshw. Alg. p. 160. Thwaitesia Mont. comptes rend. 1845, Kg. l. c. Zellen mit 2 axilen, neben dem centralen Zellkern stehenden, vielstrahligen, einen Amylonkern enthaltenden Chlorophyllkörpern, oder ganz von dicht-körnigem Inhalt erfüllt, welcher zwei neben dem Centrum liegende Amylonkerne umschliesst.

a) Zygospore in dem blasigen Mittelraum zwischen den leiterförmig verbundenen Zellpaaren. Zygogonii Sp. Kg.

Z. pectinatum (Vauch.) Ag. Conjugata pectinata Vauch. conf. p. 77, Pl. VII, 4. Zellen ein- bis dreimal so lang als breit, in dicker Gallertscheide. Zygospore kuglig oder breit elliptisch, etwas dicker, als die sterilen Zellen, den Mittelraum ausfüllend und etwas in die leeren Zellhäute hineinragend, mit brauner, grubig-getüpfelter Mittelhaut. (Dicke der Zellen $^1/_{66}$'''—$^1/_{60}$'''.) (Die dicht-körnigen nicht copulirenden Zellen oft mit Bildung einer braunen, körnig-rauhen Membranschicht in Ruhezustand übergehend.) (I, 15—19, VIII, 13).

Hierher ohne Zweifel: Tynd. conspicua, immersa, decussata Hass., deren specifischer Werth näher festzustellen bleibt, und T. Ralfsii H., durch die abgeplatteten Zygosporen gut unterschieden.

b) Copulation leiterförmig, oder seitlich zwischen zwei Zellen des gleichen Fadens. Zygospore in eine der verbundenen Zellhäute übertretend. Zygnema Kg.

α. Leiosperma. Braune Mittelhaut der Zygospore glatt und homogen.

Z. leiospermum dBy. (in Rabenh. Alg. Mitteleurop. Nr. 638). Zellen so lang bis doppelt so lang als breit (Drchm. $^1/_{96}$'''), bei der leiterförmigen Copulation oft noch kürzer, etwas angeschwollen.

Zygospore vor der Reife aus der gallertig-aufgelockerten aufnehmenden Zellmembran fallend, kuglig oder breit-oval. (Grösse der reifen Zygospore $^1/_{95}'''$—$^1/_{70}'''$.) Taf. I, 7—14. Lebhaft grüne, krause schwimmende Räschen bildend, in Kiesgruben bei Freiburg.

Z. insigne Kg. (Tab. phyc. V, p. 5, Tab. 17, I.) Zellen zweimal so lang als breit, mit oft bauchig-aufgetriebener oder schlauchförmig vorgestülpter Seitenwand. Copulation seitlich oder leiterförmig. Zygosporen von der bleibenden, derben Membran der aufnehmenden Zelle eingeschlossen, braun. (Sterile cylindrische Zellen — $^1/_{72}'''$ dick.) Verworrene Fadenmassen bildend am Rheinfall bei Schaffhausen. (Herbar. A. Braun; Taf. VIII, 14—16).

β. *Scrobiculata.* Mittelhaut der Zygospore grubig-getüpfelt.

Z. stellinum Ag. Kg. Zellen 1 bis 3mal so lang, als breit, Copulation leiterförmig. Zygospore kuglig oder oval, innerhalb der bleibenden aufnehmenden Zellhaut reifend; Mittelhaut mit grossen, runden Tüpfeln (Cohn l. supr. cit.). (Querdurchmesser der sterilen Zellen = $^1/_{86}'''$—$^1/_{66}'''$). Rabenh. Alg. Mitteleur. Nr. 552!

Z. Vaucherii Ag. Kg. l. c. (Rabenh. l. c. Nr. 519) unterscheidet sich von der vorigen nur durch länger gestreckte, schmälere Zellen und etwas kleinere Tüpfel der Zygosporen. Z. tenue und Brébissonii Kg. von Z. Vaucheri durch die Dimensionen und die bei allen Arten sehr wandelbare Form der Chlorophyllsterne. Zwischenformen hinsichtlich der Dicke der Zellen sind sehr häufig ($^1/_{110}'''$, $^1/_{100}'''$, $^1/_{95}'''$—$^1/_{66}'''$), so dass diese Formen kleinere Varietäten von Z. stellinum zu sein scheinen.

Kützings und Hassalls übrige Species sind noch näher zu prüfen.

Sterile, daher unbestimmbare Zygnemen mit dicht-körnigem Zellinhalt, und oft dicker Membran und Gallertscheide sind, nach den Abbildungen der Tabulae phycologicae, und zum Theil nach von Kützing revidirten Exemplaren in A. Braun's Herbar, folgende Species von Zygogonium Kütz.: Z. decussatum (Hb. A. Br.), parvulum, anomalum (Hb. A. Br.), lutescens, affine (Hb. A. Br) aequale, nivale.

Zu Zygnema gehört ferner auch Thwaitesia Mont. (Fl. d'Algér 175, tab. 15, fig. 1. Sylloge, p. 463. Kütz. Sp. alg. 448, Tab. phyc. V, tab. 18. Berkeley, crypt. Botan., p. 152). Nach den citirten Darstellungen kann es höchstens in Frage kommen, ob Thw. von Z. stellinum specifisch verschieden ist. Die beim Trocknen besonders hervortretende scheinbare Viertheilung des Inhalts ist, wie oben (Seite 12) gezeigt wurde, eine ganz zufällige, bei den unreifen Zygosporen aller Arten häufig auftretende Erscheinung.

2. Spirogyra Link (Hor. phys. p. 5) Spirogyra et Rhynchonema Kütz. Salmacis Bory, l. c. 596. Zygnema Hass. l. c. Zellen mit 1 bis mehreren, wandständigen, meist spiralig rechts gewundenen Chlorophyllbinden. Copulation leiterförmig (Spirogyra Kg.) oder seitlich (Rhynchonema Kg.). Zygosporen stets innerhalb einer der verbundenen Zellhäute. Die copulirenden Zellen den sterilen gleich oder angeschwollen.

3. Sirogonium Kg. phyc. gener. 278. Zellen mit wandständigen, longitudinalen Chlorophyllbinden. Fructificationszellen verschieden, durch ungleiche Theilung knieförmig gegeneinander gebogener, miteinander verwachsender Fadenzellen entstehend, an der Verwachsungsstelle verbunden; aufnehmende tonnenförmig, abgebende kurz-cylindrisch. Zygospore (elliptisch) in der aufnehmenden Zellhaut.

Einzige bekannte Species: Sir. sticticum Kg. l. c. = S. sticticum, breviarticulatum, Braunii Kg. sp. algar. 435. (Vgl. die Exemplare in Rabenh. Alg. Mitteleur. Nr. 168, 659, 526.) Querdurchmesser der Zellen = $^1/_{50}'''$—$^1/_{38}'''$. Nach Kützings eigener Bemerkung (Tab. phyc. V, p. 2) ist S. Braunii von S. breviarticulatum nicht verschieden. Dieses, nach den Originalexemplaren im Herbar A. Brauns, durchaus mit S. sticticum identisch.

S. notabile Kg. sp. alg. = Mesocarpus not. Hass. gehört zu Staurospermum. (Vgl. S. 22.)

4. Mougeotia. Zellen mit axiler Chlorophyllplatte. Copulation leiterförmig, Zygospore in den blasig-anschwellenden, bleibenden Mittelraum zuzammengezogen.

M. glyptosperma dBy. (VIII, 20—25). Zygospore gross, oval, innerhalb der sackförmig-abstehenden glatten Aussenhaut von einer braungelben dicken Membran umgeben. Die Oberfläche dieser mit drei symmetrisch gestellten, parallelen, rings um die Zygospore laufenden Längskielen, und zarten radialen Querriefen zwischen denselben.

Querdurchmesser der Zellen $^1/_{210}'''$—$^1/_{172}'''$. Sterile Zellen 7- bis 12 mal so lang, copulirende oft weit länger. Länge der Zygosporen $^1/_{35}'''$, Breite $^1/_{54}'''$.

Krause, schleimige Fadenmassen. Von Vire (Normandie) im Herbar A. Brauns als „Mougeotia scalaris".

Soweit an den getrockneten Exemplaren erkennbar, ist die Structur der sterilen Zellen und der ganze Habitus den Mesocarpeen ähnlich. Die Entwicklung der zierlich gedrechselten Zygospore dagegen, welche sich an den Herbariumsexemplaren sehr sicher verfolgen liess, geht in ähnlicher Weise vor sich wie bei der ersten Abtheilung von Zygnema, und stellt die vorliegende Art zu den Zygnemeen. Die Quercanäle, welche die Fäden leiterförmig verbinden, sind anfangs lang-cylindrisch (VIII, 20); allmählich schwellen sie zu weiten ovalen Blasen an, während sich die Enden des Doppelprimordialschlauchs allmählich von ihrer Zellwand loslösen, und in den Mittelraum hineinziehen. Dort nimmt der Doppelschlauch endlich ovale Form an (fig. 21), und umkleidet sich mit einer anfangs farblosen, später gelblichen Membran. Innerhalb dieser, welche als sackförmige Aussenhaut bleibt, zieht sich der Primordialschlauch abermals zu der angegebenen characteristischen Form der Zygospore zusammen. Die von der gerieften (Mittel-) Haut umgebene Zygospore liegt entweder ganz frei in ihrer sackförmigen Hülle, oder berührt diese mit ihren hervorragendsten Stellen (fig. 22, 23). Der Länge nach verläuft rings um ihren ovalen Körper ein scharfer Kiel (Mittelkiel), in gleichen Abständen von demselben und parallel mit ihm jederseits ein weniger vorspringender Seitenkiel, von jenem durch eine breite flache Furche getrennt. Eine noch flachere Furche verläuft aussen von einem jeden Seitenkiel und trennt diesen von einer kleinen, elliptischen, mit erhabenem Rande umgebenen, und mit unregelmässigen Prominenzen versehenen Endfläche. Feine, flache, durch breite Thälchen getrennte Riefen verlaufen in radialer Richtung auf dem Boden der Furchen vom Rande der Endflächen zu den Seitenkielen und von diesen zum Mittelkiel (vgl. fig. 22—25).

Die ganze so gebaute Haut ist sehr derb, am dicksten in den Kielen, am dünnsten in den Furchen, so zwar, dass sie einen ganz glatten, ellipsoiden Innenraum umschliesst. Bei längerm Liegen in Schwefelsäure trennt sie sich zweiklappig in der Kante des Mittelkiels, ihr Bau bleibt unverändert und ist bei solcher Behandlung am deutlichsten zu erkennen (fig. 25).

Die Stellung der Zygospore ist in der Regel derart, dass die Längsaxen ihrer beiden copulirten Mutterzellen in der Ebene des Mittelkiels liegen. Doch kommen auch andere Stellungen vor.

Da die Arten der alten Gattung Mougeotia sich zumeist in die wohlbegründeten Genera der Mesocarpeen vertheilen, so habe ich den Namen in veränderter Bedeutung für die beschriebene, höchst ausgezeichnete Alge anwenden zu dürfen geglaubt.

6. Zygogonium Kütz. ex p., Ledae sp. Bory, l. c. A. Braun in Rabenh. Alg. Mitteleur. Nr. 165. Zellen cylindrisch oder tonnenförmig, mit derber, oft vielschichtiger, glänzender Celluloschaut. Neben der Mitte jederseits ein unregelmässiger mit einem Amylonkern versehener Chlorophyllkörper, beide oft zu einem axilen Strang zusammenfliessend (bei den sehr dickwandigen Zellen meist durch Körner verdeckt). Verbindung der copulirenden Fäden leiterförmig. Die gegeneinander wachsenden, den Chlorophyllinhalt aufnehmenden Ausstülpungen zweier Fadenzellen werden durch Scheidewände zu Fructificationszellen abgegrenzt, welche alsdann zu einer nicht contrahirten Zygospore verschmelzen.

Z. ericetorum Kg. Tab. phyc. V, tab. 10; Z. torulosum Kg. ibid. Tab. 14, I (Ledae spec. A. Br. Rabenh. Alg. Mitteleur. Nr. 165 und 181) und Z. didymum Rabh. ibid. Nr. 182, Hedwigia Tab. III, fig. 3 gehören hierher.

Z. ericetorum, stellt, wenn es im Wasser wächst (var. fluitans Kg.) einfache (höchstens kurze Zweiglein, ähnlich wie zuweilen Zygnema, Mesocarpus treibende) Fäden dar, aus genau cylindrischen Zellen gebildet, die ein- bis zweimal so lang als breit (Durchmesser etwa $^1/_{140}'''$) und mit mässig dicker Membran versehen sind. Sie enthalten zwei Chlorophyllmassen von unregelmässiger Form, wie bei Zygnema gestellt, oder eine axile Platte (VIII, 17). Auf trockneren Standorten (Torf- und Haideboden) wird die Zellenmembran oft sehr dick, der ganze Faden dadurch stärker. Nicht selten schreitet die Verdickung der Membran soweit fort, dass sie dem Zellumen an Dicke fast gleichkommt. Die Zellen schwellen dabei oft fassförmig an, der ganze Faden erhält ein rosenkranzartiges Ansehen. Diese dickwandigen Fäden entsprechen vollständig den ruhenden Zuständen von Zygnema. Zwischen der Wasserform und der letztgenannten, welche das Z. torulosum Kg. darstellt, lassen sich, theils im Freien, theils durch Cultur alle Uebergänge finden. (Vgl. die Exemplare der Rabenhorst'schen Sammlung.)

Z. didymum Rabh., die einzige bei jetzt sicher in Copulation beobachtete Form, gleicht, nach der Beschreibung und den getrockneten Exemplaren vollständig der Wasserform von Z. ericetorum, nur ist es etwas dicker ($^1/_{123}'''$—$^1/_{86}'''$). Es dürfte daher einfach ein kräftiges, fructificirendes Z. ericetorum sein.

Die Zellen nebeneinander liegender Fäden treiben, wie bei anderen leiterförmig copulirenden Gattungen, (wie die Untersuchung trockener Exemplare zeigt), kurze, derbwandige, miteinander verwachsende Fortsätze Dieselben bleiben zunächst durch eine derbe Membranlamelle getrennt, um welche häufig ein dicker Hüllhautring abgesondert wird. In die Fortsätze wandert der grösste Theil des Zellinhalts; zuletzt werden sie durch eine in das Lumen ihrer Mutterzellen hineingewölbte Scheidewand als besondere Fructificationszellen von dem übrigen, inhaltsarmen, aber deutlichen Primordialschlauch behaltenden Theile der Zellen abgegrenzt (VIII, 18, 19, a, b). Dieser Entwicklungszustand, in welchem je zwei Fructificationszellen zwischen den verbundenen Fäden liegen, ist von Rabenhorst als die characteristische (Zygo-) Sporenbildung beschrieben worden.

Allein jetzt erst findet zwischen den zwei Fructificationszellen die eigentliche Copulation statt, indem die Scheidewand zwischen beiden von der Mitte aus aufgelöst wird, und beide so zu einer elliptischen Zygospore verschmelzen, welche, soweit es die trockenen Exemplare erkennen lassen, keine weitere Formveränderung zeigt und eine farblose, mässig dicke Membran behält (fig. 18, 19, c).

Ueber den specifischen Werth der genannten Formen müssen weitere Untersuchungen entscheiden.

Ganz zweifelhaft bleiben von Kützing's Arten: Z. gracile, cruciatum, salinum, laeve, hercynicum, peruvianum, pectinatum Kg. Tab. 14 (welches mit Nichts weniger übereinstimmt, als mit dem von Kg. sp. alg. dazu citirten Zygn. pectin. Vaucher), crassum und Z. saxonicum Rabenh. l. c. Nr. 183.

Z. pleurospermum Kg. Tab. phyc., tab. 13 = Mesocarpus pleurocarpus w. s. Z. delicatulum Rabenh. l. c. Nr. 372 scheint zu Ulothrix zu gehören; ob = Z. del. Kg.?

Mesocarpeae.

1. Mesocarpus Hass. brit. freshw. Alg. p. 166. Kg. l. c. Mougeotia Ag. et auctor. pro parte. Spore kuglig oder oval, zwischen zwei cylindrischen, geraden oder wenig eingeknickten lateralen Zellen.

a) Copulation leiterförmig, Fäden frei oder mit dem einen Ende angewachsen.

M. scalaris Hass. l. c. Zellen zwei- bis fünfmal länger, als breit (Durchmesser $^1/_{86}'''$—$^1/_{72}'''$), die copulirenden oft mehr verlängert, kaum eingeknickt, derbwandig. Sporen kuglig oder breit oval mit gelbbrauner, glatter und homogener Mittelhaut. (Sporendurchm. $^1/_{66}'''$—$^1/_{57}'''$.) Häufig. Berlin, Freiburg. Zygogon. scalare Kg. sp. alg. Tab. phyc. V ? Hierher: Euzygogonium humifusum Itzigs. in Rabenh. Alg. Mitteleur. Nr. 398. Mes. vernalis Itz. in litt. M. scalaris Hass. in Rabenh. l. c. Nr. 433 (etwas kleinere Form, mit Staurospermum vermischt).

M. robustus dBy. (II, 16). Zellen drei- bis achtmal länger als breit (Durchmesser $^1/_{86}$—$^1/_{68}'''$), die copulirenden fast gerade, Sporen kuglig-oval, mit rothbrauner, fein getüpfelter Mittelhaut. (Sp. $^1/_{42}'''$ l., $^1/_{54}'''$ br.) Bei Freiburg, in Tümpeln, selten fructificirend.

M. parvulus Hass. (II, 15). Zellen sechs- bis zwölfmal so lang als breit (Durchm. $^1/_{280}'''$—$^1/_{220}'''$.) Sporen kuglig (Durchm. $^1/_{143}'''$, $^1/_{257}'''$—$^1/_{95}'''$) mit glatter brauner Mittelhaut. In Tümpeln bei Freiburg, Vire (Hb. A. Br.). Hierher gehört wahrscheinlich „M. intricatus" in Rabenh. Alg. Mitteleur. Nr. 454, wegen Mangels reifer Sporen nicht sicher bestimmbar.

var.? tenuissima. Zellen $^1/_{430}'''$—$^1/_{344}'''$ dick (II, 10—14). Sonst dem obigen durchaus ähnlich. Nur einmal vereinzelt unter cultivirten Algen, im Zimmer.

M. nummuloides Hass. (VIII, 9, 10). Zellen acht- bis zehnmal so lang als breit (Durchmesser $^1/_{246}'''$—$^1/_{215}'''$). Sporen kuglig, mit getüpfelter Mittelhaut (Durchmesser $^1/_{123}'''$—$^1/_{95}'''$). Torfgruben bei Frankfurt a. M.

b) Copulation seitlich, zwischen zwei Nachbarzellen eines Fadens, selten leiterförmig. Sterile Zellen häufig knieförmig gebogen, und mit ähnlichen anderer Fäden an der Biegungsstelle verwachsen.

M. pleurocarpus (III, 14). Zellen zwei- bis fünfmal so lang als breit, Sporen kuglig oder oval, mit glatter, homogener, braungelber Mittelhaut. Pleurocarpus mirabilis A. Br. Alg. unicell. p. 60. Zygogonium plenrospermum Kützg. Tab. phyc. Mougeotia genuflexa Ag. et auctor. saltem ex parte.

Fructificirend gesammelt bei Berlin (A. Br.), Neudamm (Itzigsohn), Lyck in Ostpreussen (Sanio, nach briefl. Mittheilungen von A. Braun.)

2. Craterospermum A. Br. l. c. Sporen kurz cylindrisch mit meist rinnenförmig vertiefter Seitenfläche und concaven, den zwei knieförmig gebogenen lateralen Zellen zugekehrten Grundflächen.

C. laetevirens A. Br. (III, 1—13) = Mougeotia craterosperma Itz. in Rabenh. Alg. Mitteleur. Nr. 485. Zellen drei- bis achtmal länger als breit (Durchmesser $^1/_{100}$‴—$^1/_{55}$‴). Zarte, schön grüne, schwimmende Rasen auf Tümpeln; Rheinebene bei Freiburg (A. Br. 1851, dBy. 1857), Neudamm (Itzigsohn), Frankfurt a. M.

3. Staurospermum Kütz. phyc. gener. 278. Staurocarpus Hass. l. c. Sporen viereckig, zwischen 4 je einer abgestutzten Ecke aufsitzenden lateralen Zellen. (Zellen aller Species bis zwanzigmal länger als breit.)

St. quadratum (Hass.) (VIII, 11). Sporen von der breiten Seite geradlinig-viereckig, von der schmalen Seite breit-elliptisch. Mittelhaut derb, farblos, getüpfelt. (Durchm. der Zellen $^1/_{190}$‴—$^1/_{172}$‴, Höhe und Breite der Sporen $^1/_{79}$‴—$^1/_{60}$‴.)

Frankfurt a. M., Freiburg, Elsass: Mit der folgenden Art unter Leda capucina Moug. et Nestl. Stirp. Vog. Rhen. Nr. 793 (Hb. A. Br.).

St. capucinum Kg. (Leda Moug. et Nestl.) Sporen von der breiten Seite tief-ausgeschweift-viereckig (liegend-kreuzförmig), von der schmalen Seite lineal-länglich. Sporenhaut ? (unreife Exemplare untersucht.) Zellendurchmesser $^1/_{140}$‴.

Ohne Zweifel sind mindestens nahe verwandt: St. caerulescens und St. glutinosum Hass. l. c.

St. viride Kg. (II. 17, 18). Sporen von der breiten Seite ausgeschweift-viereckig, von der schmalen länglich, mit farbloser, ganz glatter, an den vier Ecken grubig eingedrückter Mittelhaut. Zelldurchmesser $^1/_{344}$‴—$^1/_{287}$‴. Breite und Höhe der Sporen $^1/_{100}$‴—$^1/_{70}$‴.

Rabenh. Alg. Mitteleur. Nr. 90 (nicht reif). Vire (Hb. A. Br.), Tübingen, Freiburg.

St. gracillimum Hass. (VIII, 12). Mittelhaut der Sporen aussen und innen fein warzig. Etwas zärter als die vorige Art (Durchmesser $^1/_{350}$‴). Seiten der Sporen etwas tiefer ausgeschweift, sonst mit derselben übereinstimmend.

Unter Mesocarpus scalaris in Rabenh. l. c. Nr. 433, von Constanz. Neudamm (Itzigsohn.)

Erklärung der Abbildungen.

Tafel I.

Fig. 1—2. *Spirogyra longata Kg.* (bei $^{390}/_1$). Fig. 1 zwei copulirte Zellpaare. In dem Paare a ist der Primordialschlauch der abgebenden Zelle (a_2) stark zusammengezogen, der von a_1 beginnt eben die Contraction; die Scheidewand im Quercanal noch geschlossen. In b_1—b_2 hat die Vereinigung schon stattgefunden; der Schlauch von b_2 mit seinem Inhalt ist grösstentheils in b_1 übergetreten. Die zwei Lamellen der Querwände zwischen den copulirenden Zellen sind meistens linsenförmig auseinander gewichen. Die Wände über a_1 und unter b_1 in die Zellen hineingewölbt, da die Primordialschläuche der angrenzenden Zellen noch nicht contrahirt waren.

Fig. 2. Dasselbe Stück nach ½ Stunde. Der Schlauch von a_2 mit a_1 vereinigt, grossentheils übergetreten. Der Theil b_2 des Doppelschlauches b_1—b_2 ist wiederum bedeutend ausgedehnt. Die Vereinigung von a_2 mit a_1 war während der Beobachtung plötzlich erfolgt.

1½ Stunden später waren sowohl a_2 als auch wiederum b_2 fast vollständig zu a_1 und b_1 übergetreten. Das Präparat starb dann ab.

Fig. 3. (bei $^{190}/_1$ gezeichnet). *Spirogyra Heeriana Näg.* Drei copulirte Zellenpaare. In dem Paar a die junge Zygospore noch ohne Celluloschaut, fertig geformt. Ein chlorophyllleeres Stück des übergetretenen Primordialschlauchs hatte sich losgetrennt und liegt als zarte Blase an der engen Communicationsöffnung. In b der eine Primordialschlauch im Uebertreten begriffen. In c die Querwand noch geschlossen; ihr genähert der birnförmige übertretende, von ihr entfernt der kuglige aufnehmende Primordialschlauch.

Fig. 4. *Spir. longata Kg.?* mit beginnender Bildung sporenähnlicher Körper ohne Copulation, = *Zygnema mirabile Hassall.* In der Zelle a noch keine, in b ziemlich vorgeschrittene, in c vollendete Contraction des Primordialschlauchs.

Fig. 5. Zwei Glieder eines solchen Fadens mit ausgebildeten sporenähnlichen Körpern.

Fig. 6. Fadenstück einer *Spirogyra* (*Rhynchonema reversum Kg.*) nach $^{390}/_1$ gezeichnet. a zwei sterile Zellen; b verlängerte Zelle, in der 3 braune sternförmige Körper gebildet sind, bei wohlerhaltenem Chlorophyllband und Zellkern (n); c ähnliche Zelle mit einem Sternkörper; in d ist der Inhalt verschwunden, 3 Sternkörper gebildet; x ein zartes Bläschen mit Stärkekörnchen erfüllt, xx ein einzelnes Stärkekorn.

Fig. 7—14. *Zygnema leiospermum.* (Vergr. 390, in Fig. 12 = 750.)

Fig. 7. Zwei copulirte Zellpaare; in a der eine Primordialschlauch contrahirt, der Copulationscanal geschlossen, in b die Querwand in dem Copulationscanal völlig verschwunden, beide Primordialschläuche in einen noch nicht contrahirten Doppelschlauch zusammengeflossen.

Fig. 8. Dasselbe Präparat 25 Minuten später. In dem Paar a beide Primordialschläuche contrahirt, Querwand in der Mitte verdünnt, aber geschlossen. In b beginnt der übertretende Theil des Primordialschlauches sich zusammenzuziehen.

Fig. 9. Dasselbe nach weitern 25 Minuten. In b die Contraction des Doppelschlauches normal fortgeschritten, auch der aufnehmende Theil etwas contrahirt. Die Schläuche in a wenig verändert; kamen auch später nicht zur Vereinigung.

Fig. 10. Zwei copulirte Fadenstücke. In dem Paare a Contraction des Primordialschlauches. In b und c junge, mit der ersten Celluloschaut versehene Zygosporen. s = sterile Zellen.

Fig. 11. Drei copulirte Zellpaare weiter entwickelt. Die Seitenwand der aufnehmenden Zellen gallertartig aufgelockert. Von den jungen noch grünen Zygosporen a und b beginnt die äusserste Membranschicht sich abzuheben.

Fig. 12. Fast reife Zygospore mit ihren 3 Häuten. Die Amylonkerne, welche bei völliger Reife verschwinden, schimmern noch durch.

Fig. 13. Keimende Zygospore.

Fig. 14. Dreizelliger Keimfaden. *a* Wurzelzelle. *b*, *c* Fadenzellen.

Fig. 15—19. *Zygnema pectinatum*. Fig. 15 ($^{190}/_1$). Zwei Fadenstücke mit 2 copulirten Zellpaaren, deren Zygosporen von der farblosen primären Membran umgeben sind. *a* a_1 Zellen mit dünner Membran und Chlorophyllsternen, *b* derbwandige körnerreiche; *c* Zwischenzustand zwischen *a* und *b*.

Fig. 16. Dreizelliges Fadenstück ($^{390}/_1$) mit doppelter Hüllhaut, die äussere gallertartig mit zarter radialer Zeichnung. Zelle *a* derbwandig, Membran farblos; Inhalt mit zahlreichen Fett- und Stärkekörnern. *b* mit brauner Membranschicht. *c* mit zwei körnigen Chlorophyllsternen und einzelnen grösseren Fetttropfen.

Fig. 17. *a* junge Zygospore aus der Copulation zweier Zellen entstanden Der Inhalt ist noch deutlich in vier Partien gesondert. *b* Zygospore aus der Copulation von 3 Zellen entstanden ($^{190}/_1$).

Fig. 18 ($^{390}/_1$). Reife Zygospore.

Fig. 19. Durch Druck entleerte Häute einer solchen; die braune Mittelhaut getüpfelt.

Fig. 20. *Zygnema spec.* ($^{270}/_1$). Fadenstück mit dicker Gallertscheide und dicht körnigem Zellinhalt. (*Tyndaridea anomala Hass.*).

Tafel II.

Fig. 1—9. *Sirogonium sticticum Kg.* (Vergr. ausser fig. 7, 8 und 9. = 190)

Fig. 1. Zwei Fadenstücke, von welchen ein Zellpaar (*a* und *b*) knieförmig gebogen und verbunden, sonst noch unverändert ist.

Fig. 2 Weiterer Entwicklungszustand. Aus der Theilung der verbundenen Zellen sind die Fructifications- und ihre sterilen Schwesterzellen hervorgegangen; in jenen hat sich viel Fett und Stärke gebildet. *f* aufnehmende (weibliche) Fructificationszelle, *c* ihre sterile Schwesterzelle, $f + c$ der Zelle *a* in fig. 1 entsprechend; *m* abgebende (männliche) Fructificationszelle, *d* und *e* ihre sterilen Schwestern, $m + d + e = b$ in Fig. 1.

Fig. 3. Verbundenes Zellpaar von abnormer Gestalt. Die Zellen den gleichbezeichneten der Fig. 2 entsprechend.

Fig. 4. Zwei verbundene Fructificationszellen; ein dicker Hüllhautring um die Berührungsstelle: *h* hier und in den anderen Figuren. *f* sehr reich an körnigen Inhaltsbestandtheilen; in der Mitte der Verbindungsstelle ist seine hier sehr dünne Wand nach *m* vorgewölbt. In *m* der Primordialschlauch nach jener Vorwölbung hin zusammengezogen. Weitere Entwicklung trat nicht ein.

Fig. 5. Zellpaar, in dem eine Vereinigung der beiden Primordialschläuche, theilweise Contraction von *f* und theilweiser Uebertritt von *m* stattgefunden hat.

Fig. 6. Reife Zygospore in *f*, *m* leer, die Querwand innerhalb *h* offen.

Fig. 7. Reife Zygospore, isolirt ($^{390}/_1$).

Fig. 8. Zweizellige junge Keimpflanze; *w* Wurzelzelle, in den Aussenhäuten steckend, *c* theilungsfähige Fadenzelle.

Fig. 9. Vierzellige Keimpflanze. *w* wie in Fig. 8. Die drei Fadenzellen succesiv aus *c* der Fig. 8 hervorgegangen. (Vergr. der Fig. 8 und 9 = 94.)

Fig. 10 14. *Mesocarpus parvulus Hass. var. tenuissima* ($^{750}/_1$).

Fig. 10 und 11. Leiterförmige Verbindung der Zellpaare, Bildung des Quercanals, Wanderung der Chlorophyllplatten in denselben. Entwicklungsfolge durch die Buchstaben *a*—*e* bezeichnet.

Fig. 12. Zygospore, deren Mittelstück sich durch Bildung der Scheidewände zur Spore abzugrenzen beginnt; in beiden seitlichen Stücken der körnige Primordialschlauch deutlich.

Fig. 13. Junge Spore, deren Aussenmembran durch Vollendung obiger Scheidewandbildung fertig ist.

Fig. 14. Aeltere Spore mit gelber Mittelhaut. Die Primordialschläuche der seitlichen Zellen sind in Fig. 13 und 14. weggelassen.

Fig. 15. *Mesocarpus parvulus Hass.* Stück eines copulirten Fadenpaares mit reifen Sporen. Die Primordialschläuche der lateralen Zellen sind weggelassen. Alle Querwände linsenförmig-gespalten. *a* regelmässige kuglige Spore, aus der Verbindung zweier Zellen entstanden, *b* eine grössere, Copulationsproduct von 3 Zellen. ($^{390}/_1$.)

Fig. 16. *Mesocarpus robustus.* Stück eines copulirten Fadenpaares ($^{390}/_1$). Der eine, ganz gezeichnete Faden war vierzellig; die eine Zelle, *a h*, offenbar früher cylindrisch und von *a*—*b* reichend, hatte später den Schlauch *b h* getrieben. Dieser sitzt bei *h* einem Confervenfaden an, durch eine ringförmige Schicht von Extracellularsubstanz befestigt. Spore fast reif, mit grubiger Mittelhaut; Primordialschläuche der seitlichen Zellen deutlich.

Fig. 17 und 18. *Staurospermum viride Kg.* (Bei 375facher Vergrösserung, aber viel grösser gezeichnet.)

Fig. 17. Stück zweier Fäden mit 4 copulirten Zellpaaren. Die unterbrochenen Chlorophyllplatten der Zellen wandern bei *e* und *c* in den Mittelraum, bei *a* und *d* sind sie schon in demselben und haben Kreisform angenommen. In allen Paaren beginnt die Abgrenzung der Spore durch ringförmig angelegte Querwände (*q*).

Fig. 18. Spore, nahezu reif, Aussenhaut und Mittelhaut gebildet; letztere farblos, glatt, an den Ecken eingedrückt. Inhalt zersetzt.

Tafel III.

Fig. 1—13. *Craterospermum laetevirens A. Br.*

Fig. 1 (${}^{200}/_{1}$). *a* copulirtes Zellpaar. Der weite Verbindungscanal ist gebildet. die beiden unregelmässigen Chlorophyllplatten noch nicht in denselben eingetreten. *b* zwei sterile Zellen.

Fig. 2 (${}^{200}/_{1}$). Weitere Entwicklung. Die Veränderung des Chlorophyllinhalts und die Anlage der Spore durch Dreitheilung der Zygospore ist vollendet. In den beiden seitlichen Zellen haben sich die dem Primordialschlauche anhaftenden Körnchen mehrfach zu Ringen gruppirt.

Fig. 3. Reife Spore. (Nach ${}^{300}/_{1}$ gezeichnet wie die folg.) Die farblose Aussenhaut ist zersetzt.

Fig. 4. Eine solche vor der Keimung; die Endflächen sind stark vorgewölbt, der Inhalt, schon lebhaft grün gefärbt, hat sich von der Wand nach der Mitte gezogen.

Fig. 5 und 6. Deckelartiges Aufspringen der gelben Mittelhaut durch Ausdehnung der Innenzelle.

Fig. 7. Die letztere schlauchartig verlängert, der grüne Inhalt in den Schlauch getreten als längliche körnerreiche Platte. Das eine Ende des Schlauches chlorophyllleer und blasig angeschwollen in der gelben Membran steckend.

Fig. 8. Der junge Keim beträchtlich verlängert. Das Chlorophyll in 4 Platten zerfallen, Theilung noch nicht eingetreten.

Fig. 9 (${}^{120}/_{1}$). Keimschlauch von der Entwicklung des in Fig. 8 gezeichneten um 10½ Uhr Vormittags. Bei Cultur auf dem Objectträger wurde gegen 1 Uhr die erste Andeutung der Theilung beobachtet.

Fig. 10. Dasselbe Exemplar um 4 Uhr N.M. Die noch ungeschlossenen Scheidewände (s—s‴) sind deutlich, die Chlorophyllplatten innerhalb der Scheidewände eingeschnürt, mit den Enden einander genähert. Es ist deutlich, dass nach Vollendung der Scheidewände die Basalzelle unter *s* und die Endzelle über *s‴* je eine, die Zellen *s—s′*, *s′—s″*, *s″—s‴* je zwei Chlorophyllplatten erhalten. Den Chlorophyllplatten haften überall zahlreiche Fetttropfen an. —

Fig. 11. Dreizehnzelliger junger Keimfaden. *a* ungetheilt bleibende Basalzelle, dem Stücke unter *s* in Fig. 10 entsprechend. *b*, *c*, *d*, *e*, aus der Theilung der untersten primären zweiplattigen Zelle (*s—s′* Fig. 10) hervorgegangen. Durch Dreitheilung entstanden gleichzeitig *d* (zweiplattig), *e*, und *b+c* (jede einplattig). *b+c* hat sich wiederum in *b* und *c* getheilt. *f*, *g*, *h* aus der Theilung der zweiten zweiplattigen primären Zelle (*s—s″* in Fig. 10) gleichzeitig hervorgegangen. *g* secundäre zweiplattige, *f* und *h* einplattige Zellen. *i*, *k*, *l*, in gleicher Weise Theilungsproducte der dritten primären zweiplattigen Zelle (*s″—s‴* in Fig. 10), *k* secundäre zweiplattige Zelle. *m* und *n* einplattige Zellen, aus der Zweitheilung der Endzelle (über *s‴* in Fig. 10) hervorgegangen.

Fig. 12 (${}^{390}/_{1}$). Eine zweiplattige Zelle, den Beginn der Dreitheilung zeigend Bei *s* und *s′* hat die Scheidewandbildung eben begonnen, rings um die noch vorhandenen, den Chlorophyllplatten anliegenden beiden primären Zellkerne.

Fig. 13. Etwas weiter vorgeschrittene Theilung in der obersten primären zweiplattigen Zelle (*a b*) und der einplattigen Endzelle eines jungen Fadens. In beiden Zellen die Scheidewände deutlich, aber noch ungeschlossen (*s.*) Innerhalb derselben die Chlorophyllplatten eingeschnürt, von ihrem Rande aus Schleimfäden brückenartig über die Strictur und zum Primordialschlauch verlaufend; die primären Zellkerne verschwunden, in *a b* vier, in der Endzelle zwei secundäre (*n*) entstanden.

Fig. 14 (${}^{190}/_{1}$). *Mesocarpus pleurocarpus*, nach trockenen Exemplaren. *s* reife, in dem seitlichen Copulationsraum zwischen zwei Nachbarzellen gebildete Sporen. *c* sterile, knieförmig gebogene und verbundene, Zellenpaare.

Fig 15—17. *Mougeotia genuflexa Ag.* Sterile Fadenstücke nach mehrmonatlicher Cultur im Zimmer.

Fig. 15 (${}^{190}/_{1}$). Zellen derbwandig, dicht mit Chlorophyll und Körnchen angefüllt, die eine, knieförmig gebogen, hat einen zweizelligen Ast erzeugt (*a*).

Fig. 16 (${}^{390}/_{1}$). Drei Zellen, die aus dem Zustand der vorigen Figur in den gewöhnlichen, normalen zurückkehren. Die Streckung von *a* und *b* hat die äusseren Membranschichten bei *n* aufgerissen und getrennt. Bei *c* hat sich die Innenzelle mit zarter Membran zu einem konischen Schlauche verlängert und die äussere Membran des Zellendes als Kappe zur Seite geschoben (*d*). *d*' ist eine solche Kappe, von einer unter *a* befindlichen losgelösten Zelle.

Fig. 17. Zweizelliges Fadenstück, aus der Theilung einer Zelle entstanden, die vorher die Länge *a b* hatte. Sie hat das eine Ende ihrer alten äussern Membran *a b* durchbrochen und ist im Begriff, dieselbe ganz zu verlassen (${}^{390}/_{1}$).

Tafel IV.

Fig. 1—22. *Genicularia spirotaenia.* (Vergr. 390, wo nicht anderes bemerkt.)

Fig. 1. Zwei das Ende eines Fadens bildende Zellen mit 3 Spiralbinden. *n* Zellkern, (${}^{300}/_{1}$).

Fig. 2. Zellen mit breiten unregelmässigen Chlorophyllbinden und fast vollendeter Zweitheilung bei *p*.

Fig. 3. Zelle mit 3 Chlorophyllbinden von denen eine (*a*) bei dem Nucleus aufhört, eine andere bei *b* sich gabelig theilt.

Fig. 4. Knieförmig gebogene, zur Copulation vollständig vorbereitete Zelle.

Fig. 5. Zellenpaar während des Copulationsactes (nach 390facher Vergrösserung bedeutend verkleinert gezeichnet, die Punctirung der Zellmembran weggelassen). Der Primordialschlauch der einen Zelle *a* völlig ausgetreten, der andere *b*, im Austreten begriffen. *a*¹ *b*¹ die Primordialschläuche wenige Minuten später. *a*+*b* Product ihrer sofort erfolgten Vereinigung.

Fig. 6. Aehnlicher Entwicklungszustand wie in Fig. 5 *a b*, die zwei Zellen nicht in einer Horizontalebene liegend ($^{390}/_1$).

Fig. 7. Zwei Zustände eines Copulationsfortsatzes im Moment seines Anschwellens. *a* erste Vergrösserung, die linsenförmige Gallertmasse wenig kleiner geworden; in *b* ist sie zur dünnen Membran ausgedehnt. Der Fortsatz nur vom farblosen Primordialschlauch ausgekleidet, Chlorophyllbeleg noch an seiner frühern Stelle.

Fig. 8. Ein soeben vollständig in die Blase ausgetretener Primordialschlauch, stark abgeplattet, nach der Austrittsöffnung hin noch in zwei Schleimfäden ausgezogen (welche sofort in die glatte Oberfläche des Schlauches überfliessen).

Fig. 9. Eine soeben entstandene Zygospore, noch ohne Celluloschaut.

Fig. 10. Eine solche, mit einfacher Cellulosemembran ($^{300}/_1$).

Fig. 11 Weiterer Entwicklungszustand: Zweischichtige Membran, im Inhalt noch Chlorophyll und grosse Stärkekugeln.

Fig. 12. Reife Zygospore. Membran dreischichtig, Inhalt farblos, feinkörnig.

Fig. 13. Anfang der Keimung. (Am 22. November.) *a* zeigt zahlreiche wandständige Chlorophyllplättchen. *b* dieselbe Zygospore herumgedreht, zeigt den Chlorophyllbeleg an einer Stelle stark von der Wand nach Innen gedrückt.

Fig. 14. Aehnlicher Entwicklungszustand.

Fig. 15. Längliche Keimzelle, dicht mit Körnchen erfüllt, aus den aufgerissenen äusseren Häuten der Zygospore hervorgetreten. (Keimzelle $^1/_{28}$‴ l. $^1/_{56}$‴ br. Durchm. der Zygosp. $^1/_{31}$‴.)

Fig. 16. Keimzelle, an einem Ende stark verschmälert. (l. $^1/_{23}$‴, br. $^1/_{50}$‴.)

Fig. 17—19 weiter entwickelte. Bei *n* deutlicher Zellkern.

Fig. 17. $^1/_{15}$‴ l., $^1/_{66}$‴ br.

Fig. 18. $^1/_{13}$‴ lang, in der Mitte $^1/_{108}$‴ breit.

Fig. 20. *a* Wurstförmige Keimzelle innerhalb einer hyalinen Blase zusammengekrümmt. *b* Dieselbe um 90° gedreht (Vergr. 190.)

Fig. 21. Dieselbe nach 24stündiger Cultur auf dem Objectträger.

Fig. 22. Die nämliche, noch 7 Stunden später, aus der durchrissenen Blase hervorgetreten, fast gerade gestreckt. ($^{190}/_1$.)

Fig. 23—25. *Gonatozygon Ralfsii* ($^{390}/_1$).

Fig. 23. Zwei Zellen eines Fadens, mit einfacher, welliger Chlorophyllplatte.

Fig. 24. Einzelne Zelle, mit dreistrahligem, unterbrochenem Chlorophyllkörper. *a* Endansicht der Zelle.

Fig. 25. Junge Zygospore zwischen den leeren Mutterhäuten.

Fig. 26. Zwei Zellen von *Gon. Brébissonii.* ($^{390}/_1$.)

Fig. 27. Zwei kürzere derselben Species, entleert, eine junge Zygospore dazwischen.

Fig. 28. *Bambusina Brébissonii.* *a*, *b*, Zwei Zellen in der Seitenansicht. *a* ungetheilt, mit deutlichem Kern. *b* mit weit vorgeschrittener Theilung, tief eingestülpter Querwand. *c* Endansicht einer Zelle. ($^{390}/_1$.)

Fig. 29. Fadenstück derselben Pflanze, die verschiedenen Stadien der Zelltheilung in der Entwicklungsfolge *a*, *a*¹, *b*, *c*, zeigend. *a*¹ hat sich nach mehrstündiger Cultur auf dem Objectträger aus *a* entwickelt. (Vergr. 750.)

Fig. 30. *Desmidium Grevillii.* Stück eines Fadens in der Seitenansicht. Inhaltsstructur bei den vollständig im breiten Seitenprofil gesehenen Zellen *a* und *b* deutlich.

Fig. 31. Endansicht einer Zelle (schwächer vergr.)

Fig. 32—34. *Sphaerozosma vertebratum.* ($^{390}/_1$.)

Fig. 32. Breites Seitenprofil eines Fadenstückes. *a* Zelle nach der Theilung, die zwei Hälften heranwachsend *b*, *c*, zwei Schwesterzellen, der Amylonkern in die Mitte einer jeden getreten, an der Grenzlinie beider treten die in Bildung begriffenen Klammern als kleine Puncte auf. *d* Zelle nach Theilung des Amylonkerns.

Fig. 33. Fadenstück im schmalen Seitenprofil, die Klammern zwischen den einzelnen Zellen deutlich.

Fig. 34. *a* Schwesterzellpaar mit in Theilung begriffenen Amylonkernen und eben angelegten Klammern im breiten, *b* im schmalen Seitenprofil.

Fig. 35—37. *Sph. secedens* ($^{750}/_1$).

Fig. 35. Dreizelliges Fadenstück, Amylonkerne noch ungetheilt.

Fig. 36. Zwei Zellenpaare in verschiedenen Stadien nach der Theilung; breite Seitenansicht.

Fig. 37. *a* Endenansicht einer, *b* schmales Seitenprofil zweier Zellen.

(Die Gallertscheide, welche die Fäden der in Fig. 29—34 dargestellten Arten meist umgibt, ist, der Raumersparniss wegen, in der Zeichnung absichtlich weggelassen.)

Tafel V.

Alle Figuren $^{390}/_1$, wo nichts gegentheiliges bemerkt.

Fig. 1—4. *Penium interruptum Bréb.*

Fig. 1. Ausgewachsene Zelle, doch noch ohne Körnchen in der oberen Endvacuole.

Fig. 2. Etwas kürzere Zelle mit beginnender Quertheilung in dem Chlorophyllkörper einer jeden Hälfte.

Fig. 3. Quertheilung der Chlorophyllkörper vollendet.

Fig. 4. Mitten durch eine Querwand getheilte Zelle. Bei *n* die Grenzlinie der aufgerissenen Mutterzellhaut deutlich.

Fig. 5—7. Zellen von *Penium crassiusculum.*

Fig. 8, *a*, *b*, *Penium Ralfsii.*

Fig. 9. *Tetmemorus Brébissonii β minor.* *a* breites, *b* schmales Seitenprofil.

Fig. 10. *Tetm. minutus.*

Fig. 11. *Tetm. granulatus:* Häute einer reifen Zygospore durch Druck entleert, die farblose Aussenhaut von der sonst eng anliegenden punctirt-rauhen Mittelhaut künstlich getrennt. ($^{390}/_1$.)

Fig. 12. *Spirotaenia condensata*, ausgewachsene Zelle. Bei *n* Zellkern und Unterbrechung der Chlorophyllbinde.

Fig. 13. *Closterium acutum (Lyngb.) Rlfs.* Zelle mit dreistrahligem ununterbrochenem Chlorophyllkörper und seitlichem Kern.

Fig. 14—23. *Clost. parvulum Näg.* Fig. 14. sterile Zelle.

Fig. 15. Zellpaar mit beginnender Copulation und Contraction der Primordialschläuche.

Fig. 16. Dasselbe eine Stunde später, der Fortsatz der einen stark angeschwollen. (Vereinigung erfolgte rasch.)

Fig. 17. Aehnliches Zellpaar, Mittelraum im Entstehen begriffen, Primordialschläuche noch nicht contrahirt.

Fig. 18. Anderes Paar. Mittelraum fertig. Primordialschlauch sich contrahirend.

Fig. 19. Etwas weiter vorgeschrittenes Zellpaar als Fig. 18. (Um 8 Uhr 30 Min. Vorm.)

Fig. 20. Dasselbe um 8 Uhr 40′.

Fig. 21. Dasselbe um 8 Uhr 50′.

Fig. 22. Dasselbe um 9 Uhr 15′. Zygospore stumpf viereckig; noch ohne Membran.

Fig. 23. Eine Zygospore mit derber Cellulosehaut umgeben.

Fig. 24. *Closter. Lunula Nitzsch.* Zellpaar vor der Copulation ($^{190}/_1$).

Fig. 25. Zygospore in vielschichtiger Umhüllung zwischen ihren 2 Mutterzellhäuten ($^{190}/_1$)

Fig. 26—30. *Clost. rostratum Ehr.* Fig. 26. Copulirtes Zellpaar mit halbreifer Zygospore. Membran völlig entwickelt. Inhalt noch Chlorophyll und grosse Stärkekörner führend (1. April 1856).

Fig. 27. Keimung. Innenzelle aus den aufgerissenen Aussenhäuten vortretend. (10. Januar 1857, 10 Uhr 35′.)

Fig. 28. Dieselbe ausgetreten vor der Aussenhaut liegend (10 Uhr 50′).

Fig. 29. Dieselbe Keimzelle um 12 Uhr, Inhalt getheilt.

Fig. 30 ($^{190}/_1$). *a* die Keimzelle um 12 Uhr, von anderer Seite gesehen, als Fig. 29. *b* dieselbe 12 U. 30′. Die 2 Chlorophyllmassen sind an die entgegengesetzten Pole auseinander gerückt.

Fig. 31. Zelle von *Pleurotaenium turgidum* ($^{190}/_1$).

Fig. 32. *Pl. cosmarioides.* Umriss einer Zelle bei gl. Vergr. ($^{190}/_1$).

Fig. 33. Eine solche $^{390}/_1$.

Tafel VI.

Fig. 1—24. *Cosmarium Botrytis Menegh. R.* Fig. 1—11 $^{390}/_1$, 12—24 $^{190}/_1$.

Fig. 1. Schwesterzellenpaar bald nach der Theilung; in *a* Einschnürung der Amylonkerne. (Um 10 Uhr 30′.)

Fig. 2. Dasselbe um 11 Uhr. Theilung der Amylonkerne vorgeschritten. Chlorophyll beginnt in die junge Hälfte überzutreten.

Fig. 3. Dasselbe um 12 Uhr, Amylonkerne fast völlig getheilt und übergetreten. (Dasselbe Paar war um 8 Uhr Abends ausgewachsen und zeigte an den neuen Hälften die erste Andeutung des undulirten Umrisses; ging dann zu Grunde.)

Fig. 4. Leere Membranen der jungen Hälften zweier ausgeschlüpfter Schwesterzellen

Fig. 5. Copulationsreifes Zellpaar in rechtwinklig gekreuzter Lage. *a* zeigt den Copulationsfortsatz deutlich zwischen den beiden Membranhälften hervortretend.

Fig. 6. Ein solches Paar, zwei Stunden vor der Vereinigung.

Fig. 7. Copulirendes Zellpaar während des Vereinigungsactes. 10 U. 20′.

Fig. 8. Dasselbe 10 Uhr 35′. Zygospore von einem zarten breiten Gallerthofe umgeben zwischen den leeren Häuten.

Fig. 9. Dieselbe 10 U. 50′. Zarte Cellulosehaut um den Primordialschlauch; Gallerthof im Verschwinden.

Fig. 10. Aeltere Zygospore mit derber Cellulosehaut. Lumen der Stacheln noch nicht von Cellulose ausgefüllt. Ihre Enden schon derbwandig, ohne Gabelungen, welche letztere nicht mehr gebildet werden.

Fig. 11. Etwas ältere Zygosp. mit gabeligen, gänzlich von Cellulose gefüllten soliden Stacheln.

Fig. 12. Beginn der Keimung, Innenzelle aus der aufgerissenen Haut der Zygospore vorgestülpt.

Fig. 13. Dieselbe Innenzelle wenige Minuten später, vollständig ausgetreten.

Fig. 14. Leere Zygosporenhaut mit davor liegender Innenzelle (Keimkugel), deren 2 Chlorophyllmassen bereits die Stellung neben dem Centrum einnehmen.

Fig. 15. Aehnliche Keimkugel etwas weiter entwickelt. Membran doppelt (11 U. 35′).

Fig. 16. Dieselbe um 12 U. 45′. Der Primordialschlauch beginnt sich zur ersten Theilung einzuschnüren.

Fig. 17. Dieselbe um 12 Uhr 50′. Theilung beendigt.

Fig. 18. Dieselbe um 2 Uhr. Mitteleinschnürung der beiden Keimzellen fertig, Membran um sie gebildet. Jede Hälfte einer jeden zeigt eine länglich cylindrische Chlorophyllmasse.

Fig. 19. Aelteres Keimzellenpaar. Chlorophyll in jeder Hälfte der Quere nach zu einem schmalen Streifen ausgezogen.

Fig. 20. Späterer Zustand. Innere Blase aufgelöst, in jeder Hälfte der Keimzellen das Chlorophyll in zwei neben der Längsaxe liegende Partcien getheilt.

Fig. 21. Zwei Keimzellen nach Auflösung beider umgebenden Häute auseinander weichend.

Fig. 22. Keimzelle unmittelbar nach ihrer Theilung.

Fig. 23. Product der ersten Theilung einer Keimzelle: Zwei ungleichhälftige Zellen, *a* die glattwandigen Keimzellhälften, *b* die breiteren undulirten Cosmariumhälften.

Fig. 24. Theilungsproduct einer der beiden Zellen der vor. Fig. *a* die glatte Keimzellenhälfte.

Fig. 25—32. *Staurastrum dejectum Bréb. R.* ($^{390}/_1$).

Fig. 25. Sterile Zelle. *a* Seitenansicht, *b* Endansicht (Querprofil).

Fig. 26. Copulationsreifes Zellpaar um 10 U. 15′ gezeichnet.

Fig. 27. Dasselbe um 11 Uhr. Mittelraum plötzlich aus den 2 Fortsätzen entstanden. Zellkerne und Plasma in ihn übergetreten.

Fig. 28. Dasselbe Paar, wenig später. Die zwei Zellkerne sich berührend.

Fig. 29. Dasselbe Paar um 11 Uhr 40′; Zygospore fertig. Auf einer der leeren Zellhäute ist die in den vorigen Fig. weggelassene feine Punctirung angegeben.

Fig. 30. Eine junge Zygospore mit zarter Cellulosehaut und erster Andeutung der Stacheln als sehr kleiner zarter Ausstülpungen.

Fig. 31. Aeltere Zygospore. Stacheln noch zartwandig und mit farblosem Plasma erfüllt.

Fig. 32. *a* Reife Zygospore mit 3 deutlichen Häuten. *b* die durch Zerdrücken isolirte und zerrissene, fein getüpfelte Aussenhaut. *c* die übrigen Theile, von Mittel- und Innenhaut umschlossen.

Fig. 33—46. *Cosmar. Meneghinii Bréb.* (Fig. 34 $^{750}/_1$, die übr. $^{390}/_1$.)

Fig. 33. Sterile Zellen. *a* breites, *c* schmales Seitenprofil, *b* Querprofil.

Fig. 34. Breites Seitenprofil einer Zelle.

Fig. 35. Copulationsreifes Zellpaar.

Fig. 36. Junge Zygospore zwischen den leeren Schalen ihrer Mutterzellen.

Fig. 37. Reife, überwinterte Zygospore.

Fig. 38. Leere Haut einer solchen mit klaffendem Spalt, aus dem eine Keimkugel ausgetreten.

Fig. 39. *a*, *b*, Keimkugeln in verschiedenen Lagen.

Fig. 40, 41. Paarweise aus je einer Keimkugel entstandene, gekreuzt in einfacher Membran liegende Keimzellen.

Fig. 42, 43. Solche in gleicher Lage, umgebende Membran verschwunden.

Fig. 44. Zwei Keimzellen, deren eine aus einer Oeffnung der umhüllenden Membran hervortritt.

Fig. 45. Grössere, wie es scheint ohne Theilung aus einer Zygospore entstandene Keimzelle.

Fig. 46. Theilungsproducte der Keimzellen im Umriss. *a* und *b* ungleichhälftige Zelle, die eine Hälfte von der Gestalt der Keimzelle, die andere von der definitiven Form der Species. *c* eine solche ungleichhälftige und eine gleichhälftige Zelle, Nachkommen einer Keimz. in zweiter Generation, noch in Verbindung.

Fig. 47. *Cosmarium connatum Bréb.* *a* Seitenansicht. *b* Endansicht ($^{390}/_1$).

Fig. 48. *Cosm. moniliforme R.* ($^{390}/_1$). *a* Seitenansicht, *b* Endansicht.

Fig. 49. *Cosm. orbiculatum R.* *a* und *b* wie bei der vor. Fig. $^{390}/_1$.

Fig. 50. Zygospore ders. Spec.

Fig. 51. *Cosm. Palangula Bréb.?* *a* grössere, *b* kleinere Zelle in Seitenansicht, *c* Endansicht, *d* leere, punctirte Zellhaut ($^{390}/_1$).

Fig. 52. *Cosm. notabile, Bréb.* ($^{390}/_1$). Sterile Zelle. *a* breites, *b* schmales Seiten-, *c* Querprofil.

Fig. 53. Monströse Zelle derselben Species im Umriss.

Fig. 54. Zygospore ders. Spec.

Fig. 55. Zwei Zellen von *Desmidium aptogonum Bréb.* ($^{390}/_1$).

Fig. 56. Eine solche stärker vergr., Seitenansicht.

Fig. 57. Querprofil einer Zelle von *Desm. Swartzii Ag.* Die drei Chlorophyllkörper einer Hälfte mit zwischen den Kanten stehenden Amylonkernen. ($^{390}/_{1}$).

Fig. 58—62. *Polyedrium lobulatum Näg.* 59 und 62 nach $^{750}/_{1}$, die anderen nach $^{390}/_{1}$, aber etwas zu gross gezeichnet.

Fig. 58. Jüngste Zustände gruppenweise beisammen liegend.

Fig. 59. Etwas weiter entwickelt.

Fig. 60. Eine grössere tetraëdrische Zelle mit einfach zugespitzten Ecken.

Fig. 61. Zellen verschiedener Form, alle mit gegabelten Ecken; Entwicklungsfolge nach den Buchstaben *a—e*.

Fig. 62. Angeschwollene Zelle mit leeren sehr zarten Gabelzweigen und in zahlreiche dreieckige Massen getheiltem Chlorophyllinhalt.

Tafel VII.

A. Mesotaenium Braunii. ($^{390}/_{1}$).

Fig. 1. Vier erwachsene Zellen in Gallertblasen eingeschlossen, die generationsweise ineinander geschachtelt sind. 3 Zellen in Seitenansicht, in *a* die Chlorophyllplatte schräg vom Rande aus gesehen; *b* im Querprofil, dreistrahligen Chlorophyllkörper zeigend.

Fig. 2. *a* einzelne Zelle mit einfacher vom Rande aus gesehener Chlorophyllplatte, *b* dieselbe um 90° um die Längsaxe gedreht.

Fig. 3. Zelle mit dreistrahligem Chlorophyllkörper in Seitenansicht.

Fig. 4. Eine gleiche im Querprofil.

Fig. 5. Zelle mit einfacher Chlorophyllplatte im Querprofil.

Fig. 6. Zelle mit einfacher gezackter Chlorophyllplatte.

Fig. 7. Eine solche durch eine Querwand getheilt. In der Chlorophyllplatte jeder Tochterzelle liegt ein Amylonkern nahe der Querwand.

Fig. 8. Eine ähnliche Zelle, etwas weiter entwickelt. Jede Chlorophyllplatte zeigt den Amylonkern in ihrer Mitte. Die Platten schräg vom Rande gesehen.

Fig. 9. Kleinere Form gleicher Structur, vier in Gallertblasen eingeschlossene Zellen in verschiedener Ansicht.

Fig. 10. Eine Zelle der gleichen Form im Längsprofil, *a* vom Rande, *b* von der Fläche der Chlorophyllplatte aus gesehen.

Fig. 11. Querprofil.

B. Mesotaenium violascens. ($^{390}/_{1}$.)

Fig. 1. Relativ kurze Zelle, *a* von der Fläche, *b* vom Rande der Chlorophyllplatte aus gesehen.

Fig. 2. Zwei ähnliche Schwesterzellen innerhalb einer zarten Gallertblase, die eine in der Lage von *a*, die andere von *b* der vorigen Figur.

Fig. 3. Längere Zelle. Der Amylonkern mitten getheilt. *a* Flächenansicht, *b* Randansicht der sehr dicken Chlorophyllplatte.

Fig. 4 und 5. Zwei Zellen, deren zwei Amylonkerne auseinander gerückt, und deren Chlorophyllplatten getheilt sind.

Fig. 6. Sehr verlängerte Zelle, durch eine Querwand getheilt.

Fig. 7 und 8. Zwei copulirte Zellpaare. In 7 beginnt die Bildung grosser Fetttropfen.

Fig. 9 und 10. Fertige Zygosporen, wenig Chlorophyll, zahlreiche Fettropfen im Inhalt.

C. Cylindrocystis crassa ($^{390}/_{1}$).

Fig. 1. Einzelne, kurze, dichtkörnige Zelle, von doppelter Gallertblase umgeben.

Fig. 2. Aehnliche etwas grössere Zelle, frei liegend; Kernvacuole in der Mitte deutlich.

Fig. 3. Zwei körnerarme mit sehr deutlich strahligen Chlorophyllkörpern versehene Zellen. In *a* der Zellkern deutlich; in *b* beginnt die äussere Membranschicht sich loszulösen und zur Gallertblase auszudehnen.

Fig. 4. Grosse Zelle, durch eine Querwand getheilt. Jede Tochterzelle besitzt bereits 2 Amylonkerne, die in der Richtung der Längsaxe der Mutterzelle auseinander gerückt sind.

Fig. 5. Zwei ebenso entstandene und gebaute Schwesterzellen durch Wölbung der Endflächen von einander entfernt.

Fig. 6. Aehnliches Paar, innerhalb einer Gallertblase. Eine äussere der Mutterzellhaut entsprechende Membranschicht in der Mitte der Seitenwände sich abhebend, ihr Umriss allmählich verwischt — in Gallerte übergehend.

Fig. 7. Zwei fast kuglige Schwesterzellen in der derben Mutterzellhaut eingeschlossen. Die Trennung beginnend. Jede zeigt einen Amylonkern und e i n e der Querwand zugekehrte Kernvacuole.

Fig. 8. Zwei ähnliche Zellen, weiter auseinander getreten. Die Mutterzellhaut abgehoben, zur länglichen

Blase angeschwollen, an den Enden noch die ursprüngliche Beschaffenheit zeigend, nach der Mitte hin mehr und mehr zur Gallerte aufgelockert, einfach contourirt.

Fig. 9. Zwei Tochterzellen in der erweiterten Mutterzellhaut eingeschlossen; ihre Kernvacuolen einander zugekehrt. Sie sind anscheinend in der Richtung der Queraxe der Mutterzelle ausgedehnt, die Amylonkerne durch Theilung der in der Mutterzelle vorhandenen entstanden, nach derselben Richtung auseinander getreten.

Fig. 10. Zwei Schwesterzellen, homogener Gallerte eingebettet, in der natürlichen gegenseitigen Lage gezeichnet. Scheinen gleichfalls in der Richtung der Queraxe ihrer Mutterzelle sich ausgedehnt zu haben. In *a* der Amylonkern durch eine dunkle Querlinie getheilt; in *b* seine beiden Hälften auseinander gerückt, der Kern im Begriff sich zwischen beide zu schieben.

Fig. 11 und 12. Copulationsanfänge; 12 der am weitesten vorgeschrittene von den beobachteten.

D. Mesotaenium chlamydosporum. ($^{330}/_1$ wo keine andere Vergrösserung angegeben.)

Fig. 1. Junge, verhältnissmässig kurze Zelle. (Im October gezeichnet.)

Fig. 2. Lebhaft wachsende Zelle (im März gez.) von der Fläche der Chlorophyllplatte gesehen, in einer Gallertblase eingeschlossen, deren Entstehung aus der Mutterzellhaut durch die doppelt contourirte Kappe am einen Ende angezeigt wird.

Fig. 3. Aehnliche Zelle, Platte vom Rande gesehen.

Fig. 4. Eine solche getheilt.

Fig. 5. Trennung der beiden Schwesterzellen durch Vorwölbung der Endflächen von einem Puncte der Peripherie aus zum entgegengesetzten; Abhebung der Mutterzellhaut.

Fig. 6. Weiter fortgeschrittene Entwicklung zweier Schwesterzellen und ihrer Umhüllung.

Fig. 7. Zelle im Querprofil.

Fig. 8. Junger Copulationszustand.

Fig. 9. Solcher, weiter entwickelt, die Zygospore zu stumpf viereckiger Form zusammengezogen mit derber Membran.

Fig. 10. Desgleichen.

Fig. 11 und 12. Abhebung der Mutterzellhäute von der mehr der Kugelform sich nähernden Zygospore.

Fig. 13 und 14. Der Primordialschlauch der Zygospore zusammengezogen. In Fig. 13 die leeren Mutterzellhäute vorhanden, in 14 fehlend. Die mantelartige äussere Membran in 13 einfach, glatt, in 14 zweischichtig, die innere Schicht fein punctirt.

Fig. 15—18. Reife Zygosporen von ihrem Mantel umhüllt, die gelbe innere Schicht dieses bei 18 punctirt, bei den übrigen glatt.

Fig. 19 ($^{750}/_1$). Reife Zygospore mit daran hängenden, äusserst zart contourirten Mutterzellhäuten; die genau in der Seitenansicht liegenden Enden der letzteren zeigen die Membran sehr stark aufgequollen. Die innere braungelbe Schicht des Mantels ist an 2 Stellen von der äussern getrennt und nach innen gebogen.

Fig. 20 und 21. Beginn der Keimung. (Februar und März 1856.) In jeder Zygospore 4 Tochterzellen entstanden, jede mit einer deutlichen axilen Chlorophyllplatte.

Fig. 22 und 23. Etwas früherer Zustand. Die vier Tochterzellen (hier in tetraëdischer Anordnung) noch zärter contourirt und homogen blassgrün gefärbt.

Fig. 24—26. Austritt der 4 Tochterzellen aus der aufgeplatzten Mutterzellhaut.

Fig. 27—29. Die Tochterzellen völlig ausgewachsen, noch von einer Gallerthülle zusammengehalten an der weit klaffenden Zygosporenhaut. (Ende Mai 1856; die meisten Häute waren schon ganz leer und von ihrer Brut entfernt.) In Fig. 29 waren nur noch 3 Zellen an der Zygosporenhaut vorhanden. *b* offenbar nahe der Theilung; a^1 stellt *a* um 90° gedreht dar.

E. Cylindrocystis Brébissonii Rlfs. (Fig. 1—17 $^{450}/_1$. Fig. 18—22 $^{330}/_1$.)

Fig. 1 und 2. Zellen verschiedener Grösse mit ungetheilten Amylonkernen.

Fig. 3. Sehr lange Zelle, deren Amylonkerne sich durch Einschnürung in der Mitte zu theilen beginnen.

Fig. 4. Kurze Zelle mit Theilung der Amylonkerne. Die beiden Hälften des einen schon auseinander gerückt.

Fig. 5. Zwischen je zwei durch Theilung entstandenen Amylonkernen jeder Zellhälfte eine Vacuole gebildet; der primäre Kern noch vorhanden.

Fig. 6. Zelle in gleichem Entwicklungszustand, arm an Körnern, die strahlige Structur der Chlorophyllkörper sehr deutlich zeigend.

Fig. 7. Zelle durch eine Querwand getheilt: der primäre Kern verschwunden.

Fig. 8. Copulirtes Paar, kurz nach der Vereinigung.

Fig. 9. Weiter entwickelte durch Copulation entstandene Doppelzelle, mit paralleler Lage der beiden Hälften.

Fig. 10. Eine ähnliche, mit spitzwinklig gekreuzter Lage der Letzteren.

Fig. 11. Zusammenziehung der Zygospore zur stumpf-viereckigen Form; Beginn des Abhebens der beiden Mutterzellhäute.

Fig 12, 13. Weiter vorgeschrittene Zustände.

Fig. 14. Junge Zygospore, welche (hautlos oder zarthäutig) die Mutterzellhäute verlassen hat. Sie liegt in einer von den Oeffnungen letzterer ausgehenden Gallertblase. Ausser der zarten Zellmembran wird sie von einer weiteren unregelmässig gefalteten Haut umgeben.

Fig. 15. Aehnliche Zygospore, ohne die leeren Schalen gezeichnet, etwas weiter entwickelt, derbhäutiger.

Fig. 16. Aehnliche Zygospore, von welcher ein kleines Stück als seitlicher Anhang in der Schale *a* stecken geblieben ist.

Fig. 17. Fast reife viereckige Zygospore; die gelbbraune Mittelhaut schon vorhanden. Die 4 Amylonkerne, welche bei völliger Reife verschwinden, noch sichtbar.

Fig. 18—20. Beginn der Keimung. Vier Tochterzellen gebildet. Membran der Zygospore in 18 und 19 noch geschlossen, in 20 durch einen Querriss wenig geöffnet. 19 *b* Umrisse der Zygospore 19 *a* und ihrer Tochterzellen von der spitzenEcke aus gesehen. 20 *b* stellt *a* um 90° gedreht dar.

Fig. 21. Geöffnete Zygosporenhaut, aus der bereits eine der vier Tochterzellen ausgetreten ist, aussen anhaftend.

Fig. 22. Desgleichen; eine Tochterzelle innerhalb, eine vor der Oeffnung. Ob von Anfang an nur zwei vorhanden waren, ist ungewiss.

F. Spirotaenia muscicola.

Fig. 1. (390/1.) Zellenfamilie innerhalb einer zarten Gallertblase.

Fig. 2. Zwei erwachsene Zellen.

Fig. 3. Theilung vollendet. Kern in jeder Tochterzelle deutlich.

Fig. 4. Zwei junge Zellen sich von einander trennend. (Fig. 2—4 750/1.)

G. Fig. 1. *Penium oblongum.* (390/1.) Körnerarme ausgewachsene Zelle, Amylonkerne fehlen.

Fig. 2. Kürzeres Exemplar derselben Species (390/1), körnerreich, 2 Amylonkerne in jeder Zellhälfte.

Fig. 3. *Cosmarium? cruciferum.* Fast ausgewachsene Zelle mit einem Amylonkern. Längsprofil.

Fig. 4. Querprofil.

Fig. 5. Chlorophyll in zwei symmetrische Hälften getheilt, in jeder ein Amylonkern.

Fig. 6. Zwei junge durch Theilung entstandene Zellen, sich von einander trennend und auswachsend. (Vergr. 750 in Fig. 3—6.)

Tafel VIII.

Fig. 1—8. Keimung von *Mesocarpus parvulus Hass.* (390/1).

Fig. 1. Erstes Hervorbrechen der Keimzelle aus den aufgerissenen äusseren Häuten.

Fig. 2. Keimzelle an beiden Enden schlauchförmig verlängert, am 7. März.

Fig. 3. Dieselbe am 9. März.

Fig. 4. Dieselbe getheilt und bedeutend vergrössert am 11/3 Morgens. War am 10/3 Abends 5 Uhr schon beträchtlich verlängert, aber noch ungetheilt. *sp* ist das in den Sporenhäuten steckende Ende.

Das weitere Schicksal dieses längere Zeit hindurch beobachteten jungen Fadens war folgendes. Die Zelle *a* wächst noch etwas in die Länge, theilt sich nicht mehr, stirbt am 29/3 ab. *b* wächst gar nicht mehr, stirbt am 22. März ab. Der obere cylindrische Theil von *c* zeigt bis zum 21/3. ein beträchtliches Längenwachsthum; *c* theilt sich am 22/3 in drei Tochterzellen, wovon eine die Gestalt von *c* behält. *d* am 25/3 um das vierfache verlängert, noch ungetheilt. *e* wächst bis zum Vormittag des 20/3 bedeutend in die Länge und theilt sich Mittags in 3 Tochterzellen, deren jede, wie auch die von *c*, je eine Chlorophyllplatte hat. Die Länge der Zellen konnte nicht gemessen werden. Der ganze Faden ging in den letzten Tagen des März allmählich zu Grunde.

Fig. 5. Sechszelliger nur nach einer Richtung gewachsener Keimfaden.

Fig. 6. Ein zweizelliger der nämlichen Art.

Fig. 7. Vierzelliger Keimfaden mit 3 schlauchartigen Ausstülpungen an dem basilaren Ende.

Fig. 8. Dreizelliger Faden, basilare Zelle nach zwei Seiten schlauchartig verlängert.

Fig. 9. *Mes. nummuloides Hass.* (390/1). Copulirte Fadenstücke mit unreifer Spore.

Fig. 10. Reife Spore mit getüpfelter Mittelhaut.

Fig. 11. *Staurospermum quadratum* (390/1). Fructification. *a* unreife Spore, von der breiten, *b* von der schmalen Seite gesehen. In den Lateralzellen beider der Primordialschlauch faltig-collabirt. *c* Membran einer reifen Spore.

Fig. 12. *Staur. gracillimum.* Häute einer reifen Spore. (750/1.)

Fig. 13. *Zygnema pectinatum* (390/1). *b* zweizelliger Keimfaden, aus der aufgerissenen Membran einer der braunhäutigen Ruhezellen (*a*) hervorgetreten.

Fig. 14—16. *Z. insigne Kg.* nach trockenen Exemplaren (190/1).

Fig. 14. Umrisse eines sterilen Fadenstücks.

Fig. 15—16. Fructificirende Stücke mit seitlicher Copulation bei p; sogar zwischen nicht benachbarten Zellen bei p^1; und leiterförmiger (die anderen Zellen abgerissen) bei q; Zygosporen reif.

Fig. 17. Stücke eines sterilen Fadens von *Zygogonium ericetorum Kg.;* die im Wasser lebende Form ($^{300}/_1$.)

Fig. 18, 19. Copulirte Fadenpaare von *Zygog. didymum Rabh.* nach trockenen Exemplaren. In allen Zellen, auch wo er in der Zeichnung weggelassen, war ein Primordialschlauch mit Inhalt. ($^{300}/_1$.)

Fig. 18. Bei *a* der eine Copulationsfortsatz zur Fructificationszelle abgegrenzt, der andere noch nicht; desgleichen bei *b*, wo beide sehr ungleich. *c* fertige Zygospore.

Fig. 19. *a, b*: jeder Copulationsfortsatz zur Fructificationszelle abgegrenzt, beide noch getrennt, *c* fertige Zygospore, *d* wegen der Lage undeutlich.

Fig. 20—25. *Mougeotia glyptosperma*, nach getrockneten Exemplaren. Der Zellinhalt daher nur als körnige Masse gezeichnet. (23 und 25 $^{300}/_1$, die übrigen $^{190}/_1$.)

Fig. 20. Anfang der Zygosporenbildung.

Fig. 21. Späteres Stadium.

Fig. 22. Zwei reife Zygosporen. *a* schräg gegen die Kiele, *b* genau von der Endfläche aus gesehen.

Fig. 23. Reife Zygospore innerhalb der blasigen Aussenhaut. Seitenansicht.

Fig. 24. Eine solche isolirt, schräg gegen eine Endfläche gesehen.

Fig. 25. Hälfte der Mittelhaut, von der andern getrennt, in SO_3.

Fig. 26 und 27. *Eremosphaera viridis.*

Fig. 26. Dunkelgrüne chlorophyllreiche Zelle, der centrale Körper (*Nucleus?*) als dunkler Fleck durchschimmernd. ($^{300}/_1$.)

Fig. 27. Minder chlorophyllreiche Zelle. Der centrale Körper, aus trübem Plasma bestehend, deutliche Strahlen zur Wand sendend. ($^{300}/_1$.)

LEIPZIG,
DRUCK VON GIESECKE & DEVRIENT

I

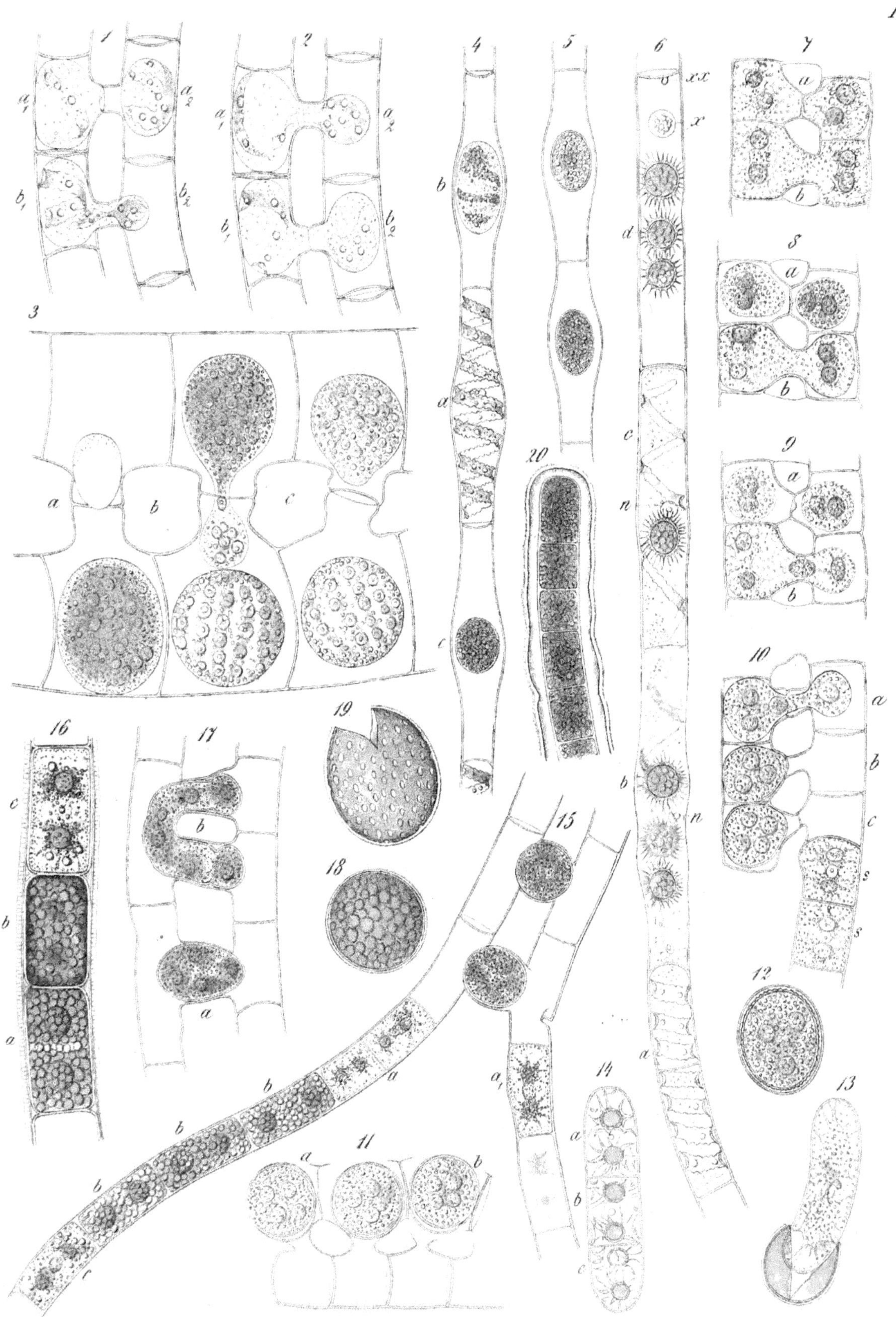

de Bary gez.

II

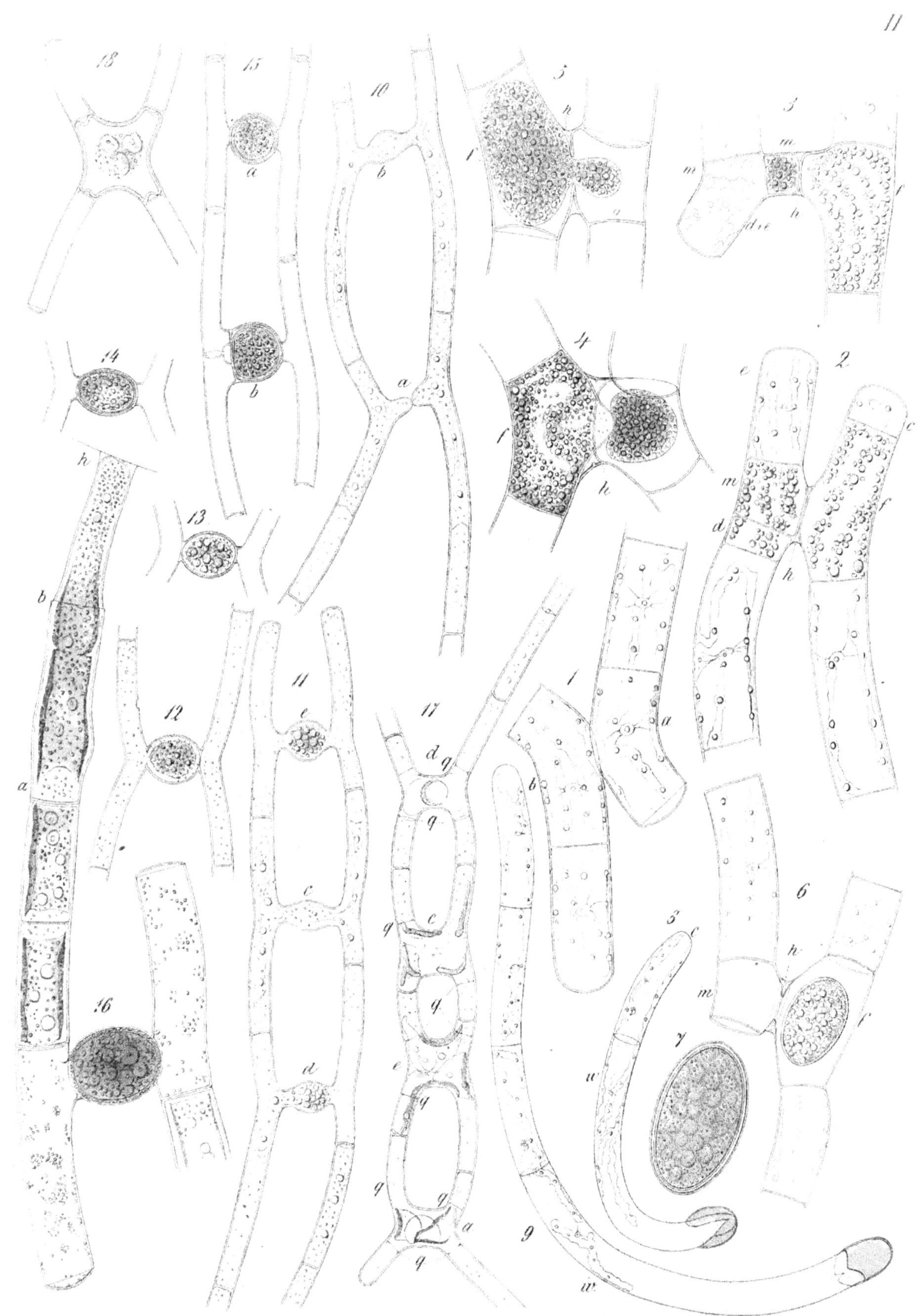

de Bary gez. C. F. Schmidt lith.

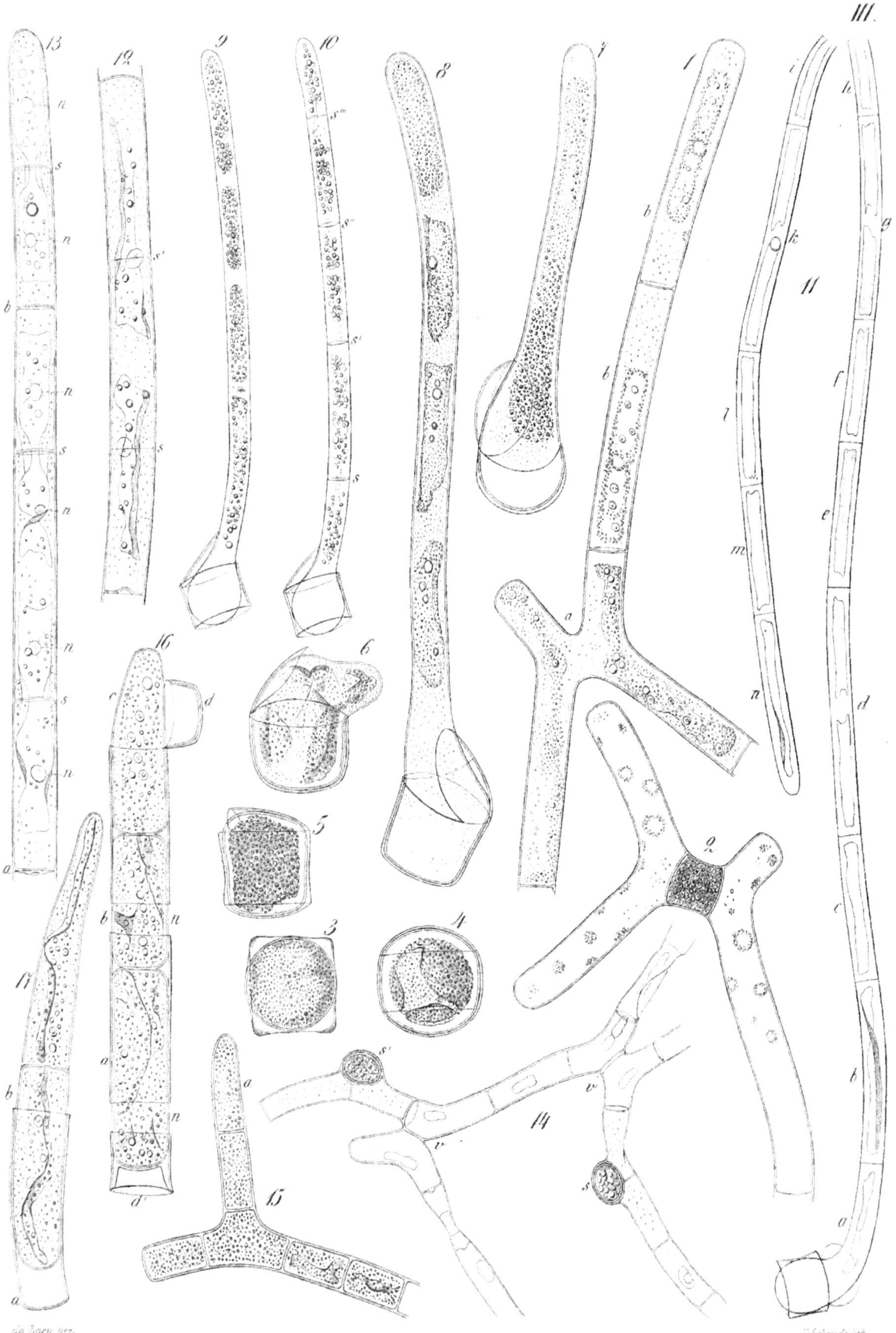

de Bary gez.

F. Schmidt lith.

de Bary gez.

C. F. Schmidt lith.

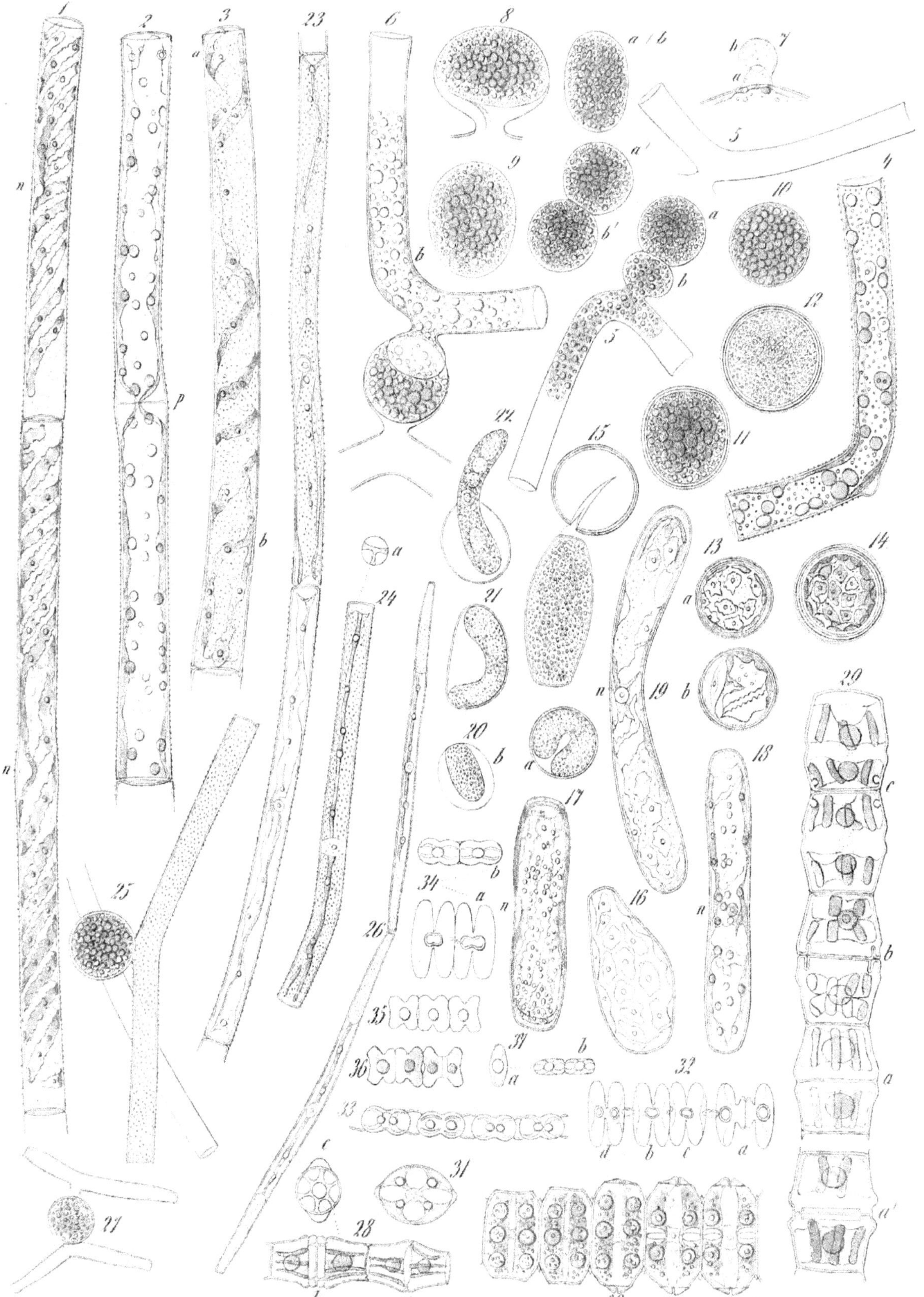

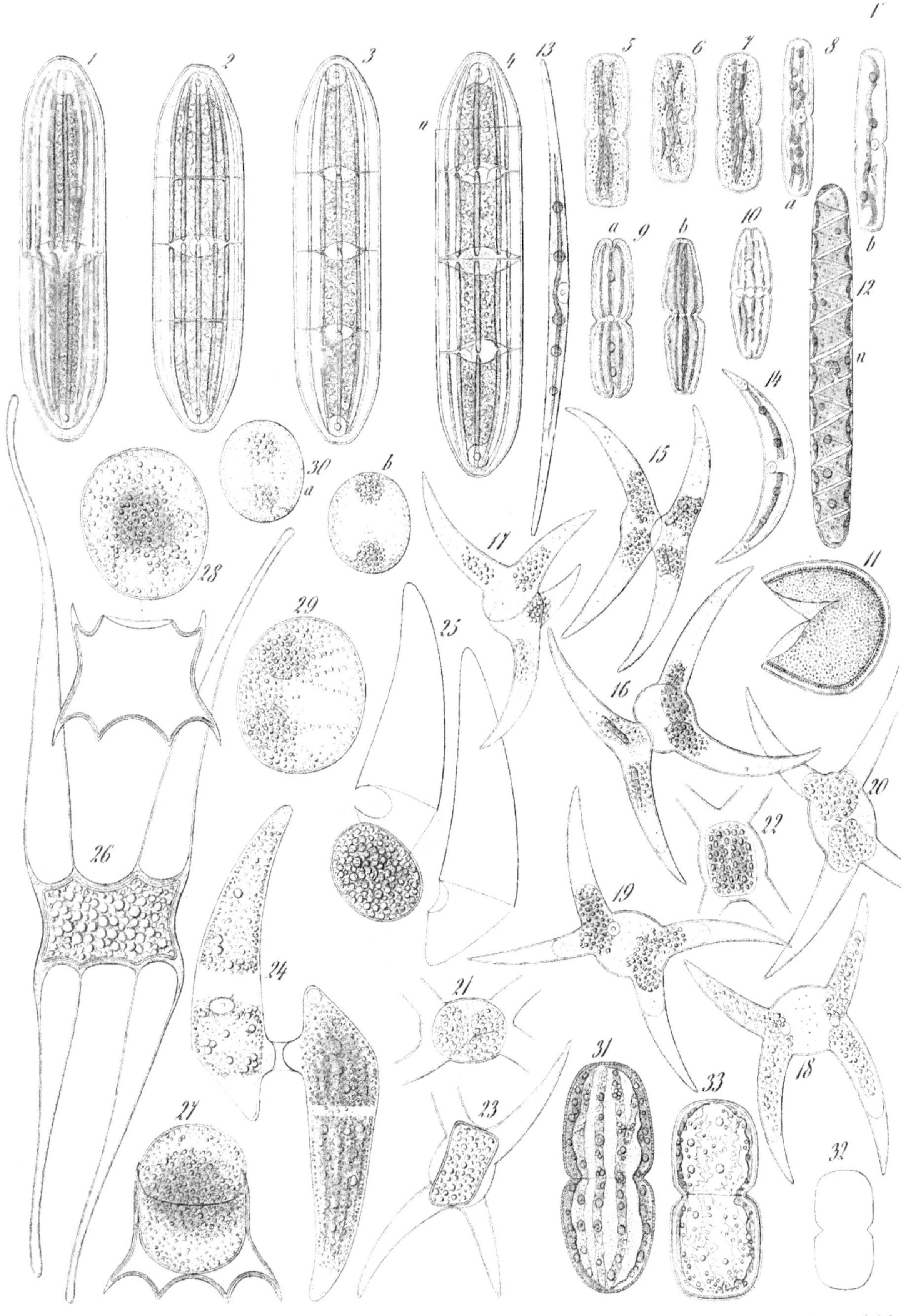

de Bary gez. C. F. Schmidt lith.

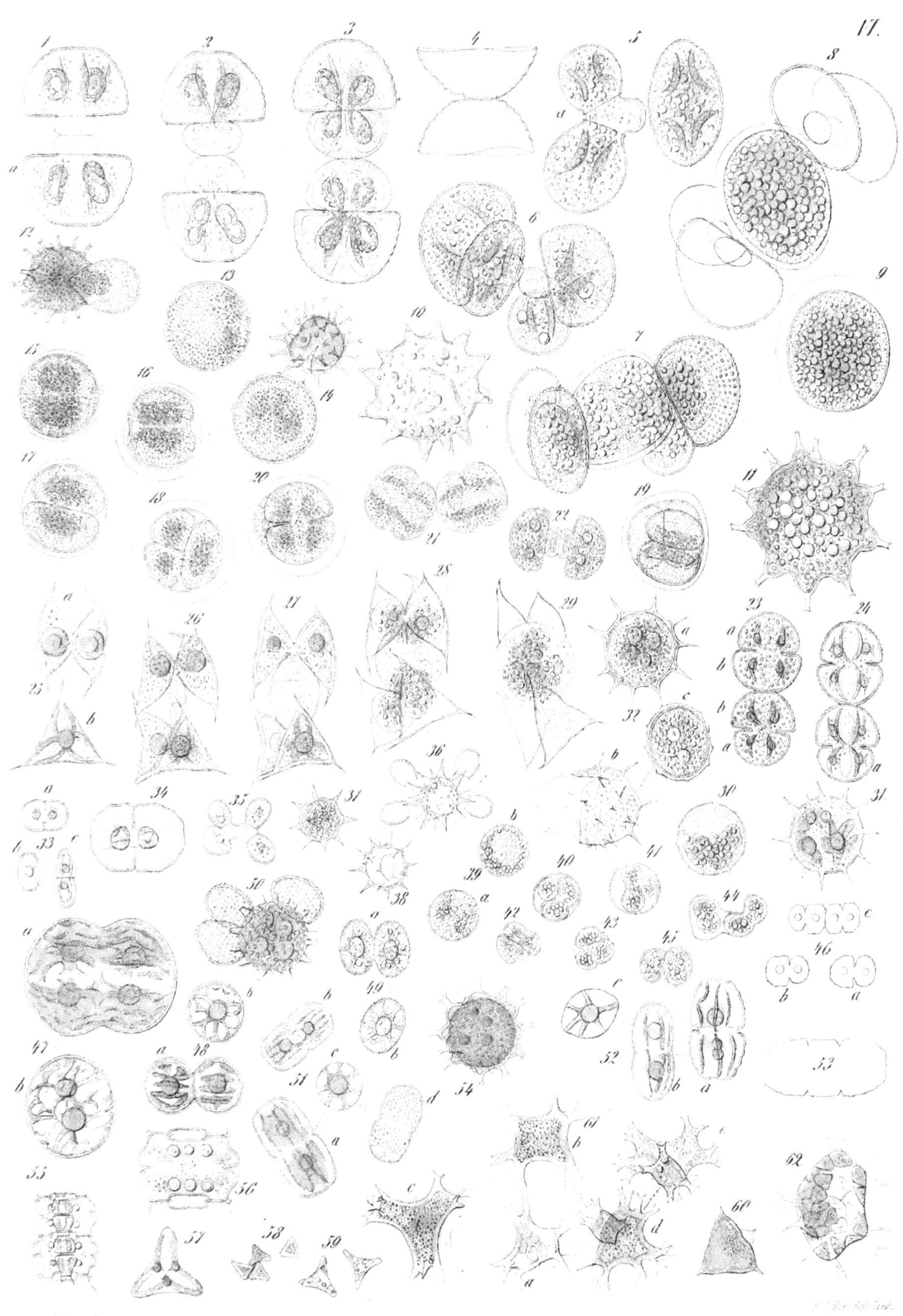

VII

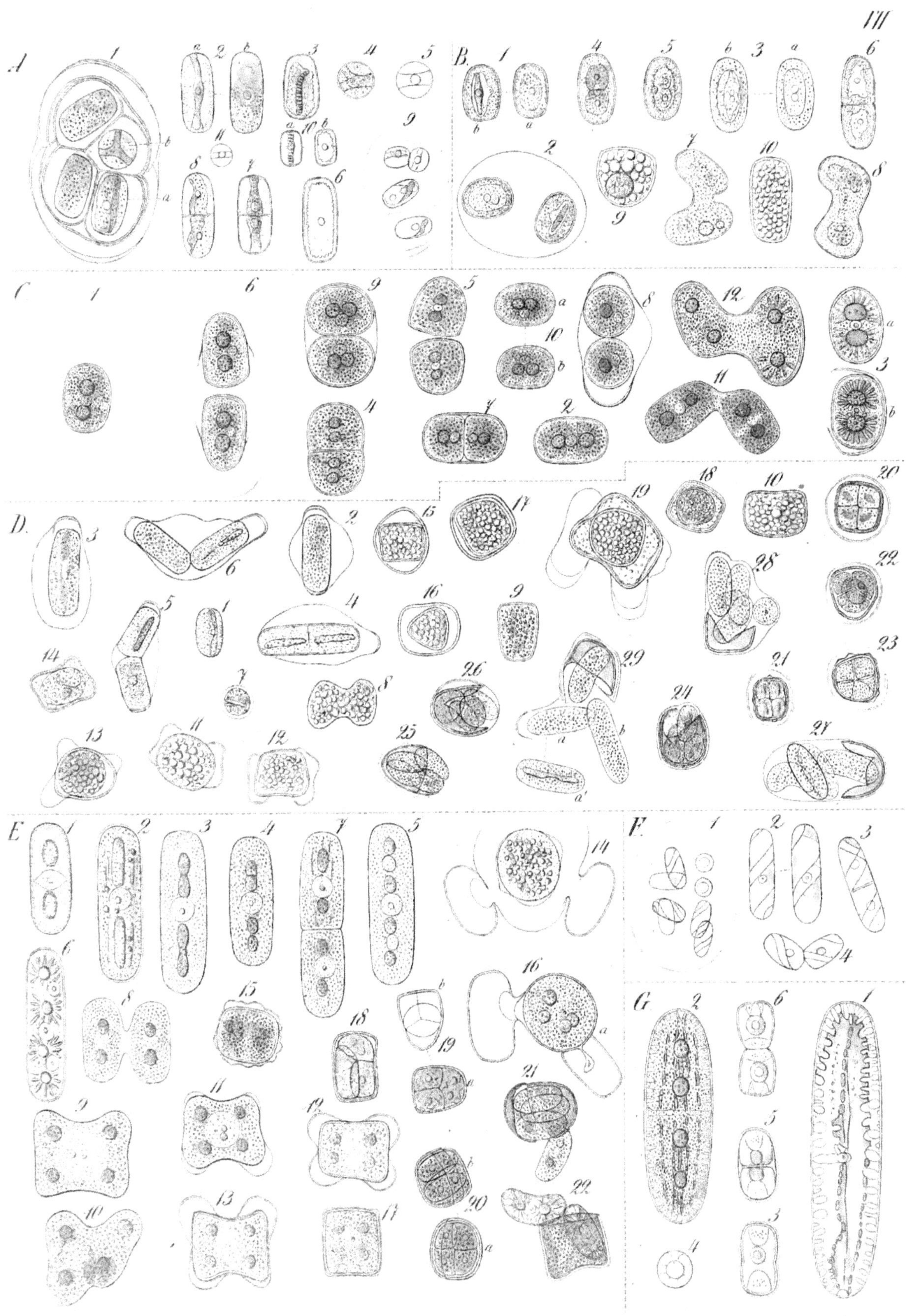

VIII

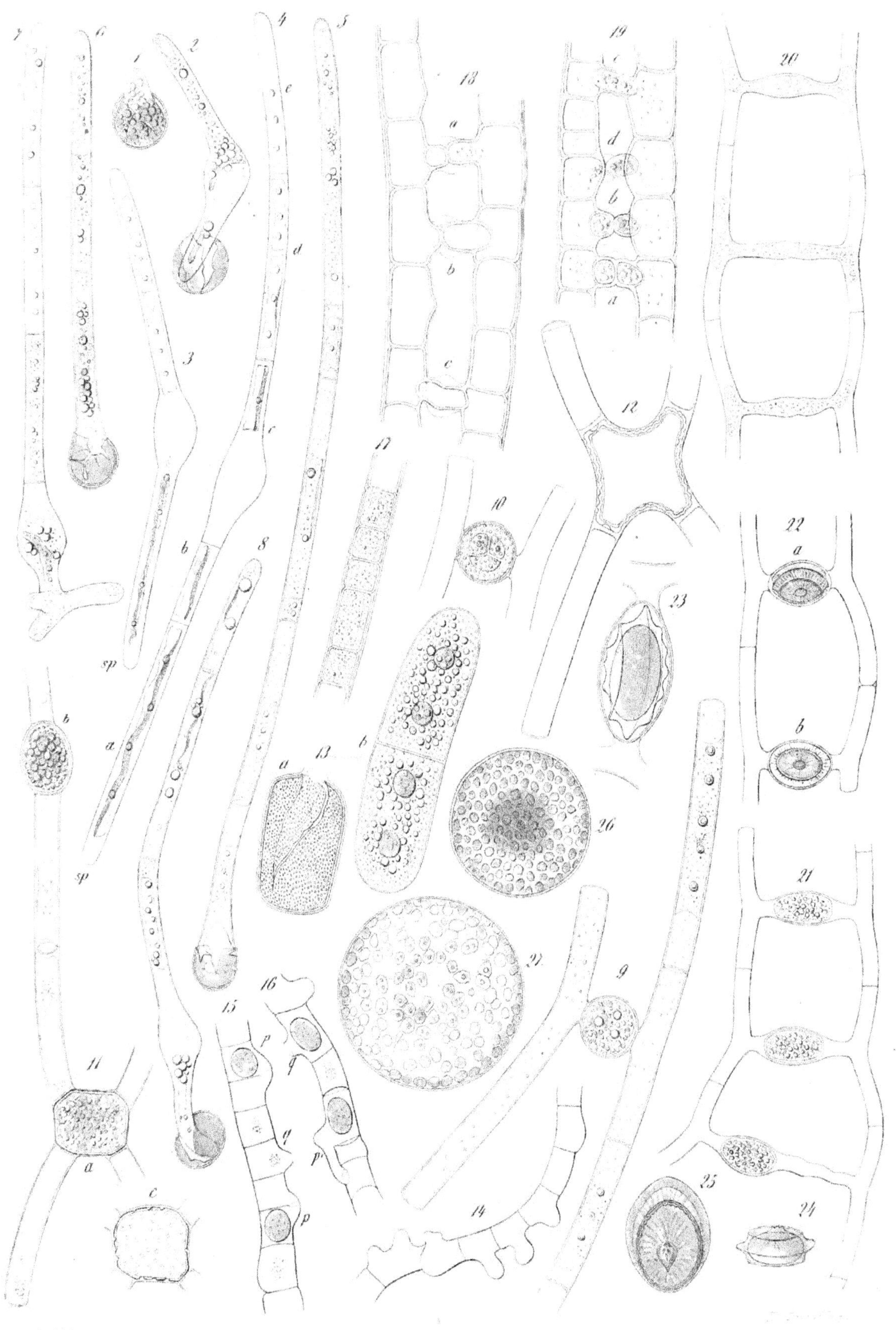

Reprint Publishing

Für Menschen, Die Auf Originale Stehen.

Bei diesem Buch handelt es sich um einen Faksimile-Nachdruck der Originalausgabe. Unter einem Faksimile versteht man die mit einem Original in Größe und Ausführung genau übereinstimmende Nachbildung als fotografische oder gescannte Reproduktion.

Faksimile-Ausgaben eröffnen uns die Möglichkeit, in die Bibliothek der geschichtlichen, kulturellen und wissenschaftlichen Vergangenheit der Menschheit einzutreten und neu zu entdecken.

Die Bücher der Faksimile-Edition können Gebrauchsspuren, Anmerkungen, Marginalien und andere Randbemerkungen aufweisen sowie fehlerhafte Seiten, die im Originalband enthalten sind. Diese Spuren der Vergangenheit verweisen auf die historische Reise, die das Buch zurückgelegt hat.

ISBN 978-3-95940-087-9

Faksimile-Nachdruck der Originalausgabe

www.reprintpublishing.com

www.ingramcontent.com/pod-product-compliance
Lightning Source LLC
Chambersburg PA
CBHW080337270326
41927CB00014B/3261

* 9 7 8 3 9 5 9 4 0 0 8 7 9 *